丰富民俗文化

踏秋的
重阳

王　丽 编著

北方妇女儿童出版社
·长春·

图书在版编目（CIP）数据

踏秋的重阳 / 王丽编著. —长春：北方妇女儿
童出版社，2017.5（2022.8重印）
（丰富民俗文化）
ISBN 978-7-5585-1076-2

Ⅰ．①踏… Ⅱ．①王… Ⅲ．①节日－风俗习惯－
中国－通俗读物 Ⅳ．①K892.1-49

中国版本图书馆CIP数据核字（2017）第100728号

踏秋的重阳
TAQIU DE CHONGYANG

出 版 人　师晓晖
责任编辑　吴　桐
开　　本　700mm×1000mm　1/16
印　　张　6
字　　数　85千字
版　　次　2017年5月第1版
印　　次　2022年8月第3次印刷
印　　刷　永清县晔盛亚胶印有限公司
出　　版　北方妇女儿童出版社
发　　行　北方妇女儿童出版社
地　　址　长春市福祉大路5788号
电　　话　总编办：0431-81629600

定　　价　36.00元

习近平总书记说："提高国家文化软实力，要努力展示中华文化独特魅力。在5000多年文明发展进程中，中华民族创造了博大精深的灿烂文化，要使中华民族最基本的文化基因与当代文化相适应、与现代社会相协调，以人们喜闻乐见、具有广泛参与性的方式推广开来，把跨越时空、超越国度、富有永恒魅力、具有当代价值的文化精神弘扬起来，把继承传统优秀文化又弘扬时代精神、立足本国又面向世界的当代中国文化创新成果传播出去。"

为此，党和政府十分重视优秀的先进的文化建设，特别是随着经济的腾飞，提出了中华文化伟大复兴的号召。当然，要实现中华文化伟大复兴，首先要站在传统文化前沿，薪火相传，一脉相承，弘扬和发展5000多年来优秀的、光明的、先进的、科学的、文明的和自豪的文化，融合古今中外一切文化精华，构建具有中国特色的现代民族文化，向世界和未来展示中华民族具有独特魅力的文化风采。

中华文化就是中华民族及其祖先所创造的、为中华民族世世代代所继承发展的、具有鲜明民族特色而内涵博大精深的优良传统文化，历史十分悠久，流传非常广泛，在世界上拥有巨大的影响力，是世界上唯一绵延不绝而从没中断的古老文化，并始终充满了生机与活力。

浩浩历史长河，熊熊文明薪火，中华文化源远流长，滚滚黄河、滔滔长江是最直接的源头，这两大文化浪涛经过千百年冲刷洗礼和不断交流、融合以及沉淀，最终形成了求同存异、兼收并蓄的辉煌灿烂的中华文明。

中华文化曾是东方文化的摇篮，也是推动整个世界始终发展的动力。早在500年前，中华文化催生了欧洲文艺复兴运动和地理大发现。在200年前，中华文化推动了欧洲启蒙运动和现代思想。中国四大发明先后传到西方，对于促进西方工业社会形成和发展曾起到了重要作用。中国文化最具博大性和包容性，所以世界各国都已经掀起中国文化热。

中华文化的力量，已经深深熔铸到我们的生命力、创造力和凝聚力中，是我们民族的基因。中华民族的精神，也已深深根植于绵延数千年的优秀文化传统之中，是我们的精神家园。但是，当我们为中华文化而自豪时，也要正视其在近代衰微的历史。相对于5000年的灿烂文化来说，这仅仅是短暂的低潮，是喷薄前的力量积聚。

中国文化博大精深，是中华各族人民5000多年来创造、传承下来的物质文明和精神文明的总和，其内容包罗万象，浩若星汉，具有很强的文化纵深感，蕴含丰富的宝藏。传承和弘扬优秀民族文化传统，保护民族文化遗产，已经受到社会各界重视。这不但对中华民族复兴大业具有深远意义，而且对人类文化多样性保护也是重要贡献。

特别是我国经过伟大的改革开放，已经开始崛起与复兴。但文化是立国之根，大国崛起最终体现在文化的繁荣发展上。特别是当今我国走大国和平崛起之路的过程，必然也是我国文化实现伟大复兴的过程。随着中国文化的软实力增强，能够有力加快我们融入世界的步伐，推动我们为人类进步做出更大贡献。

为此，在有关部门和专家指导下，我们搜集、整理了大量古今资料和最新研究成果，特别编撰了本套图书。主要包括传统建筑艺术、千秋圣殿奇观、历来古景风采、古老历史遗产、昔日瑰宝工艺、绝美自然风景、丰富民俗文化、美好生活品质、国粹书画魅力、浩瀚经典宝库等，充分显示了中华民族厚重的文化底蕴和强大的民族凝聚力，具有极强的系统性、广博性和规模性。

本套图书全景展现，包罗万象；故事讲述，语言通俗；图文并茂，形象直观；古风古雅，格调温馨，具有很强的可读性、欣赏性和知识性，能够让广大读者全面触摸和感受中国文化的内涵与魅力，增强民族自尊心和文化自豪感，并能很好地继承和弘扬中国文化，创造未来中国特色的先进民族文化，引领中华民族走向伟大复兴，在未来世界的舞台上，在中华复兴的绚丽之梦里，展现出龙飞凤舞的独特魅力。

岁月印记——节流衍化

千古传承——习俗演变

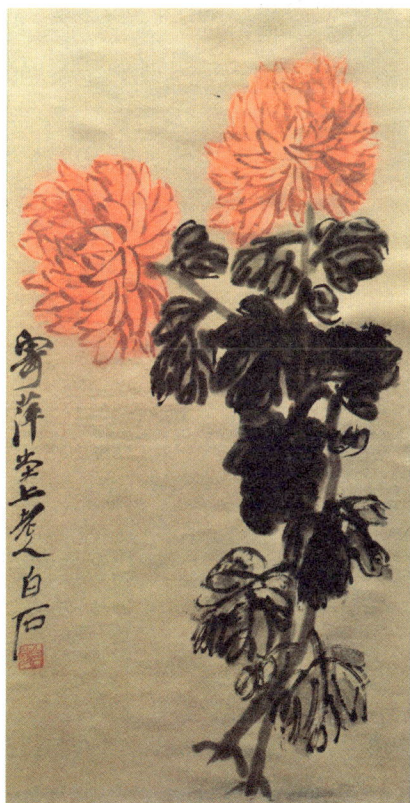

共襄盛举——重阳杂俗

农历九月初九，为我国的传统节日重阳节。因为《易经》中把"六"定为阴数，把"九"定为阳数，九月初九，日月并阳，两九相重，故而叫重阳，也叫"重九"。重阳节又名"登高节""菊花节""茱萸节""老人节"等。

重阳节是杂糅多种民俗为一体而形成的我国传统节日。庆祝重阳节的活动一般包括出游赏景、登高远眺、观赏菊花、遍插茱萸、吃重阳糕、饮菊花酒等活动。

因为九与"久"同音，在数字中又是最大数，有长久长寿的含义，所以重阳佳节寓意深远，人们对此佳节历来有着特殊的感情。

节流衍化

先民们崇拜火神以祈福求寿

　　传说在上古时期的农耕社会，每年农历的九月，农事已经基本完毕，这时的华夏先民往往把丰年庆典和祭神祀祖等活动安排在这个月进行。

祭祀祈福

■ 原始人用火

据我国最早的古代百科全书《吕氏春秋·季秋纪》记载，在农历九月农作物丰收之时，先民们有飨天帝、祭恩祖的活动。这一习俗发展到战国时期，逐渐被条令化和典章化了。

这是一种丰年庆祝活动，所以农历九月庆典习俗明显带有饮酒狂欢的色彩和特点，有着大量娱乐内容，如祭神、飨帝、田猎、野宴等。

直至原始社会时期，社会生产力特别低，人们对火和火神非常崇拜。因为有了火，才使人类与动物界彻底分开，从而吃上了熟食，火在促进人类的发展上，起着至关重要的作用，对于人类的社会生产活动有着重大的影响。

火的应用，使先民们较早地认识了它的功用以及和自身的利害关系，从而对火产生了敬畏之心，并当作神灵加以崇拜。

《吕氏春秋》

是一部古代类百科全书似的传世巨著，有八览、六论、十二纪，共20多万言。由战国末年秦国丞相吕不韦组织属下门客集体编撰的杂家（即儒、法、道等）的著作。吕不韦自己认为其中包括了天地万物、古往今来的事理，所以号称《吕氏春秋》，又名《吕览》。

■ 原始人生火烧饭

踏秋的重阳

颛顼 相传为上古五帝之一。据《山海经》载，系黄帝子昌意的后裔，号高阳氏。颛顼是上古时期华夏族与东夷族融合的部族首领，颛顼禁绝巫教，逼令九黎族顺从黄帝族的教化，促进了族与族之间的融合。

为了表达对火神的尊敬和爱戴，人们把天上最亮的心宿二星看作火神的化身，称其为"大火星"，并把它当作热冷季节转换的标志。后来，人们通过观察大火星出没的位置，来确定季节的转换。

公元前3000年左右的颛顼时代，专门设立了"火正"的官职，掌管民事并观测大火星的运行规律。

颛顼去世后，帝喾即位，任命重黎任火正一职。重黎用火来教化民众，德被四方，对改善民众生活做出了巨大贡献，重黎被认为能够"光融天下"。重黎去世后，帝喾封他为火官之神。后来民间称他为"火神祝融"。

祝融居住在南方的尽头衡山，他传下火种，教人们用火的方法，祝融指挥自己的子孙刀耕火种，点燃火把，驱散了漫长黑夜，烧熟食物，结束了茹毛饮血的时代。

祝融还是一个音乐家，他经常在高山上奏起悠扬动听、感人肺腑的乐曲，名为《九天》，使黎民百姓精神振奋，情绪高昂，对生活充满热爱。

祝融以后，火正一职就专门负责观测大火星。通过观察人们发现，每年的农历九月，大火星逐渐隐退，寒冷逐渐来临，此时妖魔横行，因为食物不足，许多人都会在严寒中死去，所以古人称之为"阳九之厄"。因此，东晋葛洪所著的《西京杂记》云："三月上巳，九月重阳，使女游戏，就此祓禊登高。"

在"巫术"盛行的时代，人们习惯于创造一些带有象征性的习俗，以达到避邪消厄的目的。其中，最便于流传的是佩俗和食俗，而这正是后世重阳节诸多食俗和佩俗的源头。这些祭祀活动，成为我国社会农耕文明的重要组成部分。

阅读链接

我国最早的农事历书《夏小正》称"九月内火"，意即农历九月时大火星要休眠。大火星的退隐，不仅使一向以大火星为季节生产与季节生活标志的古人失去了时间的参照，而且使那些视大火奉若神明的先人们产生了莫名的恐惧，他们认为火神的休眠意味着漫漫长冬的到来。

为了表达对火神的喜爱、尊敬，并祈求火神早日重回人间，驱走长冬的寒冷，给人们带来光明和热量，先人们在农历九月"内火"时举办各种仪式来祭奠火神，辟邪消厄，祈求保佑。参加祭祀的人们用敲打木棒、石块和吟诵悼念之词等多种古老的方式来祭祀火神。

这种火神崇拜与祭祀仪式，成为后来求长生、辟灾邪等习俗的主要来源。因此，有人把重阳节也称作"死亡节"，把它和三月三复活节联系在一起，相互之间存在着对应的关系，构成了一组特定的节日系统。

升仙信仰转而化成登高习俗

自盘古开天辟地以来，虽然天和地相距九万里，但是人们还是可以沿着天梯一步一步登天，天上的神仙也可以由天梯下到人间。

直至颛顼帝时，他觉得神和人不分出界限，可以相互往来，弊多利少，于是命重、黎两人把天地间的通路隔断，叫人上不了天，叫神也不能再随便下到人间。

■ 颛顼画像

重和黎遵命行事，一个把天托起来，尽力往上推。一个把地按住，努力朝下压。这样一来，本来相隔还不是特别远的天地，从此就相隔遥远了。天地分开之后，颛顼就命令天神重专门管理天，而命令天神黎专门管理地。虽然天上的神还可以通过法力下凡，但是地上的人却再也没有办法上天去了。

于是，在整个上古时期人们就一直认为昆仑山是天地相通的物质通道。在道家的论文集《淮南子·地形训》中谈到昆仑山以及其上的一系列神奇之所：

■ 重阳节登高

昆仑之丘，或上倍之，是谓凉风之山，登之而不死；或上倍之，是谓悬圃，登之乃灵，能使风雨；或上倍之，乃维上天，登之乃神，是谓太帝之居。

先民们认为，这里的昆仑山俨然是一条"上天的阶梯"。通过昆仑、凉风之山、悬圃和天，就能够达到"太帝之居"，他们能够长生不死，能够呼风唤雨而成神。

后来的先民们仍然坚信通天道路的存在。认为世间一定有一种途径能够达到天界，人在能够满足一定条件的情况下通过一条神秘的通道登天成仙。

为了寻找这种机缘，寻求通天升仙的道路，人们在九月时登高祭天，希望能够接近天神，让天神听到祈求升天的声音。

在我国断代史《汉书·明仪》中就记载了通天台

《淮南子》又名《淮南鸿烈》《鸿烈》，是我国西汉时期创作的一部论文集，西汉淮南王刘安等编写。全书把道家、阴阳家、墨家、法家和儒家思想糅合起来，书中的医学、地理、风情、神话等内容，值得我们探讨研究，其中最为著名的如鲧禹治水、共工怒触不周山、塞翁失马等。

■ 古人祭祖祈福

的传说：

> 通天台高三十丈，望云雨悉在其下，
> 去长安三百里，望见长安城。黄帝以来祭天
> 圆丘处。武帝祭天，上通天台，舞八岁童女
> 三百人。置祀祠，招仙人，祭天已，令人升
> 通天台以候天神。

上古时期 一般指文字记载出现以前的历史时代。上古是三古之一，是较早的古代。我国历史上多指夏商周、秦汉这个时期，有时亦兼指史前时代。上古时期没有直接的文字记载，因而那个时候发生的事件或人物一般无法直接考证，这些事件和人物也往往带有神话色彩。

也有以树为天梯的，《山海经》记载：

> 有木，其状如牛。引之有皮，若璎、黄
> 蛇。其叶如罗，其实如栾，其木若蓲。

由此可见，为通天升仙而登高应该是先民的重要习俗或原始信仰。

直至先秦时期，人们农历九月登高的目的有了变化。那时的人们认为天地间的阴、阳二气交合才能化生万物，有万物才能产生男女、夫妇、父子、君臣、上下、礼仪，万物离开天地就无法生存，天地是产生万物的根源，所以古人非常尊崇天地，敬重礼拜天地，形成了按节气定期祭祖天地的礼仪制度。

上古时期，原始先民们最早登高是为了通天升仙，九月初九这天，清气上扬，浊气下沉，地势越高，清气聚集得越多，登临高处自然就可以乘清气而升天。但这在事实上是不可能的，于是求仙、升天便转为祈寿，使得祈寿求福成为农历九月初九节日的一个重要主题。

也有古人认为"九为老阳，阳极必变"，农历九月初九，月、日均为老阳之数，不吉利，而敬拜山神则能使人免除灾害，因而最初的登高应该源于古代人们对山神的崇拜，在重阳节前往山上游玩，还要祭拜山神以辟不祥、求长寿，后来才逐渐转化成为一种娱乐活动。

这些祭祀活动，相沿成习，九月的祭祀活动就固定了下来，逐渐形成了一个传统的节日。

阅读链接

古人将山岳神化而加以崇拜。从山神的称谓上看山神崇拜极为复杂，各种鬼怪精灵皆依附于山。最终，各种鬼怪精灵的名称及差异分界都消失了，或者你中有我、我中有你而互相融合了，演变成当时每一地区的主要山峰皆有人格化的山神居住。

虞舜时即有"望于山川，遍于群神"的祭制，传说舜曾巡祭泰山、衡山、华山和恒山。

历代天子封禅祭天地，也要对山神进行大祭。祭山时大多把玉石和玉器埋于地下，也有用"投"和"悬"的祭法，所以人们在重阳之际祭拜山神的时候，往往会将祭品如鸡、羊、猪或玉石等投入山谷中或悬在树梢上。

九月庆典固定在九月初九

商朝末期，西伯侯姬昌创作了我国古代哲学书籍《易经》。在《易经》中把"六"定为阴数，把"九"定为阳数，以数术推算天地万物的变化，预测人的吉凶祸福。三之数代表乾，六之数代表坤，两项结合为九之数，则代表乾坤，即天地万物。

九数老阳，为最高阳数，或称阳之极，是标志事物向反方向变化发展的起点。而农历九月初九，正是两个最高阳数之重合，故称"重阳"，也叫重九，意味着在这天，天地万物将要发生重大的变化。

古代祭祀壁画

因为《易经》这种解释的流行，使在先秦时期流传已久的九月丰年各种

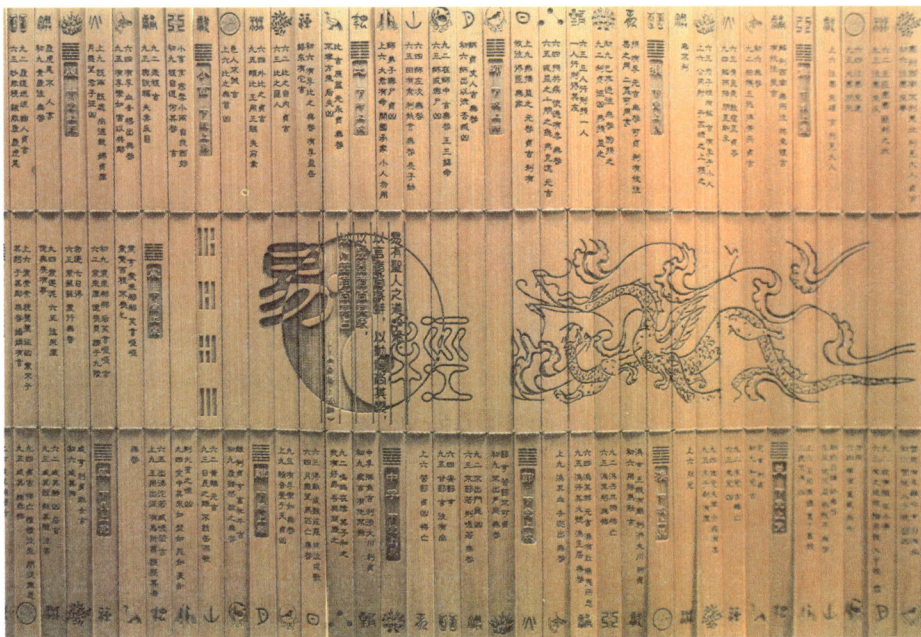

庆典和祭祀活动有了一个固定的日期，即农历九月初九这天。

■ 竹简书《易经》

后来我国古代百科全书类著作《吕氏春秋》之中的《季秋纪》有这样的记载：

> 九月命家宰，农事备收，举五种之要。藏帝籍之收于神仓，祗敬必饬。是日也，大飨帝，尝牺牲，告备于天子。

可见当时已有在农历九月农作物丰收之时祭飨天帝、祭祖，以谢天帝、祖先恩德的活动，用以感谢天地赐予的丰收。

战国时期，楚国著名诗人屈原在《远游》中写道：

> 集重阳入帝宫兮，造旬始而观清都。

《易经》 我国最古老的文献之一，并被儒家尊为"五经"之首，属于上古三大奇书之一，余者为《黄帝内经》《山海经》。《易经》以一套符号系统来描述状态的变易，表现了我国古典文化的哲学和宇宙观。它的中心思想，是以阴阳交替的变化描述世间万物的变化。

古代女子采茱萸图

这里首次出现了"重阳"一词，但是在当时重阳还不是一个节日。

此时，在重阳有了佩茱萸的习俗，这个习俗起源于吴楚。当时，实力弱小的吴国每年必须向强邻楚国进贡，其中有一年派出使者，将本国特产吴萸作为药材献给楚王。楚王不识吴萸为何物，反认为是吴国在戏弄他，于是大发雷霆，并把吴国使者赶了出去。

楚王身边有位姓朱的大夫，问吴国使者惹怒楚王原因。使者说，吴萸乃吴国上等药材，有温中止痛、降逆止吐之功效，善治胃寒腹痛、吐泻不止等症。因素闻楚王有胃寒腹痛的痼疾，故而献之。朱大夫听罢，就把吴萸收下，并精心保管起来。

次年，楚王旧病复发，腹痛如刀绞，群医束手无策。朱大夫见时机已到，取出吴萸煎熬后献给楚王服下，片刻后楚王的肚子就不痛了，楚王大喜，重赏朱大夫，并询问药的由来。朱大夫便把吴国使者献药之事一一叙述。楚王听后，非常懊悔，一面派人携带礼品向吴王道歉，一面命人广植吴萸。

又过了几年，楚国瘟疫流行，腹痛病人遍布各地，全靠吴萸挽救了成千上万百姓的性命。楚国百姓为感谢朱大夫的救命之恩，便把吴萸改称吴茱萸。

后来，楚地的人们把茱萸的药用功能神秘化，并把茱萸看作能够辟邪除魔的神物，而用作装饰物或随身佩戴。屈原在《离骚》中写道：

椒专佞以慢慆兮，
樧又欲充夫佩帏。

吴茱萸有以下特点：一是花色艳丽，给人以很强的视觉上的美感。二是香味浓烈，是很好的提神植物。三是吴茱萸具有药用价值，我国传统医药理论认为它有治寒驱毒的功效。茱萸叶可治霍乱，根可以杀虫。茱萸有微毒，有除虫作用，制茱萸囊的风俗正是由此而来。

■ 重阳日佩茱萸图

与此同时，大多数人已经在开始关注菊花了。最早的菊花记载见于《周官》和《埤雅》。《礼记·月令篇》载：

季秋之月，鞠有黄华。

这是说，菊花开放的时间是每年秋天的秋末，此时为农历九月份，所以菊花也叫"秋花"。菊花的"菊"字，在古代是"穷、尽"的意思，是说一年之中花事到此结束，菊花的名字就是按照它的花期来确定的。

我国第一部诗歌总集《诗经》和屈原浪漫主义的

大夫 古代官名。西周以后先秦诸侯国中，在国君之下有卿、大夫、士三级。大夫世袭，有封地。后世遂以大夫为一般任官职之称。秦汉以后，中央要职有御史大夫，备顾问者有谏大夫、中大夫、光禄大夫等。至唐宋尚有御史大夫及谏议大夫之官，至明、清废。

政治抒情诗《离骚》中都有菊花的记载。屈原在《离骚》中写道：

朝饮木兰之坠露兮，夕餐秋菊之落英。

在《惜诵》中屈原还说种香菊的目的是待到春天作为干粮用，明白地写出以菊花糕作为养生的食物。

播江离与滋菊兮，愿春日以为糗芳。

在《东皇太一》一诗中，屈原还写道：

奠桂酒兮椒浆。

椒浆就是茱萸酒，与桂花酒一起祭奠东皇太一神。此时人们已经意识到菊花的妙用，并食菊花来表达不与世俗同流合污的高尚气节。

阅读链接

《周礼》记载，君王四季田猎，分别称作春搜、夏苗、秋狝、冬狩，作为礼仪的田猎被后来的统治者沿袭了下来。我国古代第一部典章制度书籍《礼记·月令》中也记载了古代帝王九月狩猎练武的制度。

在战国之前，狩猎是军事大典，为练兵的综合演习。有一年，赵国在边境上集结了大批的军队。魏王以为是赵军要进攻魏国，便要调兵遣将以为防备。

魏公子无忌的情报灵通，得知是赵王狩猎，这才免去了一场惊慌。一个诸侯王的狩猎就和打仗一样，说明了其规模之大，随着军事战术的变化，狩猎不再作为阅军的大典，而变成重阳节骑马练兵、讲武习射的节日。

东汉重阳公主的美丽传说

东汉安帝年间，宫中的李娘娘身怀六甲，却遭到以东宫太后为首的迫害，不得已拖着怀孕的身子离开了皇宫。李娘娘一路上东躲西藏，终于到了洛阳以西、伏牛山以南的重阳店，隐姓埋名，过起了平淡的生活。

不久以后，李娘娘就生下了一个水灵可爱的女儿，因为这天正逢农历九月初九，所以李娘娘给孩子取名为重阳女。

李娘娘历尽艰辛，终于把重阳女养大成人，在此期间日子虽然过得清苦，但是其乐融融。谁料天有不测风云，人有旦夕祸福，突然而来的一场大瘟疫打

■ 登高图

踏秋的重阳

■ 登高图

身怀六甲 古称女子怀孕为身怀六甲。传说中甲子、甲寅、甲辰、甲午、甲申、甲戌六个甲日，是上天创造万物的日子，也是妇女最易受孕的日子，故称女子怀孕为身怀六甲。六十年里有六个带甲的年份，六甲又代表六十年。怀孕叫身怀六甲喻意着孕妇肚中孕育着一个新的生命。

破了她们孤儿寡母清贫宁静的生活，李娘娘和村里的百姓都未能幸免。

身患重病的李娘娘在临终前，将重阳女叫到自己的床榻旁，把自己的身世一五一十地全部告诉了重阳女，并把安帝赠送给自己的玉佩传给了女儿，让她找机会讨回公道。李娘娘还没有把话说完，就去世了。

安葬了母亲之后，重阳女到处拜师学艺，立志要斩除这天下所有的瘟魔，为母亲洗清冤屈。

有一位道人被她的精神所感动，就精心传授给了重阳女一套剑法，并说这天下的瘟魔不外乎有四个弱点，一是怕红色，二是怕酒气，三是怕刺激气味，四是怕高声。并让重阳女在来年农历九月初九瘟魔重现时见机行事，为民除害。

此后，重阳女就安心待在道人这里，潜心研究和练习剑法，技艺日益精湛，看得道人连连点头。

第二年农历九月初九这天，重阳女根据道人的吩咐，组织附近的百姓登上云彩山。她让女子在头上插上红茱萸，茱萸果为红色，叶子散发出一种怪味儿，让男子喝菊花酒。重阳女还告诉大家，瘟魔一出现就齐声高喊：

铲除瘟魔，天下太平。

瘟魔见到红色，闻到酒气和怪味儿，听到阵阵喊声，吓得缩成一团。重阳女见机会来了，举剑便刺，但是瘟魔毕竟道行很深，很轻松就躲过去了。

重阳女，一面组织人们高声呐喊，一面重新对瘟魔发起了进攻。瘟魔被人们的声音震得一阵阵心慌，一不小心，就被重阳女刺死了，从此重阳店一带的百姓就安居乐业和健康长寿了。

这件事一传十传百，

踏秋的重阳

■ 禹之鼎画《王原祁艺菊图卷》

玉佩 玉在我国的文明史上有着特殊的地位。孔子说"玉之美，有如君子之德"。他认为玉具有仁、智、义、礼、乐、忠、信、天、地、德、道等君子的品节。古人的很多生活器具都是玉雕成的，能常戴在身上的唯有玉佩。古人对玉佩的热爱不是因为玉的贵重，而是源于玉的品格，所以古语有"君子无故，玉不去身"。

成了人们争相传说的奇事。这件事情传到京城，传到了皇帝的耳朵里，安帝很好奇，就派官员到重阳店视察，官员见到重阳女和玉佩，了解情况后，就报告了安帝。

安帝于是召重阳女进京相见，安帝看着玉佩听完重阳女的诉说，父女俩拥抱大哭了一场。后来，安帝决定彻查此事，查明了真相，还李娘娘一个公道。安帝还专门为李娘娘修了娘娘庙，并封重阳女为重阳公主。

安帝要留重阳女在宫中，重阳公主以母亲葬在重阳店逢节要去祭奠为由，执意要回到重阳店生活。安帝看重阳公主去意已决，并念在她一片孝心的分上，点头同意了。

从此以后，每年的农历九月初九前后，重阳公主都要带上菊花、茱萸和菊花酒、茱萸酒回京城一次，孝敬父王，顺便也把当地登高、赏菊、喝菊花酒、插

茱萸等民俗传入了宫中。

就这样，重阳公主生在重阳，长在重阳，又在重阳结婚、生子、去世。当地人们为了纪念重阳公主，就在她去世后修了重阳道观，并且在每年的重阳节前来祭拜，希望能够得到重阳公主的庇佑。

这个时期也出现了关于在农历九月初九吃糕的记录。记载汉代宫廷杂事的《西京杂记》也说，汉代时已有农历九月初九吃蓬饵之俗，即最初的重阳糕。

东汉后期叙述一年例行农事活动的专著《齐人月令》中也说：

> 重阳之日，必以糕酒登高眺远，为时宴之游赏，以畅秋志。酒必采茱萸、甘菊以泛之，即醉而还。

东汉学者应劭在叙写古代风俗和鬼神崇拜的著作《风俗通义》中记载：在河南的南阳郦县，有一个名叫甘谷的村庄，谷中水甜美，山上长着许多很大的菊花。一股山泉从山上菊花丛中流过，花瓣散落水中，使水含有菊花的清香。

月令 上古时期一种文章体裁，按照十二个月的时令，记述朝廷的祭祀礼仪、职务、法令、禁令，并把它们归纳在五行相生的系统中。月令以四时为总纲、十二月为细目，记述天文历法、自然物候、物理时空，王者以此来安排生产生活的政令，故名"月令"。

应劭 东汉学者，字仲瑗，一生著作丰富，有驳议30篇，又制定律令，为汉之仪礼。关于礼制方面的主要著作有《汉书官礼仪故事》《律略》《春秋断狱》《状人纪》《中汉辑序》等。

村子里30多户人家世世代代都饮用山泉水，说也奇怪，这个村子中的人们，一般都会活到130岁，最低的也有80岁。

在《西京杂记》中也记载，汉时皇宫中每到重阳节都要饮菊花酒，说是"令人长寿"。书中还记载了菊花酒的酿造方法和奇妙的功效。说是要在菊花初放时连叶一起采下来，和黍米捣在一起酿酒，到了第二年的农历九月初九才吃。

据说在汉代一个叫胡广的太尉，患有严重的风湿病，经常疼痛得无法下榻，经过很多医生的诊治就是没有一点儿好转。后来，在友人的推荐下，胡广开始喝菊花水，没想到，他的这个顽疾竟然慢慢地好转了，后来竟然完全治愈了。

还有一个人叫司空王畅对菊花兴趣更浓，他不但吃菊花，就连洗脸洗澡都用菊花泡过的水。当时河南南阳郦县特产的菊花就是由他们提倡并传到其他地方的。

阅读链接

重阳酒又称"贵宾酒"，亦称"吉祥酒"。

重阳酒是苗族人和仡佬山乡农家最喜欢的传统饮料，是孝敬长辈、招待贵宾的上等饮品，故称"贵宾酒"。

重阳酒源远流长，历史悠久，晋代《抱朴子》记载，饮九九之重阳能延年益寿，直到明、清，重阳酒仍是盛行的健身饮料，是重阳节必饮之酒。据传，喝重阳酒具有祛风避邪、祛灾祈福的神效，所以又称"吉祥酒"。

重阳定名和登高的盛行

在魏晋的时候，登高作为一项每年必备的活动，日期已专定在农历九月初九。

"重阳节"的名称也开始在历史记载中出现，魏文帝曹丕曾经给他的好朋友钟繇写了一封谈菊花的信《九日与钟繇书》，信中写道：

■ 登高图

■ 赏菊图

孟嘉 字万年，东晋时著名文人，东晋大诗人陶渊明的外祖父。最有名的故事是"龙山落帽"，成了一个历史典故，流传不衰。

曹丕 （187年~226年），曹操之子，曹魏的开国皇帝，擅长五言诗，同其父曹操和弟曹植并称三曹，存《魏文帝集》二卷。另外，曹丕著有《典论》，当中的《论文》是我国文学史上第一部有系统的文学批评专论作品。

岁往月来，忽复九月九日。九为阳数，而日月并应，俗嘉其名，以为宜于长久，故以享宴高会。

从曹丕这段话里，可以看出来当时的人们不但知道重阳节，而且认为重阳是重九，是"宜长于久"。"九九"与"久久"同音，含"久久长寿"之意。

曹丕还在信中说，派人送给钟繇一束菊花，因为在秋天万木凋谢的时节，只有菊花茂盛地生长，可见它有些天地的真气，是人可以延年益寿的好东西，所以送来供他研究长生的道理。

晋代名医陶弘景也赞成人们吃菊花。并说真菊花味甜，假菊花味苦。

曹丕在信中确认了农历九月初九重阳节名称的由来"俗嘉其名"，并写出了重阳节最重要的习俗登高在当时已经相当普遍。

我国古代专门记录楚地岁时节令风物故事的笔记体文集《荆楚岁时记》说，当时的农历九月初九，士农工商各行业的人都到郊外登高，设宴饮酒。

东晋著名诗人谢灵运为了登高的方便，还自制了一种前后装有铁齿的木屐，上山时去掉前齿，下山时去掉后齿，人称"谢公屐"。

在晋朝时，有一年过重阳节，大将军桓温照例率领幕僚到湖北江陵的龙山登高，饮酒赏菊吃九黄饼，他的参军、东晋名士、著名文学家陶渊明的外祖父孟嘉也在其中。

龙山又称八岭山，因其山势宛若游龙而得名。正在众人畅饮的时候，一阵风吹来，吹落了孟嘉的帽子，他却浑然不知，依然风度翩翩。

桓温看到后凑趣命幕僚作文戏弄孟嘉。桓温当时曾吟诗：

今朝龙山行，苍天眼为凭。
参军落乌沙，不关大将军。

谁知孟嘉不假思索，即席对答，出口成章，也回吟了一首：

今朝龙山饮，玉液醉人心。
秋菊遍地是，乌壳值几斤？

在座的人无不惊佩孟嘉才思敏捷和气质不凡。于是，孟嘉被视为气度宽宏、风流倜傥、潇洒儒雅之士。从此"龙山落

古人登高图

节流衍化

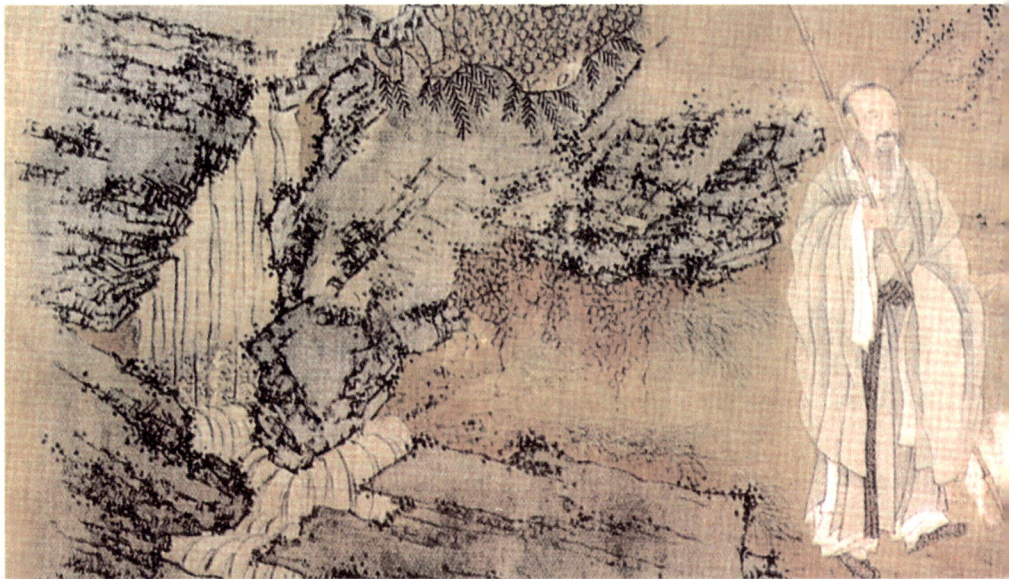

帽"的故事随即成为"登高寻故事，载酒访幽人"的重阳佳话而广泛流传，龙山上的落帽台也随之名扬天下。

落帽台坐落在龙山的制高点上，站在落帽台的台上极目远眺，一面是连绵起伏的八岭山，一面是一马平川的农田以及泛着粼粼波光的湖水，这是登高赏景的极佳之处。

正是因为如此，在东晋以后，几乎所有到荆州的文人墨客、谪官过客，都要登临其上，吟诗作赋，使得落帽台一时声名鹊起。

每年的重阳节，金秋送爽，丹桂飘香，风霜高洁，宜登高望远，赏菊赋诗，故又叫登高节。

这一天登高的人们，呼朋唤友，观赏红叶野花之余，聚餐畅饮，吟诗作赋，其乐融融。登高远望，风清云淡，天高气爽，让人目不暇接，心旷神怡。

在陕西关中流传着这样一个故事：

很久以前，有个庄户人家住在骊山下，全家人都很勤快，日子过得也不错。

有一天天快黑了，这家主人看到一个算卦先生还没有找到住处，

就把他领到自己家里，让算卦先生睡在炕上，而自己的妻子儿女都在草铺上睡。

第二天天刚亮，庄户人又让妻子给先生做了一顿好吃的饭菜，装了一袋白蒸馍。

算卦先生走之前，看了看庄户人住的地方，随后叮咛他说：

■ 登高图

到了九月九，全家高处走。

庄户人想，我们家里人平日没做过啥亏心事，我又不想升官，上高处走为啥呢？

但心里又一想，人常说算卦先生会看风水，精通天文，说不定我住的地方会出啥麻烦。九月初九，就到高处走一走吧，权当让全家人看看风景。

到了九月初九，庄户人就带着妻子儿女，背上花糕香酒，登上骊山高峰去游玩。

风水 "风"就是元气，"水"就是流动和变化。"风水"本为相地之术，即临场校察地理的方法，也叫地相、古称堪舆术。相传风水的创始人是九天玄女，比较完善的风水学问起源于战国时代，是我国历史悠久的、独特的一门玄术。

菊花图

就在庄户人一家离开不久，半山腰里突然冒出一股泉水，把整条山沟都泡了。庄户人家这才明白算卦先生为什么让他们全家在九月初九登高。

这事传开后，人们就每逢农历九月初九，扶老携幼去登高。如果是居住在平原地区的百姓，附近无山可登，就在自制的米粉糕点上插上一面彩色的小三角旗，以示登高(糕)，有辟邪之意。习俗相传，就成了重阳节登高的习俗。

阅读链接

菊花是我国十大名花之一，也是开封、太原的市花，在我国有300多年的栽培历史，菊花约在明末清初传入其他国家。

中国人极爱菊花，从宋朝起民间就有一年一度的菊花盛会。历代的诗人画家，以菊花为题材吟诗作画众多，因而历代歌颂菊花的大量文学艺术作品和艺菊经验，给人们留下了许多名谱佳作。

在我国古典文学中，将梅、兰、竹、菊合称为四君子。在古神话传说中，菊花则被赋予了吉祥、长寿的含义。

习俗演变

重阳节在我国已经有了两千多年的历史，"重阳节"名称见于记载却是在三国时代。

魏晋时期有了赏菊、饮酒的习俗。唐朝时，重阳节被定为正式节日。从此以后，宫廷、民间一起庆祝重阳节，并且在节日期间进行各种各样的活动。

直至明代，九月重阳，皇宫上下要一起吃花糕庆祝，皇帝要亲自到万岁山登高，以畅秋志。至清代，这种风俗依旧盛，被人们一代代完整地传承了下来，并焕发出越来越强劲的生机。

红霜瀡剪绿金露落
寒苔状夜吟诗爱青
橙酒一杯
丁酉腊月既望傚南田师笔
兰陵张同鲁

从纸鸢变为风筝的发展演变

唐朝的安定和繁荣，成为我国古代文化经济全面发展的时期。社会的安定，文化经济的发展，带来了传统节日的盛行。

而节日的盛行促进了各种文化娱乐活动的发展，作为一直被用于军事上的纸鸢，随着传统节日清明的兴起，用途上有了新的转折，开始向民间娱乐型转化。

古代风筝

唐代以前，风鸢一直是战争时通讯和侦探的重要工具，并能带上"火药"，用作战争进攻的武器。

唐初时，纸鸢还有作为通讯工具的作用，用来传递军事情报。唐代史书《新唐书》记载，781

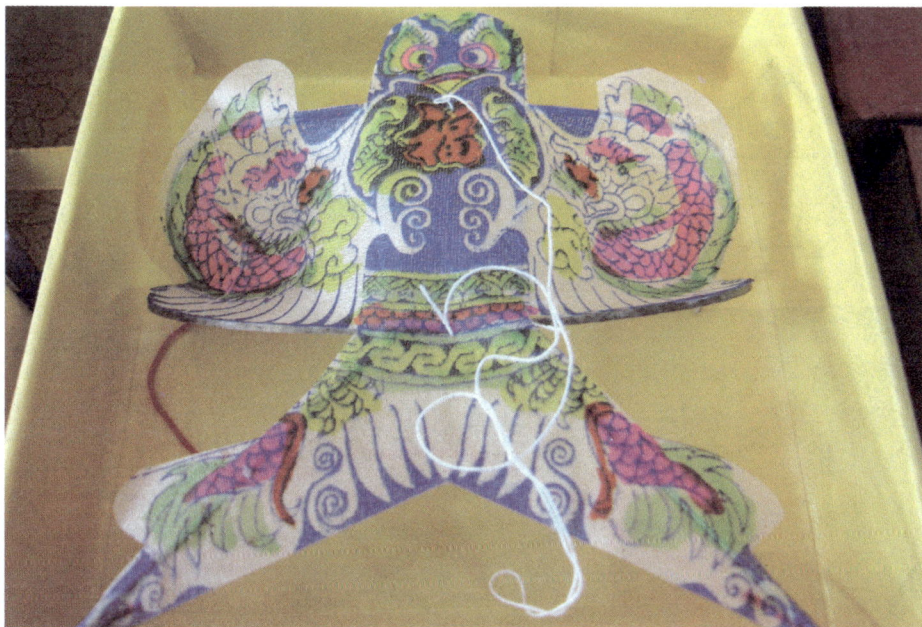

■ 纱燕风筝

年，唐将张丕被叛军田悦的军队困在临名，情况危急，张丕"急以纸为风鸢"，其上书有"三日不解，临名士且为悦食"之言，风鸢升空后：

　　高百丈，过悦营上，田悦命善射者射之，竟不能及。

　　求救书终于用纸鸢送达援军，因而解围。小说《大唐狄公案》中也有狄仁杰用纸鸢传递军事文件的描述。

　　后来，纸鸢逐渐演变成人们的一种玩具，重阳节放风筝逐渐转化为一种娱乐形式，不论在宫廷还是民间都相当普遍，人们都对纸鸢表现出浓厚的兴趣，唐玄宗李隆基就曾在山东蓬莱观看"八仙过海"纸鸢的放飞。

《新唐书》北宋时期宋祁、欧阳修等人编撰的一部记载唐朝历史的纪传体断代史书，是"二十四史"之一。《新唐书》前后修史历经了17年，在体例上第一次写出了《兵志》《选举志》，系统论述唐代府兵等军事制度和科举制度。这是我国正史体裁史书的一大开创，为以后《宋史》等所沿袭。

大會豐年

■ 古画中儿童放风筝

唐代纸鸢的制作水平很高，宫廷纸鸢有的还用丝绢扎制，不但可以白天放飞，而且晚上可把五彩灯笼挂在纸鸢上，放到空中去。

每年放纸鸢的时节，太学要放假三日，武学也要放一天假。顾非熊在《长安清明言怀》一诗中，曾记载了唐玄宗姿游踏青的情景：

蹴鞠《战国策》和《史记》是最早记录蹴鞠的文献典籍，"蹴"即用脚踢，"鞠"系皮制的球，"蹴鞠"就是用脚踢球，它是我国一项古老的体育运动，有直接对抗、间接对抗和白打三种形式。

> 明时帝里遇清明，还逐游人出禁城，
> 九陌芳菲荦自转，万家车马雨初晴。

直至唐代中期，进入了繁荣稳定的发展阶段，纸鸢的功能开始从军事用途转向娱乐，同时由于纸业的发展，使得纸鸢的制作材料也由丝绢开始转用纸张。纸鸢也逐渐走向民间，种类、花色也多了起来。

那时的人们在重阳节扫墓、登高、蹴鞠、打马球、放纸鸢，儿童放纸鸢始在民间流行。唐代诗人唐采在《纸鸢赋》中记载：

> 代有游童，乐事末工。饰素纸以成鸟，像飞鸢之戾空；翻兮将度振沙之鹭，杳兮空光渐陆之鸿，抑之则有限，纵之则无穷，动息乎丝纶之际，行藏乎掌挥中……

唐代时纸鸢的制作水平已非常高超，放飞效果又非常好，纸鸢的制作技艺和放飞效果都达到了较高的水平。据说当时的张培在情急之下所做的纸鸢能放到高百余丈。由此可见，连射箭高手的箭都不能及。

唐初纸鸢的尺寸比较大，可以进行载人飞行，成功与否另当别论，只能推测放飞的技术已经成熟。

唐代著名诗人李商隐在《燕台》中有"西楼一夜风筝急"和高骈描写高飞的风筝的诗句：

> 夜静弦声响碧空，
> 官商信任往来风。
> 依稀似曲才堪听，
> 又被移将别调中。

中唐诗人元稹在他的

李商隐 唐代著名诗人，他擅长诗歌写作，骈文文学价值也很高，是晚唐最出色的诗人之一，因诗文与同时期的段成式、温庭筠风格相近，且三人都在家族里排行第十六，故并称为"三十六体"。其诗构思新奇，风格秾丽，尤其是一些爱情诗和无题诗写得缠绵悱恻，优美动人，广为传诵。

■ 双鱼纸鸢

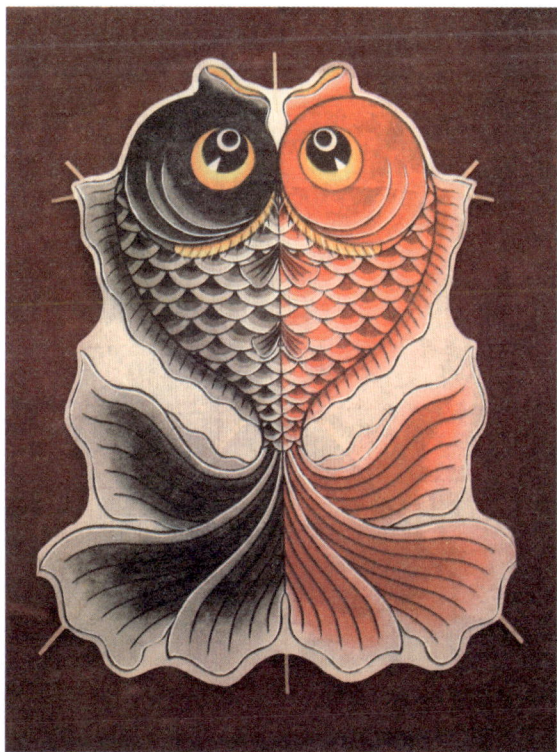

咏物诗《有鸟二十章》中写道：

> 有鸟有鸟群纸鸢，
> 因风假势童子牵。

其他一些诗人也在唐诗中多次写有咏风筝诗词，可看出盛唐时期风筝活动情况。

名称由"纸鸢"变为"风筝"在唐朝已有。据专门记述通俗俚语的书《询刍录》记载，五代时期，亳州刺史李邺在纸鸢上装制竹哨，风入竹哨，声如筝鸣，纸鸢由此而正式得名风筝。

风筝与我国传统音乐、舞蹈、戏剧、民俗相融合，逐渐形成独特的风筝文化，又因地域文化不同、历史发展时期不同，让风筝的发现呈现出丰富多彩、各有千秋的态势。可以说，唐代风筝已成为年轻人的嬉耍物品。《全唐文》卷一五四杨誉所著《纸鸢赋》载：

> 相彼鸢矣，亦飞戾天，问何能尔，风之力焉。余因稽于造物，知不得于自然，原其始也，谋及小童，征诸哲匠。蔡伦造纸，公输献状。理纤葰以体成，刷丹青而神王。

年画《放风筝》

《全唐文》是清朝官修唐文总集。全书1000卷，并卷首4卷，辑有唐朝、五代十国文章共20025篇、作者3035人，每一位作者都附有小传。从1808年开始由董诰领衔，阮元、徐松等百余人参加编纂，是我国唯一最大的唐文总集。

可见唐代儿童不仅能放风筝，而且能制作风筝，风筝作为娱乐用品已比较普及。唐人路德延的《小儿诗》记述的几十种儿童游戏中，放风筝是其一，诗曰：

折竹装泥燕，添丝放纸鸢。

当时的风筝不仅白天放，夜间也能放。唐朝赵昕编写的《息灯鹞文》就记述了宫廷夜晚放风筝的故事。在宋代，放风筝已成为流行于民间的娱乐活动和喜事的庆祝纪念活动。

宋人周密的《武林旧事》就详细记载过，每到九九重阳节的时候，人们便背上饭食到郊外放纸鸢，直到日暮方归的情景：

少年郎竞放纸鸢，以松勾引，相牵剪裁，以线绝者为负。

在宋苏汉臣画的《百子图》中，还详细描写了放风筝的动作和工具。由于风筝的普及，当时放风筝已经发展成为一种技艺。

逢庙会、集市、节日和游戏时，都有人表演创作和放风筝。放风筝的人同杂技演员、杂剧演员被称为"赶趁人"。南宋末，开始出现以扎售风筝为业的手工艺人。

在明清时期风筝的发展达到

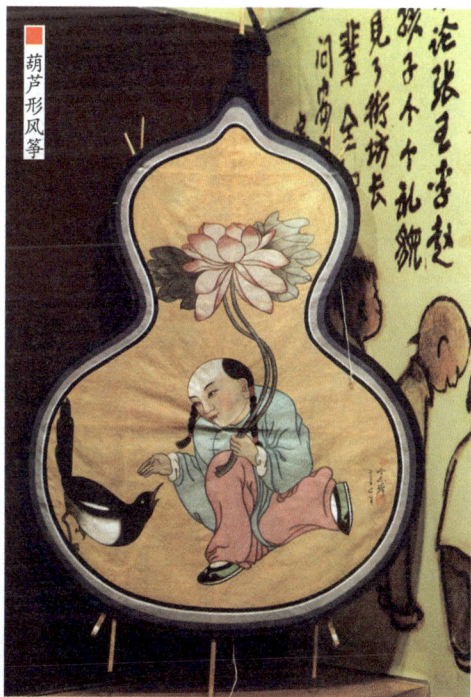

葫芦形风筝

■ 清代风筝

了鼎盛时期，无论在大小、样式、扎制技术、装饰放飞的技艺上都比从前有了很大的进步。

明清时期风筝的装饰手法也较过去丰富，风筝和各种民间工艺开始有机地结合起来。

明代初年，有人在风筝上安装火药，点燃盘香以后，从而放飞到敌营上空，盘香燃尽点燃引信，火药立即爆炸，这便是有名的"神火飞鸦"。

在明代以前，我国民间在重阳节有放风筝的习俗，主要流传在南方广大地区。但是自从1421年明太祖定都北京以后，我国文化、经济的中心逐渐北移，南方重阳放风筝的风尚习俗也逐渐流传到了北方，并根据北方独特的地理环境，人们开始逐渐将重阳节放风筝的习俗转移到更加适合北方节气的清明节，一些地方保留了在清明和重阳两个节日放风筝的习俗。

后来由于明太祖在执政后采取节俭传统节日的开支等措施，在明代初期重阳等节日的娱乐活动有所衰减。

另外，明代的帝王吸取汉代出现的韩信与陈稀用风筝测量未央宫、准备谋反的教训，下令禁止在京都放风筝。因此，这一时期在我国北方地区清明节放风筝的风俗，也受到一定影响。

《帝京景物略》为明初刘侗、于奕正合撰，它是一部详细记载京都节令风俗、名胜古迹的专著，其中对京都人们在重阳节扫墓、踏青和娱乐的活动记述尤为详细。但唯独没有放风筝的内容，并记载道：

儿童放风筝图

> 燕，日有风鸢戏，现已禁。

同时期在南方，放风筝却一直是重阳节的一项不可缺少的内容。当时在南方民间放风筝为儿童所喜闻乐见，也是画家、诗人常见的创作题材。徐渭在诗中写道：

> 我亦曾经放鹞嬉，今来不道老如斯。
> 那能更驻游春马，闲看儿童断线时。

在另一首诗中也有描写放风筝的内容：

> 柳条搓线絮搓绵，搓够千寻放纸鸢。
> 消得春风多少力，带将儿辈上青天。

刘侗 （1594年~1637年），明代散文家。在当员生时，因"文奇"被人奏参，同谭元春、何闳中一起受到降等的处分。他因此颇有名气。1634年考取进士，后选任吴县知县，赴任途中逝于扬州。

戏曲 是我国传统的戏剧。戏曲的内涵包括唱、念、做、打，从全国300多个戏曲剧种中脱颖而出的京剧、豫剧、越剧，被官方和戏迷友人们誉为中国戏曲三鼎甲。它综合了对白、音乐、歌唱、舞蹈、武术和杂技等多种表演方式。

李渔 初名仙侣，后改名渔，字谪凡，号笠翁。明末清初文学家、戏曲家。后居于南京，把居所命名为"芥子园"，著有《凤求凰》《玉搔头》等戏剧。

■ 儿童放风筝壁画

直至明代中叶，《水平府志》记载：

家家树秋千为戏，闺人挝子儿赌胜负，
童子团纸为风鸢引绳而放之。

清初著名戏曲家李渔，还专门编写了风筝演义的传奇戏曲作品《风筝误》，并在该剧的成因中写道：

书生韩世勋题诗于风筝上，放飞中风筝
落在詹家，詹淑娟和诗其上，因而结合。

在清代，放风筝之戏在我国普遍兴起，放风筝成为我国北方在重阳节和清明节的一项群众性的娱乐活动。

特别是在文化、经济发达的京津地区和以手工业著称的山东潍坊地区放风筝的传统尤为突出，许多地方志和地方文献中都记载了清明时节放风筝的情景。

儿童放风筝壁画

民间放风筝习俗的普及，丰富了人们的文化娱乐生活，同时，在这项活动的实践中，勤劳智慧的劳动人民把放风筝作为一项锻炼身体、"祛病免灾"、增强体质的活动来看待。

因此，放风筝开始脱离只在清明和重阳的范畴，开始成为人们不可缺少的娱乐和体育活动，并越来越被人们所重视。

清代的北京一带，宫廷与民间的风筝发展迅速，不仅制作精良，而且品种增多，出现了造型新颖的字风筝，使风筝有了新的形式和内容，吸引了成千上万的人民观看放风筝。《北京竹枝词》就真实生动地描述了这一情景：

新鸢放出万人看，千丈麻绳系竹竿。
天下太平新样巧，一行飞向碧云端。

这一新内容、新形式的出现，为我国风筝的发展开辟了广阔的道路。此时，各地相继出现了像仙鹤童子、雷震子、群雁、杏花天等各种不同形式和内容的风筝。

重阳节放风筝图

刺绣 是用绣针引彩线，将设计的花纹在纺织品上刺绣运针，以绣迹构成花纹图案的一种工艺。因刺绣多为妇女所作，故又名"女红"。刺绣是我国古老的手工技艺之一，我国的手工刺绣工艺，已经有两千多年历史了。

潍县风筝艺人根据我国"尊龙"传统，吸收了当地木版年画、刺绣等民间艺术中有关龙的形象，对传统蜈蚣风筝加以创新，将蜈蚣头改装成龙头，扎制了"龙头蜈蚣风筝"，巧妙地把龙的形象运用到致串式风筝上，被称为潍坊传统风筝一绝。

随着民间放风筝的普及和发展，宫廷中把放风筝当作一项娱乐来对待，各地官吏把民间涌现出来的以富有、"吉祥如意"为内容而制作精巧的风筝，作为进贡礼品，并把扎制、绘画的能工巧匠选送到京都，为宫廷扎制风筝。

宫廷风筝的制作，不同于民间风筝，它不计工本，不惜代价，因而选料、制作、绘画等各道工序都极为讲究，甚至连放风筝用的拐子都雕刻得非常精致美观，所制作的风筝富丽堂皇，花样百出，姿态各异，是一种高雅精致的艺术珍品。

风筝艺人们除为宫廷制作风筝外，还在京城开设风筝铺，扎制风筝出售。诗人裴星川在其《竹枝词》中记录了当时风筝市场的盛况：

风筝市在东城墙，购选游人来去忙，
花样翻新招主顾，双双蝴蝶鸢成行。

在闽南语中有一句话：

九月九，风吹满天哮。

就是形容重阳以后，风筝满天飞的情形。由于农历九月以后，我国台湾地区季风渐强，另一方面又天

年画 是我国古画的一种，始于古代的"门神画"。清光绪年间，正式称为年画，是我国特有的一种绘画体裁，也是我国农村老百姓喜闻乐见的艺术形式。

■ 制作风筝塑像

高气爽，正是放风筝的好时节。从前玩具不多，又很少有娱乐活动，放风筝就成为孩童的最爱。

当秋天一到，大家在田野空地，大放风筝，是相当快乐的事情呢！台湾重阳放风筝的习俗，起源相当早。据资料的记载，居住在宜兰的平埔族，也就是葛玛兰人，早就有这样的活动。

台湾地区早年的重阳放风筝活动，所用风筝大多由孩童自己制作，式样凭自己巧思发挥，一般都以放得高为主，种类也相当多。

除了将风筝正常放飞以外，几个风筝在天空中互相打斗的事，也是相当精彩有趣的，这就是当地人喜欢的"风吹相咬"。

当风筝在天上打斗的时候，用各种技巧操控风筝，或者截断对方的尾巴，或者咬断风筝线，让对方"英雄无用武之地"。更激烈的，还有在风筝线上绑上暗器的，以便破坏对方的风筝。风吹相咬时，大风筝虽然容易打胜，但是小风筝操控自如，东游西窜的，易于随时打游击，反而更居优势呢！

阅读链接

在记述唐代各项典章制度沿革变迁的史书《唐会要》中，曾经记载了一则关于唐代皇帝过节的情况。

据记载，到重阳节时，皇帝一般是在曲江岸边的亭子里举行庆祝活动，在此期间，皇帝不仅要赐宴文武百官，还要即兴作诗，臣子应制唱和。

例如，在788年的重阳节那天，唐德宗在曲江亭宴饮群臣，德宗把诗作成之后，群臣纷纷唱和，当场交上来诗的有36人，德宗还把这36首诗评出三个等级，甲等4人，乙等4人，剩下的是丙等，在这一天君臣尽欢。

重阳节赏菊发展为菊花展

　　九九重阳插茱萸的习俗在南方比较普遍，在发髻上插菊花却是北方人对菊钟爱到极点的事情。

　　自九月初一大家便开始忙碌九九点景，京城无论富庶小康人家还

■ 赏菊图

是皇宫府邸宅门，庭前屋后都会摆放一两盆或数百盆菊花。

各种菊花除了自己种植的以外，多是产自右安门外樊家村一带，其中的"黄金带""白玉团""旧朝衣""老僧衲"等菊花是文人最喜的高雅品种。

府邸宅门在摆放时别出心裁，把各种菊花的品种名称以小白竹牌的正楷写好，用红绳拴挂，按照不同颜色以及花头大小组成峰峦叠翠的"九花山子"，至于福寿等吉祥图组也是别致优雅。

大茶馆还在院子里或铺面前堆起"九花山子"招揽顾客，有时还要提前书写广告"某某馆肆有九花山可观"。一般摆山多是按照万寿山形式，摆出佛塔、殿阁、楼台等造型。

北京的道教宫观在九九重阳均有祭祀，但这种祭祀是为了一位女神而设立，自农历九月初一至初九是为期9天的"立坛礼斗"。正日子就是九九，这位女神乃是北斗众星之母，称为"斗姆元君"。

九九是斗姆元君的诞辰，此法会又称为"九皇会"。不但必须有九花献供，还要舍缘豆吃素斋。梨园行以及家属也必须食素斋祭祀斗

■ 雪菊图

姆元君，他们还自行在精忠庙举办九皇会，拜忏念经，献戏酬神。

在明代的《陶庵梦忆》中记载了千家万户赏菊花的盛况：

> 兖州绍绅家风气袭王府。赏菊之日，其桌、其炕、其灯、其炉、其盘、其盒、其盆盎、其看器、其杯盘大觥、其壶、其帏、其褥、其酒、其面食、其衣服花样，无不菊者夜烧烛照之，蒸蒸烘染，较日色更浮出数层。席散，撤苇帘以受繁露。

■ 陶渊明赏菊图

至清代，《燕京岁时记》则准确记载了一些大型的菊花展览：

> 九花者，菊花也。每届重阳，富贵之家，以九花数百盆，架度广厦中前轩后轻(轩轻，车前高后低叫轩，前低后高叫轻，比喻高低优劣)，望之若山，曰"九花山子"。四面堆积者，曰"九花塔"。

清代时我国南方也有菊展，如《清嘉录》中记载

《陶庵梦忆》
为明代散文家张岱所著，也是张岱传世作品中最著名的一部。《陶庵梦忆》将种种世相展现在人们面前，如茶楼酒肆、说书演戏、斗鸡养鸟、放灯迎神以及山水风景、工艺书画等，构成了明代社会生活的一幅风俗画卷。

杨子潮迴抱小樓染香啜茗
坐高頭風流也学青藤老
閒寫賞花過一秋

了苏州赏菊活动：

> 畦菊乍放，虎阜花农，已千盘百盎担入城市。居人买为瓶洗供赏者，或五器七器为一台。梗中置熟铁丝，偃仰能如人意。或于广庭大厦，堆垒千百盆为玩者。绉纸为山，号菊花山。而茶肆尤盛。

老北京人过重阳节时还喜欢赏菊，饮菊花酒。重阳节当日，人们经常赴天宁寺、景山、中山的唐花坞等地赏菊观景，北海、天坛、紫竹院、植物园等地的重阳节菊花展更是当年人们口口相传的盛事之一。

天宁寺位居广安门外，地势较高，可登临远眺京城，这里古树参天，植物繁茂，花团锦簇，尤以多姿貌美的菊花繁多而闻名古城，成为人们金秋登高赏菊和游乐的好地方。

清代李静山的《增补都门杂咏》曾写道：

天宁寺里好楼台，每到深秋菊又开。
赢得倾城车马动，看花犹带玉人来。

另如《浮生六记》等书中也有赏菊之记载。

明朝菊花品种更多，艺菊水平又有提高，且有更多的菊谱问世。《艺菊书》中记载了220个菊花品种，且列专目论述菊花栽培的基本技艺，即贮土、留种、分秧、登盆、理辑、护养。

李时珍的《本草纲目》和王象晋的《群芳谱》对菊花都有较多记载。

《群芳谱》对菊花品种进行了综合性研究，记有黄色92个品种，白色73个品种，紫色32个品种，红色35个品种，粉红色22个品种，异品17个品种，共6类、271个品种，至少有16种花型。还有高濂的《遵生八笺》记录菊185种，并总结出种菊八法。

至清朝，菊谱及艺菊专著更多，说明新品种不断增加，栽培技术陆续提高。在这段时期，还出现较为频繁的菊花品种交流类

《本草纲目》

药学著作，52卷，明代李时珍撰，书中载有药物1892种，收集医方11000余个，绘制精美插图1100余幅，分为16部、60类。是作者在继承和总结以前本草学成就的基础上，结合作者长期学习、采访所积累的大量药学知识，经过实践和钻研，历时数十年而编成的一部巨著。

红菊图

菊石图

书籍。

有陈昊子的《花镜》、刘灏的《广群芳谱》、许兆熊的《东篱中正》、陆延灿的《艺菊志》、闽延楷的《养菊法》、徐京的《艺菊简易》、颜禄的《艺菊须知》、计楠的《菊说》、吴仪一的《徐园秋花谱》等。

《花镜》一书记载当时菊花有黄色的54种，白色的32种，红色的41种，紫色的27种，共计154个品种。

计楠的《菊说》载有菊花品种233个，其中新培育的品种有100多个，并提出了菊花育种的方法。

清朝菊花品种日益增多，在乾隆年间还有人向皇帝献各色奇菊，乾隆曾召集花卉画家邹一注进宫作画，并装订成册。在文人中画菊题诗，也蔚然成风。

阅读链接

菊花又叫黄花，属菊科，品种繁多。我国是菊花的故乡，自古培种菊花就很普遍。菊是长寿之花，又为文人们赞美，作为凌霜不屈的象征，所以人们爱它、赞它，常举办大型菊展。

菊展自然多在重阳举行，因为菊与重阳关系太深了，所以重阳又称菊花节，而菊花又称九花，赏菊也就成了重阳节习俗的组成部分。

宋代《东京梦华录》卷八载："九月重阳，都下赏菊，有数种。其黄、白色蕊者莲房曰'万龄菊'，粉红色曰'桃花菊'，白而檀心曰'木香菊'，黄色而圆者'金龄菊'，纯白而大者曰'喜容菊'。无处无之。"

北方重阳食俗的传承与发展

明、清两代，无论是宫廷还是民间，都非常重视重阳节。过重阳节时，各地的地方名特食品、风味小吃，较之前代而言，花样品种更为繁多。

此时还出现了更多的专门记述、总结地方饮食文化发展情况的专著，涌现出众多烹饪专家，令人瞩目。

每年的农历九月时，宫中御前要进献菊花。自初一日起，宫中帝后开始吃花糕。宫眷内臣则自初四起换穿重阳景菊花"补子蟒衣"。

九日重阳节时，帝后要驾幸万岁山

传统糕点

酒坛

或兔儿山、旋磨台等处，进行登高活动，并品尝迎霜麻辣兔，喝菊花酒。九月宫中也要糟瓜茄，储备过冬的菜蔬，以供食享之用。

在民间，人们在重阳节进行登高之时，还要举行诸如饮用菊花酒、食用重阳花糕（又称寿糕）等一系列的节日饮食文化活动。

各地风习虽略有不同，但活动内容均丰富多彩。我国地域广阔，民族众多，因而到了明、清以后，虽然重阳节各地都有登高、吃糕、赏菊等统一的习俗，但是北方与南方之间、汉族与少数民族之间，具体的过节形式又各有不同。

在北方，人们对重阳花糕的制作以及吃花糕都颇有讲究。如老北京人在过重阳节时，常常用登高、佩戴茱萸、赏菊、饮菊花酒、吃花糕、食烤肉、涮羊肉、吟诗作赋等方式来庆祝，以祈求平安健康。

北京城重阳吃花糕的习俗久远，随着制作花糕工艺日渐成熟，重阳花糕品种齐全、花样繁多。

北京的重阳花糕是用江米粉加水用屉布包起蒸熟，然后揉均匀，分成四块，再和一块面，把面拍成两厘米长的片放在案板上，抹一层豆沙馅，再铺一层江米面，用这种方法铺四层面、三层馅后，再放上煮熟的栗子、桃仁、瓜仁，要码严实后再撒上一层金糕丝、青梅。也有两层或三层的，中间夹桃仁、松子仁、温朴及青梅等果料。

早年间，京城南来顺的花糕是用黄色黍子面，即黄米面、白色江米面，一层黑色的豆沙馅，一共六层，看上去层次分明，颜色鲜艳。上面中间撒果料，如葡萄干、瓜子仁、金糕丁，四周边加放金糕条，看上去很是诱人，食欲大增。

到了重阳这天，人们买回花糕后供于佛堂、祠堂，或作为礼品馈赠亲友，有的还要在上面插上五色小旗当标志。

如《帝京景物略》卷二记载：

> 九月初九，……面饼种枣栗，其面星星然，曰"花糕"。糕肆标纸彩旗，曰"花糕旗"，父母家必迎女来食花糕。

最简单的重阳糕，只是在家用发面饼夹上枣、栗等，也有直接用江米、黄米面蒸成黏糕饼。

重阳糕的种类也很多，一类是饽饽铺里卖的烤制好的酥饼糕点，如槽子糕、桃酥、碗糕、蛋糕等；一类是四合院里主妇们、农村妇女用黄白米面蒸的金银蜂糕，糕上有花生仁、杏仁、松子仁、桃仁、瓜子仁。

此外，还有用油脂和面蒸的糕，将米粉染成五色的五色糕。有的在花糕中夹铺着枣、糖、葡萄干、果脯，或在糕上撒些肉丝，再贴上"吉祥"或"福寿禄禧"字样，并插上五彩花旗。不仅民间风行制

玉带糕

作吃食花糕，在清代宫廷里，重阳节时也要举办花糕宴。

说起老北京的重阳节，还有一个有趣的风俗。每逢农历九月初九，有出嫁女儿的人家必须备名酒、糕点、水果，在天明时把女儿接回娘家，谓之"归宁父母"。

女儿回娘家后，还必须在由娘家人拿出片糕搭在女儿的额头上，一边搭一边还祝福女儿，所以重阳节又称为女儿节。

至于老北京的大杂院里那就更热闹了。到了农历九月初九那天，夜幕降临，灯光闪耀，各家各户自带一种或两种吃食，聚到一起，饮着菊花酒、二锅头，吃着丰盛的饭菜，大家互相祝福健康长寿、事事平安，大杂院处处洋溢着祥和的气氛。清代诗人、散文家袁枚在《随园食单》中说：

煮栗极烂，以纯糯粉加糖蒸上，加上瓜仁松子，此重阳小食也。

■糕点

1864年甲子伴花斋所刻的《都门杂咏》中，有王嘉诚的诗写道：

中秋才过近重阳，
又见花糕各处忙。
面夹双层多枣栗，
当筵题句傲刘郎。

《故都食物白咏》诗云：

佳果嵌来枣作泥，重阳糕宴事堪稽。
登高好把新诗赋，何故刘郎不敢题。

■ 枣花糕

阅读链接

在陕北一代，相传重阳节吃糕的习俗源自明代康海中状元后的无意之举。

康海是陕西武功人，有一年，他刚参加完农历八月的殿试，就病倒在长安的一家客栈里，连自己高中了状元也不知道。报喜的报子在长安城遍寻不到康海，就日夜兼程将此喜讯送到康海的家乡武功，但此时康海尚未抵家。

家里没人打发赏钱，报子就不肯走，一定要等到康海回来。直到当年的重阳节，康海才病好回家，就蒸了一锅糕给报子作为回程的干粮，为了感谢家乡的父老乡亲，又多蒸了一些糕，分给左邻右舍。

因为此糕是用来庆祝康海中状元，所以后来有子弟上学的人家，也在重阳节蒸糕并分发给亲朋好友，以图讨一个好彩头，重阳节吃糕的习俗就这样传开了。

南方食蟹习俗中的逸闻雅事

大概从唐代开始，重阳又增添了食蟹的习俗。农历九月初九前后，人们重阳登高回来，自是疲惫，于是边饮酒边吃蟹边赏菊，解解乏，轻松轻松，再快活快活，给这天画个圆满的句号。

九九重阳前后，正值蟹汛，螃蟹又多又好，吃螃蟹属于天然之举，慢慢地相沿成习，积习成俗。

明代才子唐寅在《江南四季歌》一诗中写道：

左持蟹螯右持酒，
不觉今朝又重九。

酒蟹

一年好景最斯时，
橘绿橙黄洞庭有。

清代富察敦崇的《燕京岁时记》则写道：

　扬州好，重九快我曹。

毫无疑问，重阳这天的螃蟹已经不只是普通的食物，而且成了传统文化的载体，如同农历正月十五吃汤圆、五月初五吃粽子等一样，曾经是过去很多地方和人家不可或缺的风物。

特别应该提到，曹雪芹的《红楼梦》里的林黛玉说"对斯佳品酬佳节"，薛宝钗说"长安涎口盼重阳"，说明至清代重阳佳节吃螃蟹已经普遍了，螃蟹已经成为重阳佳节不可或缺的食物了。

也有此时的御制诗的序中说道：

　陶潜盈把，既浮九酝之欢；毕卓持螯，须尽一生之兴。

古代文人重阳节爱吃螃蟹，更重要的是螃蟹有内

■ 螃蟹图

唐寅（1470年～1524年），字伯虎，一字子畏，苏州府吴中人士，号六如居士、桃花庵主、鲁国唐生、逃禅仙吏等。他玩世不恭又才华横溢，诗文擅名，与祝允明、文徵明、徐祯卿并称为"吴中四才子"。他的画更是名闻千里，与沈周、文徵明、仇英并称"明四家"。

蕴美质、外露威武、出将入相、横行之象。

内则黄中通理，外则戈甲森然，此卿出将入相，文在中而横行匈奴之象也。

■ 酒蟹图

原来螃蟹仍是一种象征着腾达和风雅的食物。重阳时以良乡酒配糟蟹等而尝之，最为甘美。最有意思的是，过去长江三角城镇的商铺，主人往往在重阳节晚上宴请所有的伙计，这顿晚宴成为"螃蟹酒"。清代潘宗鼎的《金陵岁时记》记载：

吾乡重九之夕，铺家治酒剥蟹，以犒店伙。

同一时期的孔庆镕《扬州竹枝词》中也说：

紫蟹居然一市空，买来声价重青铜；东翁为劝茱萸酒，过却明朝上夜工。

此外，在浙江省绍兴当地有个民谣说：玄月九，湖蟹过老酒。

直至清代，姑苏、扬州、杭州、芜湖、南京、北

孔庆镕（1787年～1841年），字陶甫，一字冶山。系七十二代衍圣公孔宪培胞弟宪增之子。因宪培无子，以庆镕为嗣。1794年袭爵，诰授光禄大夫。孔庆镕在历代衍圣公中属才华出众者，他留下的诗文书画有《春华集》《鸣鹤集》《忠恕堂集》各1卷，《铁山园诗集》4卷及《铁山园画集》等。

京、长沙等地，一到重阳，除了居民自家吃蟹之外，还亲朋相邀，文人雅集，吃蟹赏菊。古人有诗云：

> 不到庐山辜负目，
> 不食螃蟹辜负腹。

唐代唐彦谦的《蟹》诗道：

> 充盘煮熟堆琳琅，
> 橙膏酱渫调堪尝。
> 一斗擘开红玉满，
> 双螯啰出琼酥香。

宋代诗人梅尧臣有诗赞蟹：

> 樽前已夺螃蟹味，
> 当日莼羹枉对人。

清代著名文学家、艺术家李渔说：

> 蟹之鲜而肥，甘而腻，白似玉，而黄似金，已造色、香、味三者之至极，更无一物可以上之。

菊花红叶图

著名学者章太炎曾卜居吴中，啖蟹之余，夫人汤国梨曾吟诗道：

不是阳澄湖蟹好，人生何必住苏州。

古往今来，重阳之日许多文人墨客啖蟹、品蟹、画蟹，为后人留下许多逸闻雅事，也为人们啖蟹平添了十足的韵味。

重阳节的饮食都是健康的时令美味，人们往往更注重的是美食的精神层面。吃重阳糕有登高之意，饮菊花酒可祛病延年，高洁明志，食螃蟹更是对今年丰收的喜庆、来年富足的企盼。

阅读链接

我国有三大名蟹——地处苏、皖两省的古丹阳大泽河蟹花津蟹、河北白洋淀河蟹胜芳蟹和江苏阳澄湖河蟹，这也是阳澄湖大闸蟹名字的来源。

历史上，以丹阳湖、石白湖、固城湖、南漪湖以及周边地区一大片低洼湿地，面积近300万亩，这块横跨苏南和皖南、呈三角形的大湿地，因盛产河蟹而被称为河蟹"金三角"。

重阳节前后是吃蟹的最佳时机。俗语说："秋风起，蟹脚痒，九月圆脐十月尖。"九月要食雌蟹，这时雌蟹黄满肉厚；十月要吃雄蟹，雄蟹蟹脐呈尖形，这时膏足肉坚。

阳澄湖大闸蟹久负盛名，有"蟹中之王"的盛名，历来被称为蟹中之冠。

重阳节这一天，人们赏玩菊花，佩戴茱萸，携酒登山，畅游欢饮，或祭扫祖墓、纪念先人，或蒸糕煮蟹、庆贺丰收，以各种形式表达对美好生活的向往。

我国疆域广阔、民族众多，各地区、各民族也都有自己的独特过节形式，这些颇具地方特色的重阳节习俗称之为重阳杂俗。

如江南人有在重阳日让妇女休息的习俗。明代刘侗《帝京景物略》："九月初九，父母家必迎女归宁，食花糕。"北京《大兴县志》则有："九月初九，父母家必迎女归宁，亦曰女儿节。"

重阳杂俗

福建重阳祭祀妈祖祈求平安

福建重阳节的主要习俗是登高、放风筝、食糕等，也有中秋祭祀妈祖的习俗。

在我国东南沿海有信奉妈祖神的传说，沿海的人们每年在重大节日里都要祭妈祖，祈求顺风和安全。

相传妈祖诞生于960年农历三月二十三，987年农历九月初九逝世。

妈祖降生时，邻里乡亲看见流星化为一道红光从西北天空射来，晶莹夺目，照耀得岛屿上的岩石都发红了。因此，父母感到这个女婴必非等闲之女，也就特别疼爱。因为她出生至满月间都不啼哭，便给她取名林默，父母又称她为林默娘。

林默幼时聪明颖悟，8岁读书，

湄洲妈祖庙妈祖像

妈祖庙祭祀

过目成诵。长大后，矢志终身不嫁，行善济人。她精研医理，教人防疫消灾，且洞晓天文气象，熟习水性。

湄洲岛与大陆之间的海峡常有海难发生，遇难的渔舟、商船，常得到林默的救助，因而人们传说她能"乘席渡海"。她还会预测天气变化，事前告知船户可否出航，所以又传说她能"预知休咎事"，称她为"神女""龙女"。

987年农历九月初九重阳节这天，年仅28岁的林默与世长辞。这天，湄洲岛上的群众纷纷传说，他们看见湄峰山上有朵彩云冉冉升起，又恍惚听见空中有一阵阵悦耳的音乐。

从此以后，航海的人又传说常见林默身着红装飞翔在海上，救助遇难呼救的人。因此，海船上就逐渐地普遍供奉妈祖神像，以祈求航行平安顺利。

在福建莆仙沿海，每年的农历九月初九那天，乡民们多到湄洲妈祖庙或港里的天后祖祠、宫庙祭祀，纪念妈祖羽化升天的忌日，求得保佑。

梁克家（1128年~1187年），字叔子，宋代晋江人，著有《三山志》一书，是福建省现存年代最早的地方志。全书采摭丰富，体例详备，精简古雅，文笔流畅，纪录掌故，自成志乘一体，后来入编清代《四库全书》。所著还有《中兴会要》200卷（《宋史·志159·艺文5》）、《梁文靖集》等。

福建的农历九月，秋高气爽，云淡山清，此时登临高处，水色山光，顿感心旷神怡，不失为一大乐趣。据宋代梁克家的福建最早的地方名志《三山志》记载：

汉闽越王无诸，九日登于山九日台，凿有石樽，以泛菊花酒。石樽可盛酒三斗。

后人附会农历九月初九登高可消灾祛病，从此便相沿成习。每逢重阳，家家户户携男带女登高，于山容纳不了，便渐及屏山、乌石山及南台大庙山。

民间传说大庙山上，有一天降下巨石，重阳日小孩子个个都想试登此石，若能登上，可保健康成长。

重阳登高，旧时多是读书人的事。清代乾隆年间

■ 于山风光

■ 登高图

的《泉州府志》记载：

> 九月登高、饮茱萸菊酒，唯士人间行之。

至清代道光年间的《龙岩州志》又说道：

> 重阳登高会，采茱萸、菊花，泛酒以饮儒者游咏自适。

《建阳县志》上也说，每逢重阳时节：

> 士夫亦多援故事，登高饮唱，以乐嘉节。

同安、南安、漳浦、古田、尤溪、顺昌、将乐、光泽等地的旧志也都有类似的记载。

就像三月三到绍兴玩儿"曲水流觞"、摹写《兰亭序》一样，九月九重阳节这天就该读《滕王阁序》、吃重阳糕、喝茱萸酒。唐代福建观察使常衮写过《重九谢赐糕酒等状》：

> 茱萸清酒，常闻旧俗之传。

踏秋的重阳

■ 放风筝的儿童图

食俗　饮食风俗。"民以食为天"，各地各民族所处的地理环境、历史进程以及宗教信仰等方面的差异，使他们的饮食习俗也不尽相同，构成了食俗庞大纷繁的体系。食俗一般包括日常食俗、年节食俗、宗教礼祭食俗等内容，经常反映在一些典型食品与就餐习惯中。

常衮在福州时，最喜欢带文人写诗作文，这些人有不少后来就高中进士了。宋代状元黄裳写给福州的诗，有"照万事时惟是道，赏三山处最宜秋"的句子，可见重阳登高，最爱应景的往往是新科进士。

明代长乐人谢肇淛在《五杂俎》中记录了福州独有的重阳食俗：

闽省以是日作粽，与端午同。

乾隆版《福州府志》也说：

九日：登高，饮茱萸菊酒，啖栗粽。

可见明清时期，至少有200多年的历史，福州人在重阳节要包粽子吃，还是栗子馅的。包粽子的风俗到清代道光年间渐渐消失，当时的福州诗人刘萃奎写的重阳诗中说：

近日乡风犹效古，不尝栗粽只尝糕。

清代，随着风筝的快速发展，福州人把重阳节变成了独一无二的秋季风筝节。福州风筝形式多样，以"九连环"为最雄伟。"九连环"形如蜈蚣，剪彩为头，具一百四十四甲，长达四五十丈，大绳系于山石上，乘风则需数十人挽之。

风筝在福州又叫纸鸢，福州方言"鸢"与"殃"类似，因此，有人在放风筝时故意将线弄断，任其飘落别处，认为这样便可免去不幸与灾殃。

道光年间，福州学者郭柏苍写的《乌石山志》，就记录了需要几十个人一起放的大型风筝"九连环"，每年九月初九是重阳节，福州城里城外都可以见到人们登上高地放纸鹞。走在街上，你会看到一群鹞鹰在天上围成一圈的奇异景象，那是有人用一根粗大的绳子同时控制5个或更多的纸鹞。

或许你会看到1000米以外的天空上飞起一只巨大的风筝，它是一串相互间隔的风筝组合，叫"骨牌鹞"，每一片骨牌都有四五尺长，十分壮观。每年到九九重阳节这天，总有官员带着一群乡勇守在这个小山上维持治安，如果天气好，这天会有三四万人登高放风筝。

在福州，放风筝以乌

栗粽

山最盛，其次为大庙山，参加风筝小组比赛的，基本上是福州青壮男子，福州女子不放风筝，她们上山，只为了看热闹。

厦门、漳浦、海澄、南靖、诏安、龙溪、长泰、平和、漳州、平潭、永泰、建阳、崇安等地，在重阳节时放风筝已成惯例。尤其是儿童，以长细绳系之，出郊原乘风放纵，高飘入云，以为娱乐。

风筝也有在夜间放的，而且带有点着烛火的灯笼，这种风筝施放起来煞是好看。夜放风筝盛行于清初，如县志有记载：

重九，……放纸鹞曰风槎，夜系灯而纵之，明彻星河。

但这种风筝极易引起火灾，后来官府予以禁止。

福建的重阳糕更是五花八门，体现了地方特点。福州的"九重粿"共九层，层层相连，又可一一掀开，借符重九之意。中间夹七层糖色，寓意节节高和登高消灾。店铺出售时，将其切成菱形小块，上插红纸制的三角小旗，使人一望便知是重阳糕。

建瓯、浦城有五色"九重糕"，以米粉蒸制而成。厦门、南平、尤溪、大田、长汀等地，重阳日制作栗糕。建宁家家磨浆做糕，名为"层层糕"。建阳的糕则以红薯、芋头和粳米制成，并且互相馈送。

霞浦在重阳节这天，民间以屑米蒸糕，和以红糖，称甜糕，调以盐、肉，称卤糕，这两种都叫

■ 蝴蝶风筝

重阳糕。亲戚之间互相馈送，特别是新婚的人家，尤重送头年。

福安则有七层糕，而在连城吃的是"薯糕""芋糕"，以至于俗称重阳节为"薯姜芋卵节"。将乐有"阳阳包"，状如饺子。其皮由芋头、山粉和制而成，以饼、糖、油渣调均为馅，多包成近似三角形状。整个制法如包饺子。但吃起来韧滑可口，胜过饺子。

莆仙的人们沿袭旧俗，过重阳节时还要蒸九层的重阳米果。

清初莆仙诗人宋祖谦在《闽酒曲》中说：

惊闻佳节近重阳，纤手携篮拾野香。
玉杵捣成绿粉湿，明珠颗颗唤郎尝。

做法是将优质米用清水淘洗，浸泡两小时，捞出沥干，掺水磨成稀浆，加红糖掺水熬成糖汁，而后置蒸笼于锅上，铺上洁净炊布，然后分9次，舀入米果浆，蒸熟出笼后上花生油即可。

此米果分九层重叠，可以揭开，切成菱角，四边层次分明，呈半透明状，食之甜软适口，又不粘牙，堪称重阳敬老的最佳礼馔。

莆田除了有九层糕外，据明代周亮工撰写的笔记小说《闽小记·闽酒米曲》记载，还在重阳这天采草为粬，"和米捣成如弹丸大"。

■ 年糕

■ 美味的糕点

清明 是我国的二十四节气之一，在每年的阳历四月五日。因为二十四节气比较客观地反映了一年四季气温、降雨、物候等方面的变化，所以古代劳动人民用它安排进行农事活动，清明作为节日，与纯粹的节气又有所不同。节气是我国气候变化、时令顺序的标志，而节日则包含着一定的风俗活动和某种纪念意义。清明节是一个祭祀祖先的节日，传统活动为扫墓。

在福建有些地方还有"补重阳"的习俗。如在厦门，重阳节时要食羊肉以资调补；在诏安，人们认为重阳节是全年中进补的最佳日子，因此，这天许多人家都要杀鸡宰鸭，和上当归、川芎、党参等滋补中药炖着吃。

漳浦有重阳节吃西红柿的风俗，说是可以御寒。长汀的一些农村重阳节时兴吃板栗、炖母鸡。漳州的重阳节还要吃柚子、番薯、芋头、花生、西红柿，据说吃柚子可以补脑，吃番薯、芋头可以补筋骨，吃花生可以补脾胃，吃西红柿可以补心肺。

每逢佳节倍思亲。也有利用重阳登山的机会，祭扫祖墓、纪念先人的。莆仙人因重阳祭祖者比清明为多，故俗有三月为小清明、重九为大清明之说。与清明的祭坟，合称"春秋二祭"。

在莆田、仙游祭先墓如清明。仙游旧时习俗，重阳节祭祀祖坟的习俗来自"介田"。"介田"指兄弟分家独立时分剩余的田产。"介田"轮流种，祀先之后若还有盈余，再按丁平分。

浦城旧俗，重阳日到祖先坟前焚烧楮帛，称为"送寒衣"。

在沙县、长乐也有"秋祭"的习俗。沙县还有"搭重阳"的活动，即由道家设坛，百姓等搭上疏，祈求全家福祉。永定的一些地方做米饭，备牲醴，祭祖敬神。

上杭则有重阳节在九皇宫祀九皇的俗例。据传，上古有人皇者9人，故称。上杭自农历九月初一至初九，男女多食素，名九皇斋。有的人家在农历八月底洒扫房屋，墙壁家具擦洗一新，人人都要斋戒沐浴，非常虔诚。

松溪、永泰等地在重阳日清晨，要先采茱萸泛酒来祭祀祖先，然后邀请亲朋故友开怀畅饮。

■ 美味糕点

■ 道教祭祖场景

霜降 我国传统二十四节气之一。霜降节气天气渐冷，霜降一般是在每年的10月23日，这时我国的黄河流域一带出现初霜，大部分地区多忙于播种三麦等作物。是秋季的最后一个节气，也意味着冬天的开始。霜降时节，养生保健尤为重要，民间有谚语"一年补透透，不如补霜降"，足见这个节气对人的影响。

龙海等地民间重阳节时要用麻糍祭祖，还要用柚子、甘蔗、番薯、芋、红柿饼、花生等果品祀神，祭祀完毕后，供品要分给家人食用，还要用番薯皮、芋皮祭门槛儿，谓之"剥鬼皮"。

在顺昌，民间有过"重阳关"之俗。这天，道士设道场作法，头戴道冠，身披道袍，登坛诵经，吹龙角，击磬钟，请神求福。许多人家将自己家中16岁以下子女的出生年月日时辰，交送神坛报名"斩关"，以保子女平安健康成长。

如果重阳节这天是霜降，在永定的一些农村，不能生火做饭，事先应准备干粮充饥，因为有"重阳对霜降，十家烧火九家亡"之说。

在当地的传说中，远古时期的"霜降"与"重阳"均是天上的两员猛将，骁勇善战。一日，两将不知何因，引起争端，打了起来，从天上战至人间，从人间复又至天上，只战得天昏地暗，重阳渐渐不敌，躲进人间一柴灶内。

重阳性为火，所以在灶内很安生很惬意，而霜降性为水，无法入灶捉拿重阳，性情渐躁，遂起一计，看见冒炊烟的烟囱都给堵上，逼重阳出来再战。可怜了正在烧火做饭的人家，烟囱堵上，家中烟熏火燎，被熏死的、房屋着火被烧死的，不计其数，因而有了"霜降赶重阳，十家烧火九家亡"的说法。

但也有反其道而行之者，说是"重阳对霜降，十家烧火九家旺"，照常生火做饭。在政和一带，重阳节这天各工场或店铺老板，照例备好酒席，宴请师傅与学徒。其意在于自即日起其业务进入吐季了，大家多加出力。因此，有谚语说："吃了重阳酒，工夫不离手。"

长汀县农家采田中毛豆相馈赠，称为"毛豆节"。海澄县重阳节放风筝为戏，称为"风槎"。

069
共襄盛举
重阳杂俗

阅读链接

北方有谚语"晚麦不过霜降，霜降前，要种完"。江西赣州一带也有"霜降对重阳，来年饿死少年郎"的说法，是因为收成不好，古戏文唱道："霜降赶重阳，平地起战端。"

因此，在江南一带及其以南各地，粮食比较充裕的人家，怕北方的灾民、流寇哄抢粮食，就举家上山避祸，每家每户都不冒炊烟，告诉他人"我家也断炊了"，没有粮食给你们抢。而有些没有来得及离开的人家，因炊烟的出卖，导致被洗劫一空，因此就有了"霜降对重阳，十家烧火九家亡"的结局。

在重阳时节举家上山避祸，到后来在风调雨顺、太平盛世时节，就逐步演变成"重九登高"的习俗。

独特的重阳追节和枣上房

河北香河县的农历九月初九，有姻亲关系的家庭会互相送礼，称为"追节"。嘉庆时编著的县志《束鹿县志》就说：

九日，女家做枣糕馈婿，曰"追节"。

■ 追节礼品

1831年的《南宫县志》也记载：

■ 花色糕点

> 以面、枣蒸糕，谓之菊花糕，献祖先，
> 亦以送婿家，谓之追节。

追节是准女婿在节日前一天向未来的老丈人家送节日礼物的一种礼仪，按照其风俗有这么几种物品是必须送的：

竹凉席一床，扇子若干。扇子的数量是依女方家庭成员数而定的，有多少人就得送多少把扇子，此外还要有阉割过的大公鸡一只，粽子十个，其他可以随意。这种追节礼仪，准女婿们只有结婚后才能免掉。

追节就是民间专门用来传递结婚信息的一个礼仪。乡下的青年男女们因为文化活动有限，大家在一起劳动的机会又大大地减少了，所以恋爱必须有人牵

嘉庆（1760年~1820年），清仁宗爱新觉罗·颙琰的年号。嘉庆帝是清朝入关后的第五位皇帝，乾隆帝的第十五子。在位期间他惩治贪官和珅，肃清了吏治。庙号仁宗，谥号受天兴运敷化绥猷崇文经武光裕孝恭勤俭端敏英哲睿皇帝，葬于清西陵之昌陵。

头，当这样的媒妁之言大功告成时，双方确定了恋爱关系后，男方就得以办订婚酒的形式向人们予以公布。

从此以后，父母们别的事情都可以该省的则省，该略的则略了，唯有一件事父母们是必做的，这就是结婚前的追节。

其实，追节并不繁杂，就是男方父母觉得小孩子们已经到了结婚的火候了，并准备在下一年的重阳节前办婚事时，就利用这个重阳节，让母亲陪着儿子，上一篮粽子，拎上一提鸭蛋，有些隆重和讲究些的人家，还要加上几斤肉等，凑足八样礼，到女方家去以示告之。

若女方家父母应允了，则全部收下礼物，如不应允或因其他原因不能肯定回复时，亲家们又是面对面不好直接回复，就适当地退回一点儿粽子，使双方不至于面子上过不去。

如果今年"追节"不成功时，来年还得如法炮制，不然，到时候真的想办喜事了，要是不太省事的女方父母，就会以没追节为借口，多多少少地出一些难题给男方。

在河北永平府，则以重阳的天气占未来晴雨。重阳节若下雨，这几个日子就都会下雨。

在河北曲周境内的无山，县民多于重阳节上城楼登高。

花式枣糕

在河北保定府的阜平县有"重阳枣上房"的习俗。阜平县盛产大枣，而重阳节用的蒸糕的红枣要经过长时间的晾晒才行。乡亲们一般在农历九月初九把红枣晒到房上，所以叫"重阳枣上房"。

到了重阳节前后，雨水少，晴天多，利于红枣晾晒，红枣具备滋补气血功能，按乡亲们的说法，农历九月初九上房的红枣，吃了可以强壮身体，活到99岁。还有个说法是重阳节上房的红枣酿造的酒量足、味醇好喝。

红枣上房的场面很壮观。重阳节这天太阳刚露头，家家户户大人孩子全部出动，有的用荆篓踩着梯子往房上背，有的站在房顶上用绳子拴住篮子往房上拽，有的年轻小伙子力气大，干脆用簸箕往房上扬。

经过一个上午的劳作，全村的房顶全成了红色，就像盖上一张张大红的毛毯，这个景色站在村旁的山冈上看最美丽。

在河南信阳一带，每年到重阳节，当地人们喜欢全家围坐在一起吃汤圆，街上有特色的餐馆还专门备有汤圆。在河南北部一些地区还有"九月九，卸石榴"的谚语，当地凡种石榴的人家，习惯在此日采摘咧嘴笑的石榴吃，表示幸福美满，快快乐乐。

南阳等地的民间把农历九月初九当作老君的生日。传说中的老君小名为"哨"，他是道教的始祖，人们十分敬重他，所以重阳当日游乐时，一律忌吹哨子。清丰县的儿童在重阳节还善于放纸鸢为戏，他们奔走在草地村边，快乐中充满童趣。

■ 老君画像

窑神太上老君像

谚语　熟语的一种，是流传于民间的言简意赅的话语。多数反映了劳动人民的生活实践经验，而且一般都是经过口头传下来的。它多是口语形式的通俗易懂的短句或韵语。谚语内容包括极广，类别繁多，不胜枚举。谚语是劳动人民的生活实践经验，而名言是名人说的话。

■ 花糕

孟浩然 （689年
~740年），唐代
诗人，字浩然，襄
州襄阳人，世称
"孟襄阳"。少
好节义，喜济人患
难，工于诗。年
四十游京师，唐玄
宗诏咏其诗，至
"不才明主弃"
之语，玄宗谓：
"卿自不求仕，
朕未尝弃卿，奈何
诬我？"因放还
未仕，后隐居鹿
门山，著诗200余
首。

每年的重阳节前后，古都开封都会举办大型的菊花会。开封菊花会远在唐代就粗具规模，唐代诗人刘禹锡对开封菊花"家家菊尽黄，梁园独如霜"的描述可见一斑。

在北宋时期，开封的菊花更是闻名遐迩。每逢重阳节，不仅民间有花市赛菊，而且宫廷内养菊、插菊花枝、挂菊花灯、饮菊花酒，甚至还开菊花会。《东京梦华录》中就有赏菊游人"游情寓意不一而足"之类的记载。

明、清两代开封养菊、赏菊之风依然盛行，清代乾隆皇帝南巡来到开封禹王台赏菊时，就留下了"枫叶梧青落，霜花菊白堆"的诗句。

开封人酷爱菊花的传统习俗更浓。在每年农历九月的时候，养菊、赏菊者甚众，花市售卖菊花和沿街叫卖菊花则自成独特的风景。

西峡县同样以菊花远近闻名，号称"茂林修竹地，菊花茱萸乡"。西峡县地处豫、陕、鄂三省交会处，陆通秦晋，水连吴楚，山清水秀，历史悠久，文化灿烂。

据《西峡县志》记载，河南西峡县地处伏牛山腹地，伏牛山是"中华大地的脊梁"、长江黄河的分水岭、南北气候的过渡带。

它也是"全国山茱萸之乡"。隋唐时，因这里重阳节俗兴盛，菊花山声名远播，而专设"菊潭县"，前后长达250多年。

据史料记载，唐代大诗人李白、孟浩然、杜甫、贾岛、白居易、李商隐都曾到西峡菊花山登高赏菊，宋朝的苏辙、宋祁，元末大诗人元好问，都游过菊花山，并留下诗词36篇之多。

孟浩然在《寻菊花潭主人不遇》一诗中写道：

行之菊花潭，村西日已斜。

主人登高去，鸡犬空在家。

■ 花糕

■ 茱萸花

苏辙 眉州眉山人，自号"颍滨遗老"。嘉祐二年同其兄苏轼同登进士科。唐宋八大家之一，与父洵、兄轼齐名，合称"三苏"。著有《栾城集》，包括《后集》《三集》等。

重阳店 地处豫西南边陲西峡县，豫鄂陕交会处，秦风楚韵交会，人文和民俗文化相互交织，形成独特的地域文化，是历朝文人骚客在九月里登高赋诗的首选之地。

苏辙在《九月园夫献白菊》一诗中写道：

南阳白菊有奇功，潭上居人多老翁。
叶似蟠蒿茎似棘，未宜放入酒杯中。

西峡的重阳糕同样有名：

九月蒸花糕，用面为糕，大如盆，铺枣二三层，有女者迎归，共食之。

这是对重阳糕用料、做工、用途等方面的文字记载。

西峡有个镇更是以重阳为名。相传尧的儿子丹朱在重阳店构建了军事要塞，重阳店的重阳寺中仍存有"天子万年碑"和"李氏瓦"，是重阳公主之母李娘娘在此生活留下的物证。

西峡县更有许多有关重阳节的美丽传说。据《西峡地名志》记载，重阳乡因重阳公主的传说而得名。重阳乡存有娘娘庙、公主坟，当地折子戏、民歌等都有关于重阳公主的说唱。

在风俗习惯上，西峡每年重阳节都有登高、喊山的习俗，有喝菊花酒、茱萸酒、菊花茶以及枕菊花枕、食重阳糕、佩茱萸囊的习俗。每到重阳，娘家人都把出嫁的女儿接回家共食花糕，同庆团圆和丰收。

重阳乡是菊花和山茱萸的故乡，每到秋季，特别是重阳节前后，漫山遍野金灿灿的野山菊和红彤彤的山茱萸，更是风景独具。这里的人们善酿菊花酒，喜吃重阳糕，爱用菊花枕，尊老、敬老之风代代传承。

每年九月九重阳节，家家户户都扶老携幼来到户外，登高健身，对唱山歌，下棋吟诗，秋游赏景，其乐融融。重阳节是当地的传统民间节日，活动丰富，气息古朴浓郁。

阅读链接

茱萸雅号"辟邪翁"，重阳佩茱萸的习俗在唐代很盛行，人们认为在重阳节这天插茱萸可以避难消灾。

重阳节佩茱萸，在晋代葛洪《西京杂记》中就有记载。重阳茱萸的目的在于除虫防蛀。因为过了重阳节，就是十月小阳春，天气有一段时间回暖，而在重阳以前的一段时间内，秋雨潮湿，秋热也尚未退尽，衣物容易霉变。

但是在宋、元之后，佩茱萸的习俗逐渐稀见了。随着人们生活状态的改善，人们不仅关注目前的现实生活，而且对未来生活给予了更多的期盼，祈求长生与延寿，所以"延寿客"菊花的地位最终盖过了"避邪翁"茱萸。

打围喝萝卜汤及裹栗粽吃横爬

在山东济南，每逢重阳节这天，人们都要到千佛山登高。自元代开始，这一天又被定为千佛山庙会，所以就更为热闹。

农历九月初九这天一早，济南人都会赶来登山，时值深秋，天高

■济南千佛山

■ 济南千佛山

气爽，山前山后，盛开的野菊烂漫似锦，清香扑鼻。因此，站在"赏菊岩"上观赏菊花，遂成登山的一大乐事。

除赏菊外，济南人还有吃菊花的习俗，将白色的菊花瓣采下，蘸上面粉油炸食之。或者配上肉类做成菊花火锅，配之以菊花浸泡的美酒，在山上野餐，真是别具风味，清香无比。清朝济南诗人朱照曾在《重阳节同人挈酒历山登高诗》中写道：

闲招三两友，把酒醉南山。
静喜高松下，香偎野菊间。

这首诗，正是古人重阳登千佛山的生动写照。

在重阳节这天，济南人还要蒸枣糕吃。街上出售枣糕，多用糯米和枣或小豆和枣做成，蒸熟后在街上

千佛山 古称历山，亦名舜耕山。相传上古虞舜帝为民时，曾躬耕于历山之下，故称舜耕山。据史载，在隋朝年间，山东佛教盛行，虔诚的教徒依山沿壁镌刻了为数较多的石佛，建千佛寺而得名千佛山。与趵突泉、大明湖并称济南三大景观。

■ 祭祀祈福

踏秋的重阳

现切现卖。

山东昌邑北部人家在重阳节吃辣萝卜汤，有谚语道：

喝了萝卜汤，全家不遭殃。

山东鄄城民间称重阳节为财神生日，家家烙焦饼祭财神。邹平则在重阳祭祀北宋政治家、文学家、军事家、教育家范仲淹。

在山东滕州，出嫁不到三年的女儿，忌回娘家过重阳节。在日照，重阳节时有吃大米干饭的习俗，故有农谚说：

九月九，大米干饭堵着口。

农民还有以重阳日阴晴来占卜年成的习俗。如谚语说：

九九无雨盼十三，十三无雨一冬干。

在平阴，重阳节则有打围的习俗。几十人或数百人，从日出前一字排开，手持短棍，从田野奔向山地，或从沟壑跑向丛林。人们呼叫着以惊起野兽，一旦发现猎物，便用木棍投击。

击中猎物者，将猎物举过头顶，向众人宣布猎物归属已定，不必再抢。如果同时抢到，则互不相让，能抢多少是多少，只要"果实"不举上头，别人兴许还会抢去。晚上，人们则以猎物为肴，饮酒乐之。

平阴北部的人去南部打围叫"打南围"，南部的人去北部打围叫"打北围"。平阴地域狭小，出县境打围是常有之事，但多在东部、南部、北部地区，西靠黄河，去西部者比较少。

重阳节是浙江绍兴"四时八节"之一，登高、赏菊、饮酒、插茱萸、食重阳糕的习俗在绍兴也一样通行。所不同的是，宋朝时，绍兴民间还有重阳节裹栗粽并相互馈赠的风俗。南宋地方志《嘉泰会稽志》记载：

重九相约登高、佩萸、泛菊，不甚食糕，而多食栗粽，亦以相馈……

至清代，食粽俗

占卜 "占"意为观察，"卜"是以火灼龟壳，认为就其出现的裂纹形状，可以预测吉凶福祸。它通过研究观察各种征兆所得到的不完全的依据来判断未知事物或预测将来。

四时八节 四时指春、夏、秋、冬。八节指立春、春分、立夏、夏至、立秋、秋分、立冬和冬至。四时八节用来泛指一年中的各个节气。

081
共襄盛举
重阳杂俗

■ 干米饭

已不流行，而是代之以米糕，糕上还插五色小旗，以供儿童游戏。

清代地方志《康熙会稽县志》记载：

> 九月初九，登高、佩萸、泛菊，蒸米为五色糕，剪彩旗，供小儿嬉戏。

在清代的《嘉庆山阴县志》中，也有"重阳登高，蒸米为五色糕"的记载。这些记载表明，重阳食五色糕的习俗在清代盛行于绍兴一带。

不过，即使同属绍兴，各地重阳糕的做法也不同。如新昌重阳糕用糯晚米粉嵌栗蒸熟，吃时蘸红糖水，朴实无华，体现了新昌淳朴的民风。而绍兴县柯桥一带农村制作重阳糕时，则往往拌以糖水桂花，还有些地方则裹以红枣。

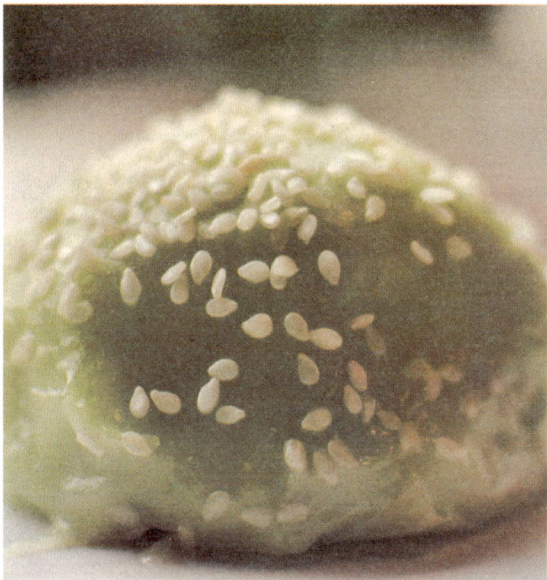

北京重阳节要出嫁女儿"归宁"，与此截然相反的是，旧时绍兴民间在过重阳节时却最忌互相拜访，除非亲友家有丧事，才往灵前哭拜。

旧时绍兴还有重阳节吃螃蟹的习俗。绍兴是水乡，又临海，重阳节前后正是螃蟹上市之时，此时的螃蟹肉嫩味美，价廉物美。因此，民谚说道：

■ 米糕

踏秋的重阳

清明螺端午虾，九月重阳吃横爬。

"横爬"就是螃蟹，这是绍兴人对它形象而又幽默的称呼。

在浙江新昌等地农村还有"九月初九农民节"之说，这天，农家多做麻糍，买鱼肉，杀鸡鸭，办酒宴，称为吃重阳酒，故有民谚说：

重阳不吃饱，
亏煞种田佬。

083

共襄盛举

重阳杂俗

二 重阳节螃蟹图

因为重阳节时当秋收，所以许多农民还会备祭品，挑往田头，祭祀田公田婆，表示对当年的庇佑感谢，也祈求对来年收成的保佑。

浙江桐庐县农历九月初九备猪羊以祖，称为秋祭。也在重阳节绑粽子，互相馈赠，称为重阳粽。

至于一直作为浙江首府的杭州，则有重阳登高的习俗，一般登城隍山或葛岭初阳台。杭州地方志《杭俗遗风》载，这天，城隍山登高吃糖炒栗子、鸡豆，并游斗坛、文昌、关帝、火德等庙。

除登高外，重阳节时的杭州几乎家家食栗糕。杭州的重阳糕同其他地区的不同，是以糜栗粉和糯米拌蜜蒸熟，切斜方形，上插彩旗。

■ 重阳粽子

插旗之风，南宋已有。

据《梦粱录》记载，杭州城重阳节时兴狮蛮栗糕，用五色米粉塑成狮蛮，簇插小彩旗，用捣为细末熟栗子肉加入麝香糖蜜拌和，捏成五色弹一样的饼糕小段，就做成了狮蛮栗糕。

杭州还有一习俗，即在重阳节修灶，必加倍付给匠人工钱。

在浙江嘉兴，重阳节时人们除了去郊区胥山、城内瓶山、真如塔登高之外，一般人家还要在此日砌新灶，并用米粉、栗子做糕，插三角彩旗，做成"重阳糕"。

在嘉兴郊区新丰乡登青村有登青墩，系胥山余脉，"广寻数丈"，附近群众到此登高。城中怡情曲社于重阳节，在寄园举行"同期"，拍曲赏菊。桐乡濮院重阳兴吃赤豆糯米饭，称"增智饭"。

阅读链接

浙江杭州另一登高圣地是葛岭初阳台。葛岭初阳台位于宝石山西面，相传东晋道教大师葛洪曾炼丹于此。他还常常为百姓采药治病，并在井中投放丹药，饮者不染时疫。他还开通山路，以利行人往来，为当地人民做了许多好事。

因此，人们将他住过的山岭称为葛岭。葛岭顶有初阳台，平面宽广。每年的九九重阳节，在初阳台观日出，霞光万道，半天俱赤，光景迷离，瞬息万变，景象极为壮观，成为当地人们最喜欢的登高场所，历来有"东海朝暾"之称。

有趣的重阳吃糍粑和祭水

　　每年重阳节，重庆开县的男男女女会走出家门，云集盛山，登高以庆。

　　1000多年以前，居于开县的巴人已有重阳登高的记载。巴人最早

古人登高图

居于山地，后移至平地，但其先祖均葬于山上，因而每逢重阳必登高祭祖。

后来，也有巴人为避战乱而登山，临高而瞰下，又相对安全，也是形成登高习俗的一个原因。

至唐代，凤凰山被改称盛山，其中盛山十二景、名刹大觉寺、修竹、茂林、梅影、浣流、桥亭楼台，是当地人闲时必去之地。

特别是唐朝宰相韦处厚到开州后，喜与高僧交游，每逢重阳，登盛山，把酒对歌，吟诗题赋，成为流传一时的佳话。

在韦处厚荣升进京时，开县人倾城相送，登高远送，以至农历九月初九这天登高，成了开县人一种特殊的纪念节日。

吃糍粑是我国西南地区重阳佳节的又一食俗。糍粑分为软甜、硬咸两种。其做法是将洗净的糯米下入开水锅里，一沸即捞，上笼蒸熟，再放臼里捣烂，揉搓成团即可。

食用时，将芝麻炒熟，捣成细末，把糍粑团搓成条，揪成小块，拌上芝麻、白糖等。其味香甜适口，称为软糍粑。

硬糍粑又称油糍粑，做法是糯米蒸熟后不捣烂，放在案上搓成团，擀开后放些食盐和花椒粉做成馅，再卷条切片，入油锅中炸制，成色金黄，咸麻香脆，回味无穷。

四川民间还有重阳节以糯米蒸酒、制醪糟的习俗，正所谓"重阳蒸酒，香甜可口"。

每年重阳节，在滇西的一些乡村，老人们都会相约到一起，制作金银花茶。金银花茶被放到了重阳节的餐桌上，成为招待客人的上品茶饮。

早在两千多年以前，《神农本草》就把金银花列为上品，并有"久服轻身"的明确记载。《名医别录》则记述了金银花具有治疗"暑热身肿"之功效。李时珍在《本草纲目》中对金银花久服可轻身长寿进行了明确定论。

至清朝，《御香飘渺录》一书中记载了皇太后慈禧用金银花洗面保养肌肤、养颜美容、返老还童的故事。

金银花除了具有无可比拟、十分广泛的药用价值以外，金银花的保健养生、美容养颜功效也已被许多现代女性的大量饮用效果所证实。

醪糟 也叫酒酿、酒娘、酒糟、米酒、甜酒、糯米酒、江米酒、伏汁酒，是由糯米或者大米经过酵母发酵而制成的一种风味食品，热量高。夏天可以解暑。主要原料是糯米，酿制工艺简单，口味香甜醇美，乙醇含量极少，因此深受人们喜爱。在一些菜肴的制作上，糯米酒还常被作为重要的调味料。

共襄盛举

重阳杂俗

■ 糍粑

■ 祭水

关于用金银花制作的金银花茶，宋代的范仲淹在《和章岷从事斗茶歌》中说"斗茶味兮轻醍醐""斗茶香兮薄兰芷"。

金银花茶也有其独特的茶文化，综合欣赏金银花茶特有的茶味、香韵，谓之"口品"。民间有"一口为喝，三口为品"之说，细细品啜，才能出味。

在贵州，黔东北的土家族较为重视，要打糯米粑粑，推豆腐，祭"家虎"，有"重阳不打粑，老虎要咬妈；重阳不推豆腐，老虎要咬屁股"之说。

在贵州仁怀市的茅台镇，有逢重阳节在赤水河畔举行"祭水"仪式的习俗，表达了酒乡人民对赤水河及祖先的感恩和敬仰。

民间流传的民谣说道：

重阳下沙芳满缸，重阳酿酒香满江。

寓意重阳节是最适宜取水下沙酿酒的好时机,九九重阳,阳气旺盛才酿得出好酒。每当烤初酒时,老板在贴着"杜康先师之神位"的地方点香烛,摆供品祈祷酿酒顺利,这天也就成了仁怀市祭水的日子。

"祭水"仪式以茅台民风民俗为基本格调,继承了古老的祭祀文化,数千群众聚集在赤水河畔,以鲜花雅乐之仪,表达对自然、对祖先的感恩和敬仰,同时展示酒乡人民丰衣足食、幸福美满的情景。

布置在宋家沱河岸的主祭台宽16.9米,高3层,每层高1.69米。第三层中间置半人高的大香炉一个,两边各放大酒坛一个,顶部配以大幅幕屏。整个祭台背景采用黄色和深酱色为主色调,两边各插的九面杏黄旗迎风招展。整个祭台场面显得庄重肃穆而热烈。

重阳节当天下午,游行队伍和彩龙到场列队完毕,两名童男童女站在开路龙船的前甲板上,每人手提一个取水陶壶。在距宋家沱主祭台90米处的河心取水。

取到的"圣水"倒入祭台第三层大酒坛后,祭台下鸣金九响,鸣炮九响,庄严肃穆的祭水仪式便开始了。主祭人宣读祭文时,全场神情凝重,面对苍茫,静听祷语。

赤水河是长江上游支流,发源于云南镇雄县,全长500多千米,主

■ 祭坛

干流由南向北流经贵州毕节、金沙、仁怀、习水等县市。因流域内酿造业发达，孕育了茅台等名酒，而有"美酒河"之称。在仁怀，人们把赤水河流经仁怀段的100多千米亲切地称为"茅台河"。

在贵州的玉屏侗族自治县，侗家人过重阳节时，还有用米粑粑"塞岩缝"和吃"鸭子炖板栗"的习俗。重阳时，侗家人要用当年收获的新米来舂粑过节。米粑粑做好后，在食前，家中老人要用米粑粑将自家房前屋后的石窟岩缝堵塞住，叫"塞岩缝"。

相传，重九期间，蛇虫等已入石洞岩缝蛰伏，善良的侗家人认为蛇虫动物都是生灵，将洞口缝隙用米粑堵之，一来是使其有吃的不至于饿死，二来也是防其复出伤人。

"鸭子炖板栗"，就是用当地特产的大板栗，与鸭子一起炖、焖、烧等，这是侗家人过重阳节时不可少的一道菜，并且"鸭子炖板栗"还是一道很好的季节性药膳。因为板栗以其养胃健脾、补肾强筋、消肿止血的功效，被称为"肾之果"，深秋时节吃鸭子炖板栗，有健脾开胃、补虚养身的作用。

阅读链接

糍粑是流行于我国南方地区的一种小吃，特别是在贵州、四川、湖南、福建、湖北、陕西等地都有，又以武夷山最为盛行。

安徽南部也有，主要是在重阳节的时候，作为节日食品供客人品尝。糍粑是以糯米、土豆为主料，经浸泡后搁蒸笼里蒸熟，再迅速放在石臼里舂至绵软柔韧，趁热将饭泥制作成可大可小的团状，搁芝麻炒香磨粉拌白砂糖的盘里滚动，即可取食，口感香甜。

大凡有喜事或者是重要节日时，当地人都要做红糖拌糍粑招待客人，以表吉利。

财富增长

Wealth

Growth

从0到1000万的
财富自由手册

王朝薇◎著

电子工业出版社
Publishing House of Electronics Industry
北京·BEIJING

内 容 简 介

本书是写给中国新中产人群的投资理财科普书，是知名财富导师、"北大财富女神"王朝薇的全新力作。王朝薇的"北大女神的财富实战课"曾火爆全网，2 个月内课程播放量突破 1000 万次。本书立足 10 余年来为明星、企业家定制私人财富方案的实践，延续爆款课程通俗有趣、实用温暖的风格，梳理剥离出一套关于财富自由的核心要素、增长模型和实现路径。本书结合学员的真实案例进行分析，逻辑严谨、专业扎实，加上清新有趣的文风、一目了然的图表，旨在手把手引领读者从 0 开启第一个 100 万元、第一个 1000 万元的财富增长之路。

本书适合 0 基础理财小白和踩"坑"老手，也适合独自努力、寻求突破的财富高手，更适合想要系统提升综合能力的财富管理行业的从业者。

图书在版编目（CIP）数据

财富增长：从 0 到 1000 万的财富自由手册／王朝薇著. —北京：电子工业出版社，2022.9
ISBN 978-7-121-44140-0

Ⅰ. ①财⋯ Ⅱ. ①王⋯ Ⅲ. ①投资 – 基本知识 Ⅳ. ① F830.59

中国版本图书馆 CIP 数据核字（2022）第 147855 号

责任编辑：张慧敏
印　　刷：天津千鹤文化传播有限公司
装　　订：天津千鹤文化传播有限公司
出版发行：电子工业出版社
　　　　　北京市海淀区万寿路 173 信箱　　　邮编 100036
开　　本：880×1230　　1/32　　印张：8.375　　字数：268 千字　　彩插：1
版　　次：2022 年 9 月第 1 版
印　　次：2022 年 10 月第 2 次印刷
定　　价：69.00 元

凡所购买电子工业出版社图书有缺损问题，请向购买书店调换。若书店售缺，请与本社发行部联系，联系及邮购电话：（010）88254888，88258888。
质量投诉请发邮件至 zlts@phei.com.cn，盗版侵权举报请发邮件至 dbqq@phei.com.cn。
本书咨询联系方式：（010）51260888-819，faq@phei.com.cn。

FOREWORD ◀◀ *序*

　　让个人和家庭的财富增长，是几乎每个人、每个家庭都愿意为之努力的事情。毕竟，就如进入职场工作，绝大多数人的首要目的是要在经济上让自己能够获得回报。同时，促进很多人、很多家庭的财富增长，恰恰也是"共同富裕"的应有之义，是促进社会和谐、共建美好生活的重要组成部分。

　　然而，追求财富增长却从来都不容易。比如，这几年来对正常经济活动产生影响的疫情，2022 年年初欧洲爆发的冲突，近几个月不断出现的全球通货膨胀与经济萎缩，若干经济体出现的以邻为壑和转嫁危机的动作，让财富增长变得更加不容易。

　　很多人都说，在未来很长一段时间里，最大的确定性就是迎接一切不确定性，去应对"灰犀牛"和"黑天鹅"。这也意味着你要尽快丢掉过往的天真与想象，在前进的世界中重新摸索、锻造、迭代一套能给自己和家人安全感的科学的财富系统。这是以经济学为底层逻辑的财富管理实操体系。

　　此时此刻，很多人比以往任何时候都更关心财富增长的问题。但要在当下持续进行财富积累，无疑是充满挑战的。每个人的时间是有限的，资源也是有限的，到底如何选择、如何行动才能走在通向财富增长的自由之路上呢？这就需要具备宏观和微观经济基础知识，以及金融实务和经验了。

所以，当我看到王朝薇的《财富增长：从 0 到 1000 万的财富自由手册》这本书时，我是欣喜的。王朝薇在北京大学学习期间，系统地学习了经济、管理、法律等学科。她是国内早期投身于私人银行和家族办公室业务的研究者和实践者，在十几年的时间里积累了大量财富增长的实操案例，并引领银行、保险、证券、基金等金融机构进行了财富管理的创新实践。

在这本书里，我看到了"高大上"的经济学更"接地气"的使用方法。王朝薇把财富增长当作普通人生活的一部分，让人不会在书中感到生僻专业名词的压迫，而是把"财富自由"拆解成一个个新鲜有趣的主题，通过故事、方法和工具逐个呈现给你。甚至，你还能感受到她对财富增长的这份真诚和热情。

低头读书，昂首致富。这两件事都能在不确定中给你带来确定的踏实感。王朝薇的这本书有趣、好读、管用，能够把枯燥甚至有些深奥的道理讲述得轻松、直观，非常值得一读。

北京大学光华管理学院副院长　马力教授

2022 年 7 月 10 日

复制，普通人也能实现的财富增长

我是王朝薇，很高兴认识你。

2008 年，我 25 岁。工作两年多，我从一名银行大堂经理，成长为国内早期私人银行业务的探索者，为个人可投资资产在 1000 万元以上的高净值人群规划财富管理方案。

此后，我手把手指导过很多明星、企业家和公司高管的私人财富管理方案落地。立足这 10 余年的实践基础，我得以深挖亿万富豪的财富行为，提炼财富本质，拆解财富自由的底层逻辑。

2019 年，我创建了财富知识服务先行者朝财。我研发的"北大女神的财富实战课"上市两个月，全网课程播放量突破 1000 万次。

在学员们的要求下，我又陆续研发了"21 天基金赚钱营""保险 DIY 规划营""跟王朝薇学可转债"等各类课程、训练营和规划服务。抛开晦涩难懂的专业名词，围绕理财实操场景，我搭建出一套独家财富知识体系，希望把有温度、有营养的财富管理能力复制给更多普通人。

穿越了中国财富管理行业从起步到繁荣的全周期，历经过存款、理财、股票、公募、私募、保险、信托等各种金融产品的更新迭代，我想写一本普通人能学会的实用理财科普书。

如果你刚毕业、刚结婚、刚为人父母，刚获得第一桶金打算开启财富增长；如果你正亏损、正焦虑、正想少走弯路，正面对不确定的市场不知所措；如果你忙于工作、疲于生活，想寻求简单有效的财富逻辑，并判断身边的理财师谁更专业，那么希望这本书出现在你面前的时间刚刚好。

几年来，很多财富管理行业的理财师也一直跟随我学习。这本书很适合理财师团队提升综合资产配置能力。如果你觉得这本书特别有用，欢迎推荐给你最在乎、最想陪伴的人。

拆解，关于财富自由的底层逻辑

说实话，实现财富自由是一件容易却不简单的事。

容易，是因为财富自由的底层逻辑清晰可见。

我用曲线图、数学公式和典型故事给你进行了拆解，在这本书里把财富自由的逻辑贯穿始终。在这本书的第 1 部分，我把从业 16 年来沉淀下来的财富经验打碎重构，剥离出一套关于财富自由的核心要素、增长模型和实现路径。在第 2 部分和第 3 部分，你可以从 0 出发，我陪你获得人生第一个 100 万元、第一个 1000 万元。这里你将看到如何筛选不同的金融产品以及如何进行财富组合搭配，也能从别人的真实故事里看到自己的影子。

不简单，是因为财富自由的达成还需要你一点一滴地落地执行。

请务必把这本书读完，然后挑一些方法，结合你的目标，好好实践。在落地实践的过程中，我还想说 3 点，关于工具、心态和习惯。

1. 我给你准备了很多工具，会持续更新在"朝财课堂"微信公众号、"王朝薇"视频号等平台上，希望它们能在本书以外和你持续陪跑。

2. 焦虑、质疑、贪婪都是财富增长路上的敌人，请你在实操中练习搏杀。如果你通过学习这本书在实操中获得了财富增长，请一定告诉我。

3. 请你把在本书中学到的财富增长逻辑内化在生活习惯里。财富体检、攒钱习惯、投资铁律这些习惯的养成，能帮你大概率跑赢其他人，在取得财富增长的同时收获"有钱当底气"的踏实感。

所以，财富增长，是见识和实践的函数。

致谢，他们是我最大的财富

在本书诞生的过程中，首先感谢我的先生和儿子。8 岁的米粒儿是我的骄傲和开心果，他虽然需要妈妈更多的陪伴，却体谅我，常提醒我不要过于劳累。我和先生相识于高中，他一直鼓励我做自己喜欢的事情，也是最懂我的人。谢谢我的妈妈，她是我的财商启蒙老师，父母至今仍然无条件支持着我。如果你能从本书中品出幸福和踏实，那是他们赋予我的财富之外的力量。

我还要感谢朝财的每一位团队成员，在我写书的过程中保障各项工作得以顺利进行。感谢朝财的学员们，是他们的真实故事和及时反馈帮我一起搭建出本书的精妙之处。谢谢张宇在部分章节协助我查询整理相关数据。谢谢鹅妹子的精美插画。谢谢老秦的推荐，让我得以认识电子工业出版社的张慧敏、刘恩惠两位老师。慧敏老师在出版过程中总和我一拍即合，谢谢她用专业和敬业帮助这本书平安落地。

现在，就和我一起加速向"钱"跑吧！

王朝薇

2022 年 7 月 14 日于北京

CONTENTS ◄◄ 目录

第 1 部分

解开财富自由的秘密

第 1 章

财富要素

1. "财富自由"，离你到底有多远？

小羽今年 30 岁，她刚意识到理财的重要性，开始发奋图强。

小羽知道理财要从储蓄开始，就跑去银行存款。小羽拿着之前攒下来的 10 万元，选择了一年期定期存款。假设一年期定期存款利率 6%，存 1 年就会变成 10.6 万元。小羽继续存一年定期，第 2 年就会变成 11.2 万元。就这样，小羽坚持了 30 年。30 年之后，小羽退休了。这 10 万元存款的利息有 18 万元。

有了这一次的经验，小羽决定穿越到她 30 岁的时候。穿越回来的小羽还是用 10 万元理财，每年的利率还是 6%，但她悄悄地做了些小调整，30 年之后，这 10 万元的利息变成了 47.4 万元。

同样的本金，同样的利率，同样的期限，到手的利息居然是之前的 2.6 倍！穿越回来的小羽是怎么做到的？

存款和贷款

你有过这样的感受吗？总"感觉"拿到手的存款利息特别低，而付出去的贷款利息特别高。

问题是，银行的存款利率和贷款利率明明看起来没有太大的差别。

细想起来就更奇怪了：在银行存款的时候，你的本金是没有减少的，一直都是那么多，而贷款的本金却因为你每个月的还款一直在减少；在你不断偿还本金的过程里，贷款利息明明应该大幅减少。

可为什么还是觉得贷款利息特别高呢？

真相是，你的"感觉"没有错！问题不是出在利率上，而是出在计息方式上。

全世界的银行都在为存款支付单利，却在向你的贷款收取复利。没看清楚这一点就盲目理财，你恐怕会离"财富自由"越来越远。

单利和复利差别有多大？来看一下金融学里单利和复利的增长曲线，

如图 1-1 所示。

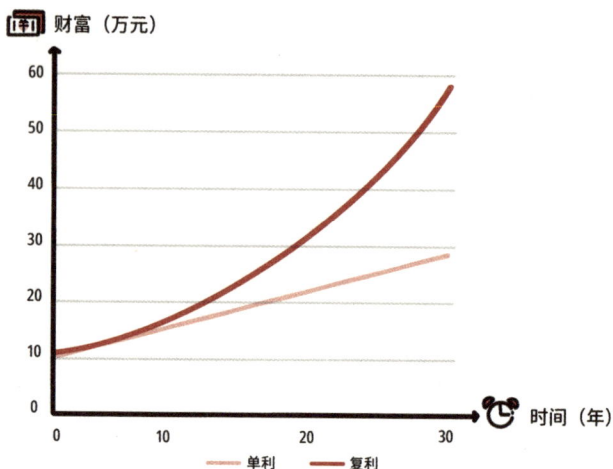

图 1-1　单利和复利的增长曲线图

存款都是按照单利计息的，所以利率平稳地增长。

贷款都是按照复利计息的。如果你借了一笔钱，一直拖着不还，那就真的可能还不清了，哪怕有的时候贷款利率看起来不算很高。这就是为什么高利贷很容易出大事的原因。

现在，你知道穿越回来的小羽做了什么改变吗？

小羽把银行存款的单利计息方式改成了利滚利的复利计息方式。就是这样一个小小的改变，还是 10 万元的本金，还是 6% 的利率，还是 30 年的期限，让小羽的利息变成了之前的 2.6 倍。

说实话，你我这样的普通人恐怕这辈子没有什么机会能穿越回去。正因不能重新活一次才使每个人的生命都变得独特而珍贵。如果你希望有机会实现财富自由，或者哪怕没到财富自由，至少像小羽一样翻着倍地实现财富增长，那么首先就要清醒地认识到：财富加速增长，从来不仅仅是提升收益率就够了。

　　我在财富管理领域里沉淀了 16 年，观察研究过很多人的财富增长之路，**最简单且行之有效的财富增长路径就是借助复利的力量。**

复利

　　你听说过"国王的棋盘"的故事吗？传说，古印度舍罕王打算奖赏宰相西萨·班·达依尔，让他自己选择赏赐的方式。

　　宰相说："陛下，请您在这张棋盘的第 1 个小格里赏给我 1 粒麦子，在第 2 个小格里给 2 粒，第 3 个小格里给 4 粒。以后每个小格都比前一个小格加 1 倍。请您把这样摆满了 64 个棋盘格的麦粒都赏给您的仆人吧！"如图 1-2 所示。

　　国王满口答应了。等到发放粮食的时候，国王才知道自己错了：就是把整个王国的粮食送给宰相，也远远不够。

图 1-2　国王的棋盘

　　你可以猜一下，第 64 个格子里到底有多少粒麦子？

　　我认真地计算了一下，2 的 63 次方，也就是 900 多亿亿粒麦子。这个数字大到有点难以理解，所以这里换算成重量：

因为不知道具体的麦子种类，所以我假设 1 公斤麦子有 4 万粒。900 多亿亿粒麦子，大概是 2305.8 亿吨。2021 年咱们国家的粮食产量是 68285 万吨，仅仅第 64 个格子就相当于咱们国家 339 年的粮食总产量！

这就是复利的力量！

据说，有人问爱因斯坦："世界上最强大的力量是什么？"他的回答不是原子弹，而是"复利"。著名的罗斯柴尔德金融帝国创立人梅尔，也称复利是世界上第 8 大奇迹。也许这些都是故事，但复利的价值却让人难以忽视。

复利，就是利滚利。如果你有一笔钱在拿到收益后，再连本带利进行新一轮投资，并且一轮接一轮地循环获利，这就是复利。比如，银行给你计算的贷款利息。

和复利相对的是单利。如果你有一笔钱在拿到收益后，并没有将原来的本金加进来形成新的本金，收益只能根据最初的本金来计算，没有利滚利的过程，这就是单利。比如，银行给你计算的存款利息。

复利增长曲线

现在，你手上有 1 万元吗？

其实，收益率并不需要高到吓人，只要每年能实现 22% 的投资收益率，你就能在有限的生命里成就一个奇迹。

如果你可以使用复利计息，那么这 1 万元在 60 年后就可以变为 15.2 亿元。可如果只能用单利计息，那就只有 14.2 万元。是的，两者有超过 1 万倍的差异！如图 1-3 所示。

居然还有那么多人从没注意过计息方式的差别！

图 1-3 里其实有两条线。隐藏起来的那条单利增长曲线在 15.2 亿的巨大对比下，看起来可怜巴巴的，14.2 万的结果几乎和 0 融为了一体。

注意看这条上扬的复利增长曲线，最初看起来斜率不大，但是一旦过了某个时间点，曲线就会急速上扬。过了这个斜率突然发生改变的"拐点"后，就是你的资产急速增长的过程。

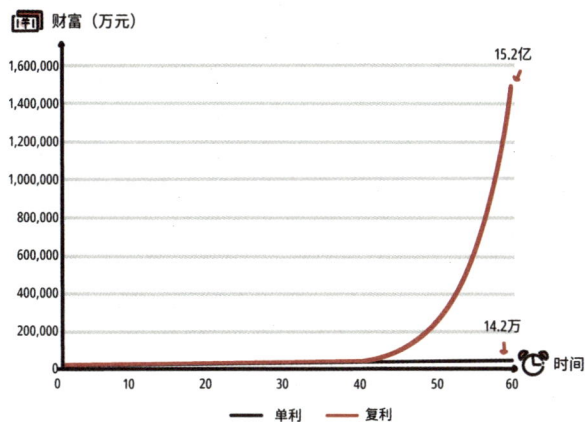

图 1-3　按照 22% 的利息计算，单利和复利的增长曲线

　　从今天起，请你把这条曲线深深地刻在脑海里，这就是"复利增长曲线"。它不是一条孤独的曲线，更不是一条只存在于理论中的曲线。从 1920 年到 2020 年，在过去的 100 年时间里，道琼斯指数也跑出了同样的曲线，如图 1-4 所示。

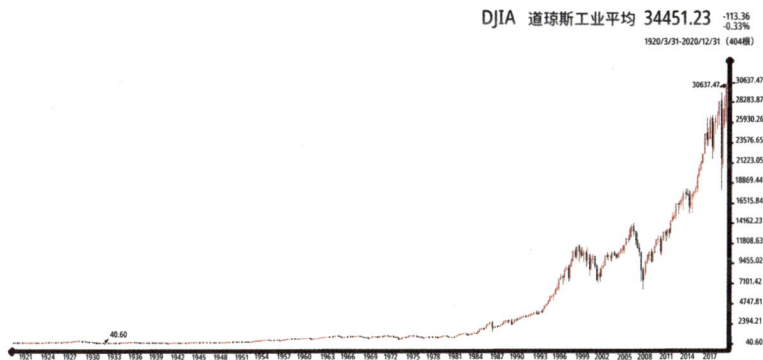

图 1-4　1920 年 –2020 年道琼斯指数走势[1]

1　数据来源：东方财富 Choice

世界人口增长曲线也与之惊人地相似，如图 1-5 所示。

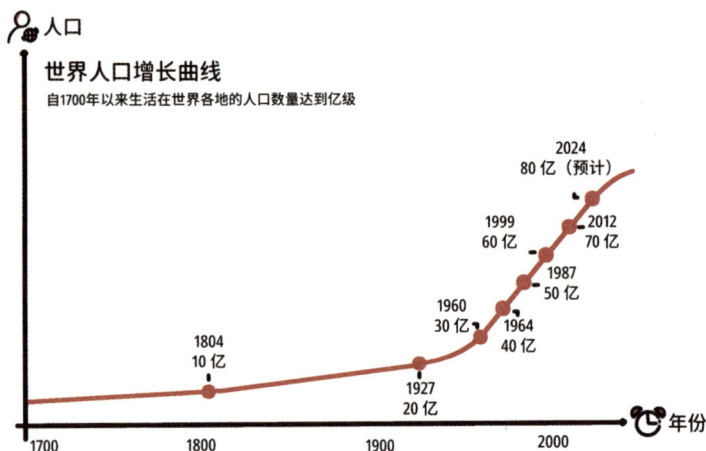

图 1-5　世界人口增长曲线[1]

现在，请你回想一下自己的过去。我大胆地猜测一下，是图 1-6 所示的样子吗？

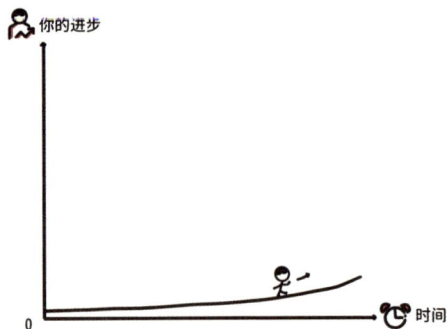

图 1-6　你的过去

1　数据来源：联合国世界人口展望（United Nations World Population Prospect）、德国世界人口基金会（Deutsche Stiftunq Weltbevolkerung）

平稳、迟缓、波澜不惊。如果这是你的过去，那么你的未来呢？

还是这样平稳、迟缓、波澜不惊吗？

有没有可能像图1-7所示的样子，其实你正朝着这样的拐点前进——越过拐点，接下来你的发展速度、资产增长速度都是之前无法想象的，就像"复利增长曲线"一样？

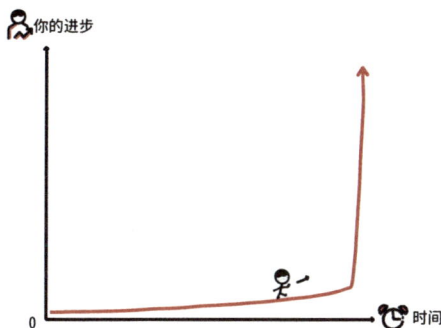

图1-7 这样的未来，也许正是你真实的未来

你的财富增长曲线也可以并且应该是复利增长曲线，如图1-8所示。

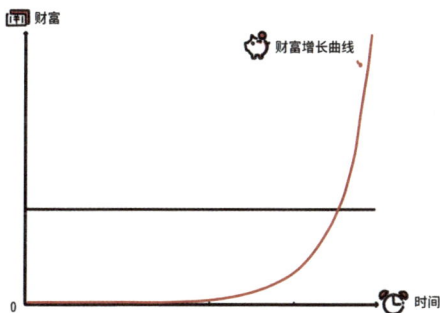

图1-8 你的财富增长曲线

每个人的财富增长路径大概都是这样的。从出生开始花钱，20 岁之后才开始创造财富。如果没有富爸爸，绝大多数人都是从第一桶金开始积累财富。30 岁开始，很多人承担起家庭的担子，积累着，付出着，花钱的同时也赚钱，并把财富安放在不同的地方，最终产生了极大的差别，也就跑出了不同的财富增长曲线。

有人在重复着单利曲线，辛苦忙碌，日复一日。有人起势很快，却迷失在中途，原地打转。也有人看起来愚公移山，却在关键选择上做足了准备，一举冲过了拐点。还有人在努力积累复利的路上，走岔了路，或者意外倒下了。

不管怎样，你顺着上一辈的曲线前行，也同时在为下一代铺路。下一代会沿着你走过的路继续前行。运气差的时候，上一辈不小心把上扬的曲线压弯了，变成了下行的曲线。比如，提前花光了自己的养老钱，压得下一代的路更难走。

在潜移默化中，你的财富增长曲线和财富智慧都将传承给下一代。

都说"富不过三代"，但是更多人的现实是"默默穷上十几代"。

你也有实现"财富自由"的目标吗？

我从本科毕业进入银行大堂工作，就开始为普通人解决财富问题。2008 年起，成为国内早期私人银行从业者，开始为个人可投资资产在1000 万元以上的高净值人群规划财富。此后十几年的时间里，我给数十万人讲过财富增长的课程。

我听过很多人分享他们关于"财富自由"的想法，这些人里有刚毕业的大学生，有在家带孩子的全职太太，有不敢病、不敢死的中年"打工人"，也有资产上亿元的企业家。有意思的是，人人都想实现"财富自由"，却几乎人人都有不同的想法。

"财富自由"是一个在很多人心里闪着金光的词，我自己也琢磨了很多年。在百度百科上，我找到了这样的定义：

简单说来，财富自由就是有足够多的时间和足够多的钱做你想做的事情。在"基本"的生活需求得到"持续"保障的前提下，有足够的资本可以"自由"地投入到"该"做的事情中。

大致是这个意思，但好像还少了点什么。这个定义也许说出了你的心声，却不能明确接下来你该做什么，到底怎么做才能实现财富自由。

在和上千位已经实现了财富自由的人交流后，我的理解是这样的：我们要的自由，其实不是财富。财富只是实现自由的工具。自由，是个人时间的自定义能力，也就是"我的时间我做主"。

所以，我对于一个人实现"财富自由"的定义是这样的：你不必为了满足生活必需被迫出售自己的时间。或者换句话说，财富自由就是穿越成本线。

现在，回看一下刚才的财富增长曲线，你有没有更深的理解？

"财富自由"就是那个拐点。拐点之前，是你满足和调整生活成本的过程，不断逼近财富自由的过程。

财富自由不再是终极目标，而成为孕育在你生命中、历经岁月打磨而出的一颗珍珠。或者说，财富自由是一个拐点。实现财富自由之后，你穿越了生活的成本线，仍然有很长、同时更加有趣的路要继续走，如图 1-9 所示。

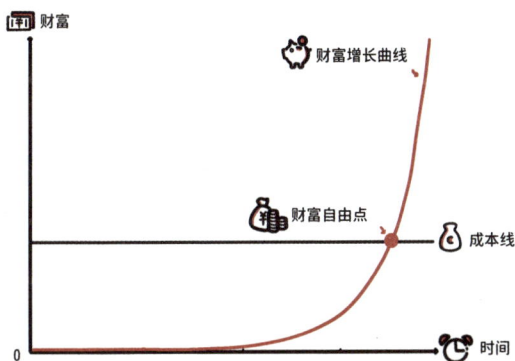

图 1-9　你的财富自由拐点

财富自由不是终点，而是另一个起点。你拥有的能力更强，你受到的束缚更少，你面对的选择更多。

在帮助了数以千计的私人银行客户、高净值家庭和企业家群体持续进行财富管理的过程中，我越发肯定了这个想法：财富自由，就是一条持续生长的复利增长曲线。

好消息是你可以在人生的任何节点开启这条曲线，坏消息是在很长的一段时间里，你很难凭感觉识别出它是平缓的单利曲线，还是正积蓄着上扬力量的复利曲线。决定你未来财富走向的密码正掌握在你的手里，它们是你的认知和行动。

接下来，我会从"财富"开始，为你一一拆解财富自由的要素。

2. 你手里的钱，都是财富吗？

如图 1-10 所示，市场上有 100 个苹果，只有你和我两个人，你有 20 元，我有 80 元。这个时候，一个苹果价值 1 元，相当于你有 20 个苹果，我有 80 个苹果。

图 1-10　你的苹果是怎么变少的

　　虽然你的苹果比我少，但你手上有个"大杀器"：发行货币。一夜之间，你新发行了 100 元，但市场上不可能凭空冒出来 100 个新苹果。所以，1 个苹果就涨价到了 2 元。这时候，你手里有 120 元，我还是原来的 80 元。就在这短短一夜之间，你我拥有的苹果数量却发生了改变：你有 60 个苹果，我只剩下 40 个苹果。

　　我什么都没做，白白丢了 40 个苹果。我是怎么变穷的？

　　财富自由的路上，总离不开个"钱"字。

　　努力工作，银行卡里的余额还是不尽如人意；薪水上涨，物价却总是涨得更快。我说的是你吗？如果你也有同感，就得先知道：把钱紧紧攥在手里，财富反而会离你而去。这和用手把水捧起来是一个道理。

　　那么，"财富"是什么？

　　请稍作思考再回答：财富是"钱"吗？

货币，是财富吗？

　　钱，也叫货币。在人类早期社会里，各国都遵循金本位或银本位，用金币、银元、铜钱这样的贵金属做货币。随着人类社会的发展，贵金属不够用了，于是出现了各种纸币。纸币本身不具有价值，它是以政府的信用做担保才开始流通的。在中国，宋、金的纸币叫交子，元、明、清的纸币叫宝钞。钞票的钞，就是这么演化而来的。马可·波罗来到中国后，了解了纸币的印制工艺，后来欧洲才开始使用纸币。

　　本质上，货币是用来交换的一般等价物，它的价值取决于实际的购买力。比如，苹果从 1 元涨到了 2 元。

　　请注意，刚才我的苹果是怎么丢掉的？

　　苹果，其实就是财富。货币，是财富的价格尺度。而你，没有打我骂我，没有抢我手里的货币，却实实在在地抢走了我的财富，因为你手上有发行货币的权利。所以，钱不完全等于财富。

通货膨胀怎么理解？

来看看中华民国时期国民政府当年是怎么做的？

国民政府发行的货币叫法币。抗日战争爆发，打仗如同烧钱。国民政府财政吃紧，又不好明着抢老百姓的钱，就只能通过超发货币来暗戳戳地抢钱。

1948 年 8 月 16 日的《大公报》发布过一条统计数据，以战前生活指数为基准，8 月上半月的食物价格上涨了 390 万倍，住房价格上涨 77 万倍，服装价格上涨 652 万倍。

当然，这还不是最绝的。德国警方曾经在一次毒品搜查行动中发现了一枚世界上最大面值的硬币。这枚硬币制造于 1923 年，面值 500 万马克。看起来很吓人，但由于当时通货膨胀非常严重，德国货币贬值严重，4.2 万亿马克才相当于 1 美元。这 500 万马克在当时只相当于 0.00000119 美元。

据说，有人用手推车装了一大捆钱去超市买东西。小偷趁他不注意就把钱扔地上了，抄起手推车走了！因为钱和废纸也没有多少差别了，远不如小推车更值钱。甚至到了 1923 年，工人一天之内就要发两次工资来应对疯狂的物价。一旦拿到工资，工人就会赶紧把钱交给等在工厂门口的老婆，老婆拿着钱冲到大街上见到什么买什么，因为稍微买得晚点儿，就肯定买不起了。

这下，你知道人是怎么变穷的了吗？

因为货币的发行数量太多了，货币自然就贬值了，变得不值钱了。大家常说的"通货膨胀"就是在货币增发的情况下购买力下降了，货币贬值了。

我们经常会看到这样的新闻：老人家勤勉节俭一辈子，攒了几万元人民币藏在床底下，埋在墙缝里，结果不是被老鼠啃了，就是发霉烂了。在银行工作人员的帮助下，总算拼拼补补抢救回来几千元。真替他们心疼。

如果手上只有钱，如果把钱当成财富，自然而然发生的通货膨胀就会让原本的财富在不知不觉当中溜走。换句话说，只要你赚钱的速度赶不上物价上涨的速度，你就实实在在地变穷了。

拼命往水桶里灌水，水桶一定会满吗？

现实情况是，由于通货膨胀的存在，桶壁上早就破了个大洞。你拼命灌进去的水会从破洞中源源不断地流失掉。手里只有货币，就像守着这样的破水桶，拼命努力却收效甚微。如图 1-11 所示。

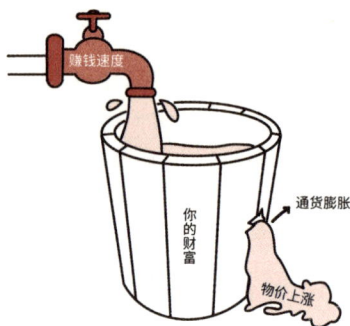

图 1-11　财富流失

财富是资产

财富，到底应该是什么？

你身边有没有这样的朋友：刚毕业的时候想要买房，想自食其力付 30 万元的首付，还差那么一点点，只好等等再买。结果房价上涨的速度远远高于他升职加薪的速度。一直等到现在，七拼八凑全家来帮忙，好不容易凑了 100 万元的首付，才买上一套房。通货膨胀不仅让物价上涨，货币贬值，也持之以恒地让贫富差距越拉越大。

2020 年疫情爆发，很多国家都通过增发货币来拯救危机。市场上流通的钱变多了。如果你手上只有钱，结果不是变富了，而是更穷了。因为增发的货币推高了物价，让钱越来越不值钱。

请一定记住，货币一直走在贬值的路上。

所以财富增长的方式，绝不仅仅是通过工资赚到钱，而是把钱置换成资产。

能够对抗通货膨胀的，才是资产。比如，房产、股票、债券、黄金等，还有以这些资产为核心的金融产品，比如房地产信托、股票基金、私募股权基金、债券基金、银行理财等。资产，就是能把钱放进你口袋里的东西，它能不断给你带来收入和增长。关于资产，我后面会慢慢讲给你听，帮你找到更多资产，更适合你的资产。

增发的货币，会让钱不值钱，却能推高资产的价格。如果你手里有资产，通货膨胀就能顺便推高资产的价格，在你财富增长的过程中默默助力。

所以，财富不能只有钱，而一定要有资产。只有拥有资产，财富才能开始增长。

财富管理

这种用货币打理生活，同时置换资产的过程，其实就是财富管理。财富增长的过程，就要用到财富管理的智慧。

第一，财富不光是你名下的现金，日常投资会涉及的股票、基金、债券、房产这些显而易见的资产，还有很多人都忽视了的社保、公积金、养老金，还有每天默默贬值的汽车，或者慢慢升值的金银珠宝、古文字画。

第二，财富规划是一个动态调整的过程。不光要考虑当下你有多少钱，还要考虑未来可能的收入和资产，比如明年会加薪多少、退休时能领取多少养老金等，以及未来可能的支出和损失（如不确定的意外来临时如何应对）。

第三，财富规划和管理的过程，也是资源整合的过程。你要打理的，不光是货币、资产这些财务资源，还有可能是和财富联动的其他资源。比如，如何得到贵人的帮助持续进步，如何让自己更值钱，等等。

3. 收益率：人生就像滚雪球

有一个经典的关于复利的故事：1626 年，有个荷兰人从印第安人手里买了个岛。多少钱呢？

24 美元。

这个岛就是现在的纽约曼哈顿岛。如今，曼哈顿岛已经价值不菲。

你的同事可能说，如果我爷爷也买个岛，我今天也是个贵族了。然后就没有然后了，而你的爷爷也没有买岛。可我希望你知道，你手里正有 24 美元。如果你早一点开始，也可能拥有自己的曼哈顿岛，还能留给自己的子孙，做个贵族的爷爷或者奶奶。

财富自由 3 要素

"股神"巴菲特有一套精妙的"滚雪球"理论。他说，"人生就像滚雪球，重要的是发现很湿的雪和很长的坡道。"

这里就包含了实现财富自由的 3 个核心要素：收益率、第一桶金和时间价值。如图 1-12 所示。

"雪"，就是第一桶金，也就是你的本金。第一桶金越多，最终收益也越多。

"雪的湿度"，是收益率。一年赚 2% 和一年赚 22%，差别显而易见。想要实现复利作用，提高收益率是关键。

"很长的坡道"，是时间价值。复利的效果能有多大，时间价值是一个重要的影响因素。如果时间太短，那么复利和单利的差别其实并不大。所以，复利不是一个暴富神器，恰恰相反，它严重依赖长周期。

巴菲特一辈子没写过自传。唯一一本他本人授权的官方传记，名字就叫《滚雪球》。

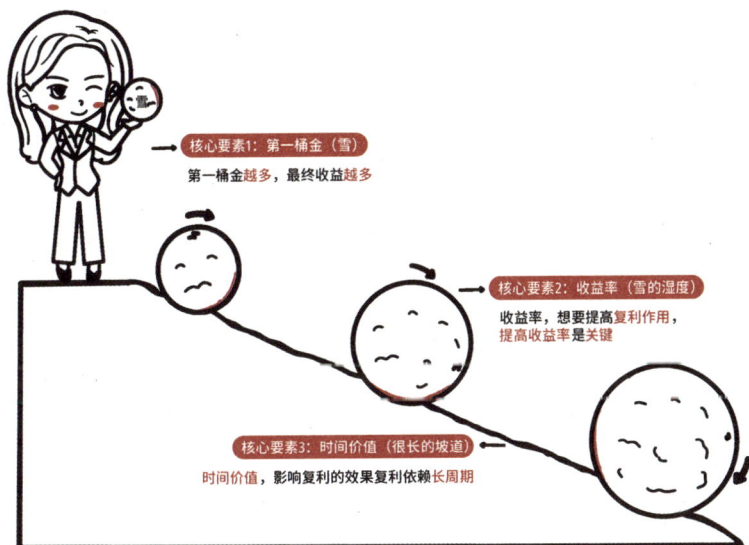

核心要素1：第一桶金（雪）
第一桶金越多，最终收益越多

核心要素2：收益率（雪的湿度）
收益率，想要提高复利作用，
提高收益率是关键

核心要素3：时间价值（很长的坡道）
时间价值，影响复利的效果复利依赖长周期

图 1-12　财务自由 3 要素

　　我一直觉得，判断一个人的话该不该听，还要看看他本人的经历。多听有结果的人的话，比较容易少掉"坑"。巴菲特本人一生的经历，把滚雪球效应诠释得非常完美。

　　2021 年，"股神"巴菲特的净资产突破了 1000 亿美元大关，由此跻进了"千亿美元富豪俱乐部"。在全世界，他是第 6 个人。

　　这是个什么概念呢？我以 2020 年全球 GDP 来比较。将巴菲特一人的资产和全球 100 多个国家 GDP 进行大排名，巴菲特差不多能排到 60 多名。巴菲特超过了很多国家，比如蒙古（130 亿美元）、冰岛（323 亿美元）、白俄罗斯（589 亿美元）。也就是说，这 3 个国家的所有人加在一起吭哧吭哧干一年，创造的财富跟巴菲特 1 个人创造的差不多。有个词叫"富可敌国"，巴菲特是"富可敌多国"。

　　你可以猜一下，巴菲特 50 岁之后赚到的钱占他身价的百分之多少？

不是 30%，不是 50%，甚至不是 80%。答案是 99.8%！巴菲特全部身价的 99.8%，都是在他 50 岁之后累积的。当然，年轻的巴菲特已经是有钱人了，他 27 岁拥有 14 万美元，但还称不上顶级富豪。当你"感觉"巴菲特很有钱的时候，其实感觉到的是他长期"滚雪球"，并在人生后半程所累积的巨额财富。

仅仅有这种"感觉"还无益于你的财富增长，只有拆解他的财富自由 3 要素——收益率、第一桶金和时间价值，然后实践出来，才有意义。

巴菲特真正让人折服的，不仅仅是他完美复刻了复利增长曲线，更是把收益率超过 20% 维持了 50 多年，如图 1-13 所示。

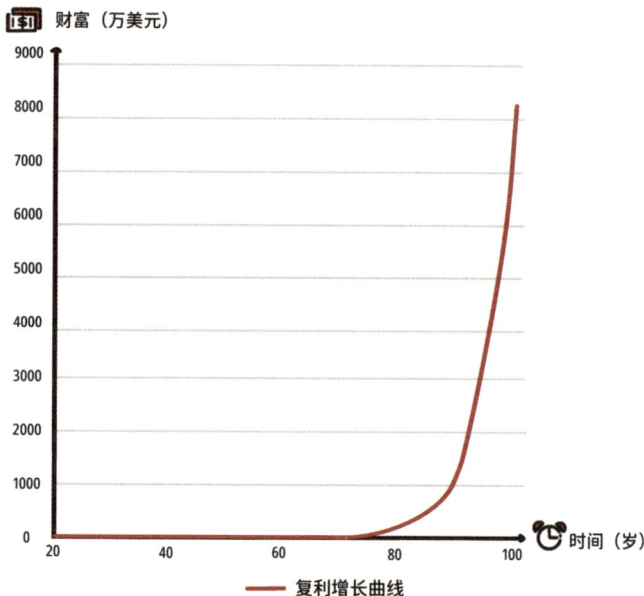

财富（万美元）

图 1-13 巴菲特的复利增长曲线

而收益率，正是财富增长的核心要素之一。

提升收益率就够了吗？

2005 年，巴菲特设立过著名的 100 万美元赌局。他向全球的投资经理发出挑战，以 10 年为期，看对冲基金的表现能否跑赢指数基金，然而无人应战。

直到 2007 年，美国职业投资人泰德·希德斯（Ted Seides）站了出来。他精心挑选了 5 只基金前来应战，要让收益超越巴菲特选择的投资标的——同期的标普 500 指数。

结果很有意思。赌约到期前，泰德·希德斯在第 9 年选择了提前认输。因为在这 9 年的时间里，对冲基金起起伏伏，只赚了 22% 的半均总收益率——5 只基金的总收益率分别是 8.7%、28.3%、62.8%、2.9%、7.5%；而巴菲特选中的标普 500 指数基金却赚了对方的 4 倍，总收益率高达 85.4%。

关于指数基金的投资，我在第 6 章会细细讲给你。这里再一次说明：财富加速增长，从来不仅仅是提升收益率就够了。我来给"提升收益率"喷两下清醒剂。

第一点，作为财富自由的核心要素之一，高收益率并不那么容易实现。你只看到别人赚，却没看到别人亏。你只看到短期赚，却没看到长期亏。盲目追求提升收益率非常危险。还记得 P2P 暴雷让多少人的 10 年积累一夜间烟消云散吗？

我更要请你清醒认识到的是第二点，在这场 100 万美元赌局中获胜的标普 500 指数，如果用复利公式转化成年化收益率，仅仅是 6.36%。不是只有高收益率才能赢，能赢的往往并不是特别高的收益率。

我还特别计算了一下，看看巴菲特的赌局放在中国是否会赢。

作为新兴市场，我国股市建立以来，上证综指上涨约 37 倍。[1] 同期美国表现最好的纳斯达克指数、标普 500 指数分别上涨了 43 倍和 14 倍。实话实说，中国市场的机会更大，但是波动和投资难度也更大，在第 6 章和第 7 章会具体讲解。

1　数据取自 1990 年底—2021 年底。

目标收益率定多少合适？

现在，我们把投资放在真实环境里。看看你的目标收益率定在多少合适？

中国正处在从 GDP 总量世界排名第二向头号交椅发起总攻的战略关键期，按照 6% 左右的 GDP 增长预估，2030 年前后中国将超越美国，在 GDP 总量排序中跃升为第一。

在这样的背景下，任何普通人具备基础财富常识并能持续落实在行动上的话，保持 6% 左右的财富增长速度都是可行的。

当然，这里我指的是长期收益率，而不是某一年具体的收益率。因为从财富增长的实操过程来看，一个投资新手在上涨的牛市中拿到 2 位数的收益率很常见。比如，2020 年偏股型基金的收益率中位数超过 40%，但这并不意味着，在接下来的 2021 年、2022 年，一个什么都不懂的投资新手还能在市场中闭着眼赚钱。请你至少把我说的收益率当作你的 10 年平均收益率来看。如果你就是这样的投资新手，可以先把目标收益率定在 6%。

当收益率超过 11% 时，你需要花费更多的时间精力，需要具备专业型选手的基础素质和基本资源。当收益率超过 20%，且长期保持这样的复合增长收益率时，不用怀疑，这就是顶级投资大师的水准了。巴菲特就是把这样的收益率保持了 50 多年，成就今天的地位的。

来看看这样几组收益率在一定时间之后的复合增长结果吧，如表 1-1 所示。

表1-1 不同收益率的复合增长结果

复合增长收益率	2%	6%	11%	22%
投资现实	没有认真理财	普通人认真理财	投入更多精力理财	大师级投资收益率
初始资金（万元）	10	10	10	10
10 年后资金（万元）	12.19	17.91	28.39	73.05

续表

复合增长收益率	2%	6%	11%	22%
20 年后资金（万元）	14.86	32.07	80.62	533.58
30 年后资金（万元）	18.11	57.43	228.92	3897.58
40 年后资金（万元）	22.08	102.86	650.01	28470.38
50 年后资金（万元）	26.92	184.20	1845.65	207965.61
60 年后资金（万元）	32.81	329.88	5240.57	1519112.16

　　当收益率停留在 2% 和 6% 时，10 年之后，你会清晰地感受到差异。40 年之后普通人退休的时候，6% 的收益率足以让你多赚 4 倍。2% 是余额宝或者一般的货币基金、银行短期理财都能实现的收益率。当然，这里没有考虑到利率下行加剧后，可能停留在负利率时代的收益变化。6% 是任何普通人稍加学习、认真规划后能实现的收益率。所以不用怀疑，只要认真规划，并把货币转换成合适的资产，省下人生一大半的奋斗时间绝非难事。

　　如果投资期限可以拉长到 60 年，6% 的收益率足以成就不理财的 10 倍效果，也能实现同样收益率只维持 40 年的 3 倍效果。所以，要么早开始理财，要么寿命足够长。好多人说，选择大于努力。我还要加一句：在财富增长的过程中，认知大于选择。都说每个人一生都有 7 次改变命运的机会，第一次太早抓不住，最后一次太晚来不及，中间还剩 5 次机会。很多机会来了又走了，只是你没认识到它是机会。读到这里，我希望你已经清晰地看到了，能实实在在改变命运的机会：路径清晰，简单可行，但是要能沉得住气，而沉得住气却是不容易的。

　　当然，如果你还有余力持续提升收益率，那投资的效果会更加事半功倍。当收益率从 6% 提升到 11% 时，40 年后 10 万元的本金就会变成 650 万元。不用怀疑，这就是金融认知和投资能力带来的财富溢价。你还可以仰望一下 22% 的收益率持续 60 年的结果：10 万元会膨胀到 151 亿元。这数字像变魔术一样，但和巴菲特超过 1000 亿美元的实际资产相比又显得如此质朴。财富结果是每个人认知能力的变现。

这就是富豪们坚守的财富真相：你永远赚不到超出认知范围的钱，除非靠运气。但是，靠运气赚来的钱，最后往往又会靠实力亏掉。最终，每个人都会朝着同样的方向前进：你所赚的每一分钱，都是你对这个世界认知的体现；你所亏的每一分钱，都是因为你对这个世界的认知有缺陷。这个世界上最大的公平在于，当一个人的财富大于自己认知的时候，这个世界有 100 种方法收割你，直到你的认知和你的财富成正比。

4. 第一桶金：没钱能开始投资吗？

我曾经做过一档视频节目，定位是全国首档家族办公室（Family Office）访谈栏目 MEET FO。在节目里，我访谈过很多家族财富生态圈的专家学者和亲历者。其中，一位曾经的超高净值客户的投资方法是"先赔一个亿"。

小志是从投行跳到上市公司做董事会秘书，再转型做投资的。2006年–2007年，他在香港炒港股，又赶上了大牛市。他觉得赚钱是没有问题的，膨胀得不行，仅仅做股票都满足不了自己，所以开始做涡轮，结果赶上 2008 年金融危机。

涡轮（Warrant）是期权的一种。小志说，"风险非常高，方向一旦做反了，钱很快就没有了，跟期货差不多。所以一开始，我先拿一两千万元做一个项目，一两个月就没了。那时候还觉得可以再拿两千万元做，这样很快就可以挣回前面的钱，但正好赶上 2008 年金融危机。"

2008 年的时候，小志的资产量已经实现了王健林说的"一个小目标"。"也就是半年的时间，又回归原点了。""我当初拿多少钱去香港，最后可能就剩下那点钱了，当初去香港的时候带去了一两百万元。整个就像坐了一个过山车。"

在很多人眼里，小志已经实现了"财富自由"。只不过在跨越了财富自由拐点后，小志没有来得及一鼓作气把复利增长曲线继续跑出来，就急转直下，一头栽了下来。

这也再次印证了咱们前面的判断：财富自由不再是一个终点，而只是一个拐点，或者另一个起点。

当财富自由 3 要素之一的收益率飙到极高的时候，肾上腺素的分泌会让人下意识地忽视背后的风险。盲目追求高收益，反而被高收益的反作用力一把推开，离财富自由越来越远。哪怕已经实现了财富自由，也可能"像坐过山车一样"回归原点。

收益率，是财富自由 3 要素中最容易被注意，但其实也最不可控的要素。3 要素中最容易被忽视的，其实是第一桶金。

财富自由的成本

接下来，我们假设你能不拖国家后腿，在几十年里持续跑出 6% 的年化收益率。长期实现这个收益率，对投资新手来说已经很可观了，这和巴菲特 100 万美元赌局中，赢了顶级投资人的标普 500 指数的年化收益率是一样的。

请你来给自己算一笔账：怎样做能实现财富自由？

咱们以终为始，从退休生活倒推回现在。

如果按照 60 岁退休，90 岁和上帝喝咖啡来计算，你财富自由的底线是要解决这 30 年的生活成本问题。

你可以按照每个月 3000 元来计算生活成本。如果你是单身，每天可以花 100 元。如果是夫妻两个人，每人每天分到 50 元，能解决基本温饱问题。这意味着，每年你要有 3.6 万元的净现金流入。30 年下来，大概是 110 万元。

这里其实忽略掉了灌水的过程中，桶壁上漏水的洞，就是真实生活中的通货膨胀。假设通货膨胀率是 3% 的话，如果你现在 50 岁，退休后未来 30 年的基本生活成本是 233 万元；如果你现在 40 岁，生活成本是 313 万元；如果你现在 30 岁，生活成本是 421 万元。

等等，你再想想。这好像只是基础的温饱。这里没有计算你的交通费、医疗费、娱乐费、社交费……一个月 3000 元的生活成本，大概率不是你定义的财富自由。

请问，你心里的财富自由的成本线是它的几倍？

从什么时候开始存钱？

大学刚毕业时能存的钱很有限，普通人大都是在工作几年之后，掉几回"坑"才明白如何平衡生活。所以，30 岁是很多人存钱的起点。

这里也有两种做法。巴菲特的做法：在 27 岁时，拥有 14 万美元。或者，从你的贵族爷爷手里收到一座像曼哈顿岛这样的遗产。如果没有，就是另一种普通人的做法：从现在开始，老老实实地积累第一桶金。

就像脱口秀的段子里说的，"你说我急什么急？留给我大器晚成的机会不多了。我心里大器晚成的例子只有 35 岁的马云、43 岁的任正非和 60 岁的姜子牙了。"人还来得及大器晚成，可钱真来不及从 60 岁开始攒。

所以，第一桶金其实是财富自由的最大权重。财富自由最实在的现实就是：我咨询、服务过的高净值人群里，超过 90% 的人都是靠第一桶金获得财富自由的，而不是靠高不可及的收益率。

而这一点，是我和很多财经大 V 有着极大分歧的部分。我并不认同，也不鼓励你盲目追求收益率。市面上很多畅销的理财书籍对本金安全、财富积累的过程几乎都是一带而过，但在你掌握更多的投资技巧之前，请一定要把第一桶金的价值摆对位置。没有深刻地意识到这一点，我会建议你不要继续学习财富增长的实操部分。

创造财富，而不完全指望钱生钱，你的投资心态才不会崩塌。这是财富自由"抄近道"的做法。

没钱可以开始投资吗？

现在，回到很多人都问过我的问题："薇薇老师，我没钱，可以开始投资吗？"

你的回答呢？

当然可以！投资本就是任何时候都可以开始的事。

更重要的是，接受自己的资金有限，理解自己的能力有限，放慢速度开始尝试，复盘哪里可以改进，跌倒了再爬起来，提升认知，然后刻意练习，再跌倒再爬起来，再提升认知、刻意练习……本来就是学习一切技能的必然过程，也是你财富增长的必然过程。

这个过程里，只有 1 个关键点：

抓紧开始！

在工作的第一个月里，我收到的税后工资是 900 多元。用 1 个字形容是"惨"，用 3 个字形容是"特别惨"……可是即便如此，我还是兴致勃勃地开启了财富增长之旅，一点儿也不想等到下个月发工资的时候。

为什么要等呢？我不是很厉害了才开始，而是开始了才有机会很厉害。

我拿出 300 元开始进行基金定投，我坚信这是身处财富管理行业的先发优势。在接下来的半年里，我还在不断增加每个月定投的金额，并给自己配置了重疾险。

那段时间，小志刚好从董事会秘书转行做投资，而他当年已经实现了"一个亿的小目标"。我还在努力攒着每个月几百元的基金定投。没钱可以开始投资吗？我甚至没有时间考虑这个问题，因为市场正处在蓬勃向上的大牛市里。

市场每天上涨，很多人涌进了银行做理财。作为大堂经理，我管理的大堂曾经同时排队等候超过 300 人。那段时间，我的工作是被等烦了的客户轮番骂，一天站十几个小时挨骂。在上下班摇摇晃晃的地铁里，我就不知疲倦地学习和准备考证：银行、保险、证券、基金、期货、国际理财师……我能想到的、听到的所有专业领域的证书，平均一个月考一个。

不赚钱，受委屈，很辛苦，可谁不是从这样的生活里努力活出一片自己的天地呢？

两年后的 2008 年，中国大陆地区有 3 家银行率先开启面向可投资资产 1000 万以上客户的私人银行业务。同时，市场从 6000 点高位急转直下。在 25 岁的时候，我带着加速积累的专业知识和实践经验成为国内早期私人银行的探索者。

个人成长和财富增长，本来就应该从 0 开始积累。你有理由不抓紧吗？

5. 时间价值：从不确定性中寻找确定性

全球顶尖的富达投资集团（Fidelity），是推出"货币市场共同基金账户"的第一家基金公司。它曾经做过一个分析，看哪些客户投资表现最好，结果发现有 3 类人：

第一类：客户去世了，但是富达不知情；

第二类：客户去世了，潜在的继承人打官司抢财产，账户长期被冻结；

第三类：客户真的心大，忘了自己有账户，长期没有登录。

这 3 类人，恰好都克服了股市中获利的最大心理障碍，也就是巴菲特的老搭档芒格说的"短视性损失趋避"。

在投资中，绝大多数时候都是无招胜有招。面对大跌，保持好心态，时间会修补一切坎坷。

这个道理不难，可为什么多数人依旧做不到？

不确定性

我很喜欢汤姆·汉克斯主演的一部电影《萨利机长》，是根据全美航空 1549 号航班的真实事件改编的。

2009 年 1 月 15 日，一架飞机从纽约起飞，飞往华盛顿州。在起飞爬升的过程中，飞机遭受加拿大黑雁撞击，导致两个引擎同时熄火，飞机完全失去动力。地面塔台指示飞机立即折返，但萨利机长判断不能掉头。地面塔台又指示飞往新泽西紧急降落，萨莉机长结合下降速率，还是拒绝。他穿过高楼林立的曼哈顿岛，决定在哈德逊河上降落——这种撞击力相当于直接和岩石碰撞。最终，萨利机长在 208 秒内完成了"不可能的操作"，机上 155 人全数生还。这个真实事件被称为"哈德逊奇迹"。

让人唏嘘不已的是，随后安全局对萨利机长展开了事故调查。调查人员一遍一遍地质问："电脑和模拟驾驶舱模拟出来迫降回机场是完全可行的，而且成功率非常大。你为什么坚持迫降在哈德逊河上？从来没有人在水上迫降成功，你凭什么有这么大的把握？"

在重压之下，萨利机长频繁地出现幻觉，他焦虑煎熬，甚至自我怀疑。审判庭上他说："人不是电脑。在遭遇意外的时候，是需要反应时间的。"后来的电脑模拟正如他判断的那样，如果加上 35 秒的反应时间，电脑模拟的数万种可能性，包括遵循塔台的两次指示，全都会让飞机坠入万劫不复之中。而萨利机长却在短短 35 秒之内，仅凭直觉和经验，选中了唯一一种可能性，才救活了飞机上的 155 条生命。

为什么知道很多道理，却依旧过不好这一生？

因为人本身，就是最大的不确定性。站在确定性结果之上，可以倒推任何可能性，可以随意进行理论模拟，可是真实的过程中永远充满了不确定性：外界出现的杂乱干扰、人的各种情绪变化和对外界反馈的再反馈，就像一团迷雾笼罩着理性的选择。像萨利机长一样凭直觉"选对"的概率实在是太低了。

真实的财富增长过程也是一样的。

框架效应

咱们来做个游戏，叫作"贱老板发奖金"，如图 1-14 所示。

马上年底了，老板要发奖金了。老板觉得你这一年的表现太突出了，为公司赚了很多利润，必须狠狠地奖励一下。于是，决定给你发一大笔奖金——200 万元。

老板很爱玩，又提出一个玩法：如果你愿意跟他玩"扔硬币"游戏，你有可能得到更多。你们两个人约定，如果扔硬币的结果是正面，奖金涨到 500 万元；如果是反面，就不给你奖金了。

现在请你想一想，你怎么选择？是直接拿走 200 万元，还是参与这场"扔硬币"的赌注，让奖金飙到 500 万元？如果是你，你选哪个？

图 1-14　贱老板发奖金 1

　　我在讲课的时候，带着很多人玩过这个游戏。绝大部分人选择直接拿走 200 万元，对他们来说这是确定的收益。

　　但是，这个游戏其实有正确答案。经济学中的理性人，会按照"期望值"来计算最优选择，也就是选择"扔硬币"。为什么呢？扔硬币得到正面或反面的概率都是 50%。对你来说，扔硬币的结果就是 500 万元 ×50%+0×50%，也就是 250 万元，而直接拿走奖金的话，只有 200 万元。扔硬币的"期望值"大于直接拿钱走人。

　　虽然扔硬币更理性，更正确，但是在现实生活中很多人还是会担心，万一我什么都没拿到怎么办？也有人分析，老板其实不是真想给你 200 万元奖金。要是扔硬币，可能什么都捞不到了。无论哪种解释，在他们看来，这 200 万元已经是自己的了。如果没拿到，就是自己的损失。至于那多出来的 300 万元，实在不行就算了吧。

　　当然，200 万元年终奖是个游戏。咱们现实一点，老板奖励你 2 万元年终奖还是可能的。如果他真的跟你提出，玩扔硬币的游戏，如图 1-15

所示。如果扔硬币的结果是正面，奖金涨到 5 万元；如果是反面，就不给你奖金了。你会怎么选择？

直接拿走 2 万元，还是参与扔硬币？你跟刚才 200 万元奖金的选择发生变化了吗？

图 1-15　贱老板发奖金 2

有些人的选择就变了。他们说，2 万元的奖金他们愿意赌一赌。万一赌赢了，可以拿走 5 万元呢？和刚才一模一样的游戏规则，仅仅是金额发生了变化，很多人的选择就变了。

从"期望值"的角度来看，扔硬币的结果就是 5 万元 ×50%+0 × 50%，也就是 2.5 万元。选择扔硬币更理性。

所以你看，人在做决策的时候，往往没有自己以为的那样思虑周全。在面对不确定性的时候，更倾向于选择当下更确定的结果。而且对于不同资产量的人来说，同样一个金额带来的感受是不同的。有的人觉得是损失，有的人觉得是收益。有的人更理性，有的人看起来没那么理性。

再换一个角度，在财富增长和减少的过程中，你的选择有可能发生变化。资产量增加了，有的人会更胆小，也有的人会更胆大。也就是在这个游戏里，每个人的机会其实是不一样的。如果你是个特别有钱的员工，你有可能就选择扔硬币了。因为你不在意失去那 200 万元，所以有钱人往往更有底气。

当然，这个游戏还有不同的玩法。比如，员工可以抱团取暖，联合起来对抗老板——把全公司的人集合起来，全部扔硬币，利用多次博弈的"期望值"压垮老板。而这，其实就是金融市场上机构的打法，也就是机构比个人更容易赚钱的原因。

再比如，如果老板每年都跟你玩这个游戏，你就学聪明了。当你选择确定的 200 万元的时候，虽然看起来是"当下最优解"，但这个结果不断累加，其实就离 500 万元越来越远，偏离了最有利的长远结果，离你最希望的财富自由也就越走越远了。所以，你会每年都选扔硬币。这和机构的打法是一样的。

在长期的重复游戏里，你可以借助"期望值"战胜短暂获得确定性收益的渴望。而这，就是长期复利的奥秘。这一刻，你就战胜了人性的弱点，比肩投资界的大师。你不再认为 200 万元是损失，而要理性有保障地追求 500 万元收益。当时间被拉长，这个 500 万元是不是看起来确定性高了很多？

刚刚你玩的游戏，在行为经济学上被称为"框架效应"。在面对同样的问题时，在不同的表达方式下，你可能会做出不同的选择。

在财富增长过程中，这种"框架效应"特别明显：如果你认为一个选择会导致"损失"，而不是"收益"的时候，你就会自然而然地规避它。当然，对"框架效应"加以利用也能增强你对财富增长的把控，从不确定性中更好地寻找确定性。

"韭菜"的自我修养

在投资市场中，有一群人被称为"韭菜"。因为韭菜总是割掉一茬儿，再长一茬儿，所以投资圈里的"韭菜"就是注定被"收割"的人。

如何判断你有没有成为韭菜的倾向？

看看你有没有过这些时刻吧：

怎么我一买就跌，一卖就涨？

这个产品能投吗？你说它能涨吗？

怎么你买了就涨，我买就不涨？

都已经这么贵了，果然我还是应该早点借钱来投资！

都跌了一天了，怎么还没完？

都等了一天了，怎么还没涨？

都赖你，你让我买这破玩意儿，你赔我钱！

没有自己的判断基础，人云亦云，听谁说的都觉得对——这样的人，能不成为韭菜吗？只看眼前这巴掌大的地方，情绪跟着涨跌变，变脸比翻书还快——这样的人，能不成为韭菜吗？

说实话，这样的想法在我刚开始投资的时候也有过。随着盈亏经验的增加，特别是投资周期的经历，你才能越来越清晰地感知到投资市场的起伏，就像你跳动的脉搏一样正常。

波动，就是不确定性。可收益本就是从不确定性中产生的。如果想要追逐高收益，要么承担更高的短期波动，通过单纯地提高风险来实现；要么拉长投资的周期，自动忽略短期波动，通过周期趋势来赚取。

对于普通人来说，更容易把控，也更具有确定性的财富增长方式是延长时间价值，从而降低波动中的痛感。

我在财富管理行业沉淀了十几年的时间。无论是手握 100 元、200 元刚开始投资的新手，还是身价几亿元的超高净值客户，一个有意思的规律是：判断一个人能不能通过投资赚钱，只有小部分影响因素在于你买的是什么。

另外占据 70% 的主要影响因素是什么呢？

是你的投资心态。

在该买的时候你敢躬身入局，在该坚持的时候你敢咬定青山，在该离场的时候你能挥一挥衣袖，不带走一片云彩。这些投资心态的背后，是对于大趋势的清醒判断和财富增长模型的长期坚持。

心态很重要！心态不好，可能在任何时候都会质疑自己的战略模型有问题，这是最考验人的时候。你要相信，在财富增长上面你能赢，不是靠消息，不是靠别人，不是靠运气，而是靠趋势，靠模型，靠执行。所以哪怕赔的时候，你也要坚定地执行下去——因为只要趋势判断没有问题，赚钱就变成了一个短期的概率问题和长期的必然结果。战略模型是用来对冲概率和运气的。在拉长周期的情况下，财富增长的确定性就被大幅提升了。

所以，在投资理财的过程中，你投入的每一分钟，都会变成自己兜里的真金白银。

下一章，咱们来看模型和战略。

6. 本章小结

在很多人眼里，"财富自由"只是一个梦。实际上，财富自由的本质就是一条持续生长的复利增长曲线。财富自由不是终点，而是一个拐点，也是另一个起点。

你手里的钱不一定能成为财富，因为货币一直走在贬值的路上。把货币置换成合适的资产能省下人生一大半的奋斗时间。这里有实现财富自由的 3 个核心要素：收益率、第一桶金和时间价值。而财富结果是每个人认知能力的变现。

曼哈顿岛从 24 美元增值到 2.4 万亿美元，就是复利增长的结果。这个过程中的真实收益率不过 7%，所以不是只有高收益率才能赢，能赢的往往并不是特别高的收益率。

第一桶金，是财富自由的最大权重。创造财富的同时，要进行钱生钱的刻意练习。换句话说，财富自由的路径可以拆解成早期靠本金，后期靠复利。

人是真实世界里最大的不确定性，投资市场的波动也像跳动的脉搏一样持续存在。不想当韭菜就要拉长周期，靠战略模型对抗概率和运气，以提升财富增长的确定性。

第 2 章

增长模型

1. 你的财富增长模型，是哪一种?

话说唐僧师徒 4 人西天取经归来，唐僧给 3 个徒弟出了一道终极考题：不再是斩妖除魔，而是实现财富自由。于是，3 个徒弟就穿越到了 21 世纪，他们约定好以 30 年为期看谁能先实现财富自由。

踏实肯干的沙僧选择了教师岗位。他每个月收入 6000 元，支出 4000 元，盈余 2000 元。沙僧勤勤恳恳地工作，但他担心在每个月只有 2000 元存款的情况下，万一生个病什么的，财富自由的梦想就只能是梦想了。他绞尽脑汁，想出两个短期提升储蓄金额的计划，如图 2-1 所示。

计划一：找份兼职，或者多参与学校的课外辅导，这样可以把月收入从 6000 元提升到 8000 元。

计划二：减少支出，勒紧裤腰带，特别是要把每个月最爱的流沙河旅游全部取消。这才能把之前的 4000 元支出减少到 2000 元。

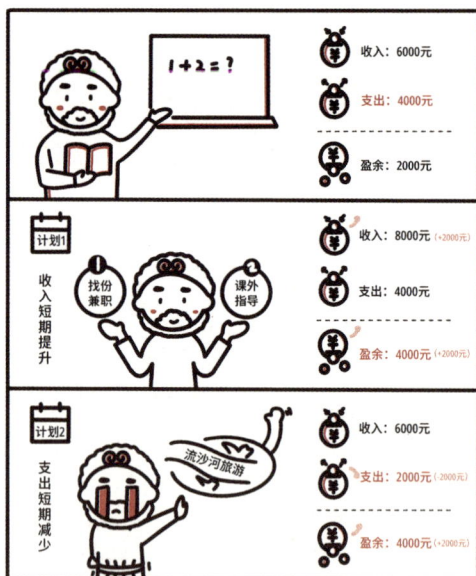

图 2-1　沙僧的两个攒钱计划

两个计划都很有效，每个计划都能帮沙僧实现把存款从 2000 元提升到 4000 元。但是这两个计划也都有缺陷，沙僧的生活会变得更忙碌，或者会牺牲一定的生活品质。

勤勤恳恳的沙僧又心生一计，把时间稍微放长一点，有了计划三：沙僧把更多精力放在了教研工作上，更快获得了升职加薪的机会。

他发现，像教研骨干、学科带头人、特级教师，这些职级能使收入水平比现在提升一大截。于是经过努力，沙僧晋升为全区教研骨干，月收入提升到 15000 元。在支出不变的情况下，沙僧每月的存款就提升到了 11000 元。这样，1 年下来他可以攒下 13.2 万元，30 年就是 396 万元，如图 2-2 所示。

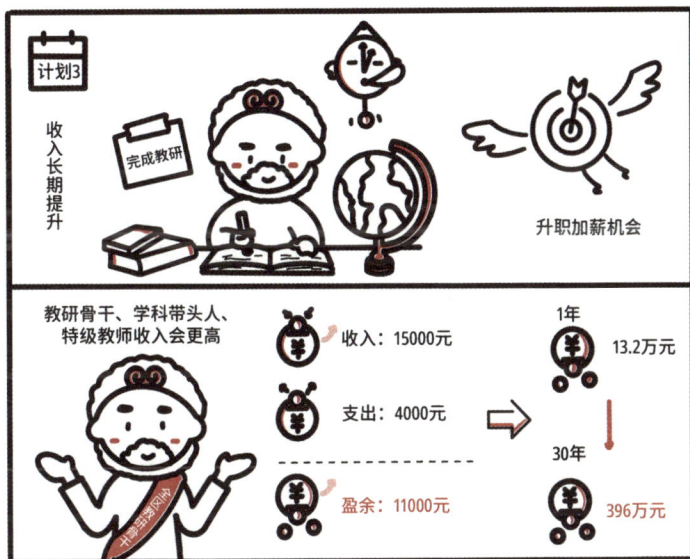

图 2-2　沙僧的升职加薪计划

看着存折上慢慢增长的存款，沙僧还是心里打鼓：钱是存下来了，可是通货膨胀和生活成本也都在越来越高。

猪八戒看了沙僧的苦行僧攒钱计划，撇了撇嘴，想着绝不能只靠自己挣钱、存钱，得用钱生钱。猪八戒央求唐僧给他安排了一大笔遗产，有 200 万元。

于是，猪八戒开开心心地拿着钱，进入了股票市场。投资能力不行的猪八戒一上来就亏了 10%，第 2 年赚了 11%，第 3 年亏了 20%，第 4 年赚了 25%，第 5 年亏了 30%，第 6 年赚了 43%，第 7 年亏了 40%，第 8 年赚了 67%，第 9 年亏了 50%，第 10 年他用光了所有的好运气，也没有赚回来一分钱。

忙忙叨叨 10 年过去了，猪八戒什么都没赚到，200 万元遗产生生变成了遗憾，越理财越赔钱，最后只剩下 100 万元，如表 2-1 所示。

表 2-1　猪八戒的投资计划

时间	涨跌	本金 200 万元
第 1 年年末	−10%	180 万元
第 2 年年末	11%	200 万元
第 3 年年末	−20%	160 万元
第 4 年年末	25%	200 万元
第 5 年年末	−30%	140 万元
第 6 年年末	43%	200 万元
第 7 年年末	−40%	120 万元
第 8 年年末	67%	200 万元
第 9 年年末	−50%	100 万元
第 10 年年末	0	100 万元

怎么能把亏掉的钱尽快赚回来呢？他听蜘蛛精说数字货币赚钱，而且是一夜暴富。猪八戒就拿着仅有的 100 万元杀进了币圈，把猫猫币、兔兔币和他自己的猪猪币都买了一圈。

看着越来越赚的数字货币，猪八戒喜笑颜开。有一天，他想卖出一点，买辆车奖励自己，才发现：号称带他赚钱的蜘蛛精们已经找不到人了。猪八戒呆呆地吟唱着，"她们都老了吧，她们在哪里呀……她们已经被风吹走，散落在天涯。"

孙悟空看着猪八戒失魂落魄的样子，眼珠一转，心想"呆子，就这财富增长速度，你是给国家拖后腿啊。看俺老孙的！"

孙悟空进入了新能源行业，成为一名技术工程师。在"碳中和"的大背景下，孙悟空的研究领域被几家公司看上，争相邀请他来工作。凭借扎实的研究与实践能力，孙悟空快速走上了人生巅峰。

孙悟空每个月储蓄 3 万元，还留下 1 万元作为生活支出和学习基金。这样，他一年能攒下 36 万元。他的投资能力比较强，能够获得 11% 的年化收益率。30 年之后，这一年存下来的 36 万元就变成了 824 万元，如图 2-3 所示。

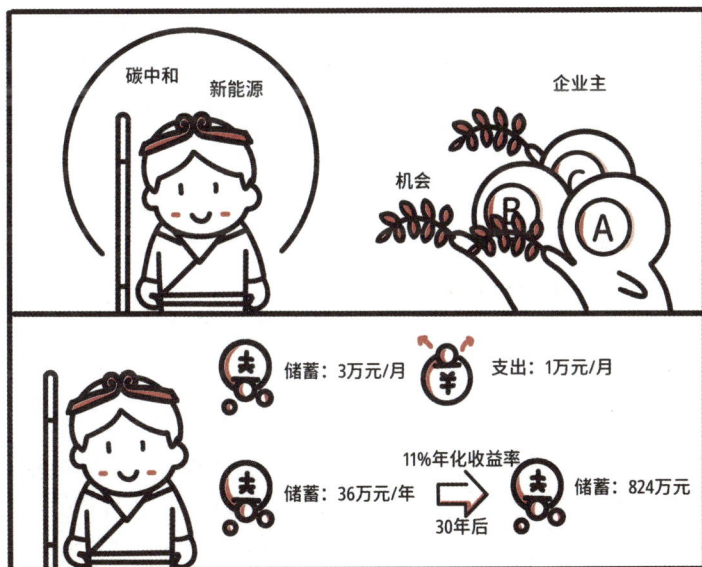

图 2-3　孙悟空的投资计划

在你看来，30 年后的财富自由，3 个徒弟谁的赢面更大呢？

在现实中，你又在追寻谁的路径呢？

在财富增长的过程中主要有 3 种模型：加减运算、乘除运算和指数运算。唐僧的 3 个徒弟，刚好代表了这 3 种财富增长模型，如图 2-4 所示。

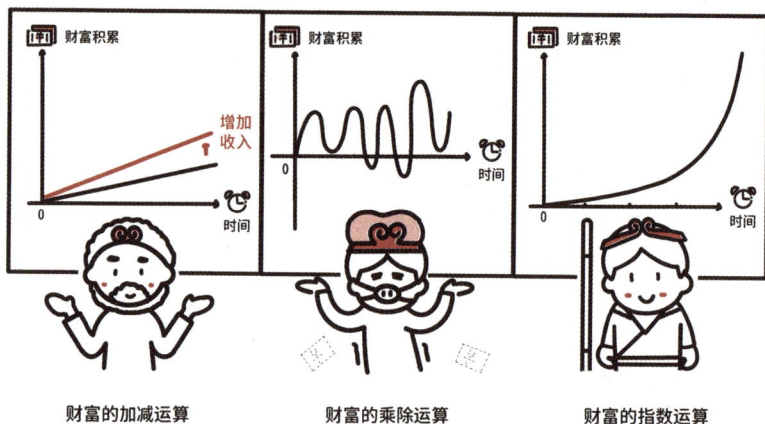

图 2-4　3 种财富增长模型

加减运算

沙僧的财富增长模型，就是加减运算。计划一增加了他的劳动时间，但劳动报酬没有变化。1 天只有 24 小时，高强度的劳动降低了生活品质。所以，沙僧的计划三更值得推荐。通过提升劳动报酬率，在不显著增加劳动时间的基础上增加收入。

关于提升劳动报酬率，我给你画两个重点：第一，在行业选择上需要你全盘考虑，既要兼顾兴趣，也要思考行业前景。你所在的行业是不是越来越值钱，这是更重要的战略问题。放眼 20~30 年的行业发展机会，比眼下哪家公司开的工资高 2000 元真的重要太多了。第二，如果你现在还不到 30 岁，是还在努力打拼的年轻人，一定要优先考虑提升劳动报酬率。毕竟，30 岁升到总监，还是 40 岁升到总监，你的整体收入差别实在太大。

在计划二里，沙僧就是一位妥妥的苦行僧。当然，通过降低支出来增加存款这个方法不是总能奏效。对于收入偏低的人群来说，吃穿住行这样的刚性支出占比是比较大的。勒紧裤腰带的方式不能持续降低支出，还可能大幅降低生活品质，甚至影响到你的升职加薪。特别是不能削减有效学习的费用，不要堵住自己未来的晋升之路。当然，如果你属于无节制的月光族、剁手族，有计划地节约开支是必修课。

可惜的是，沙僧勤勤恳恳，却只是重复着加减运算。我们父辈中有很多人就像沙僧一样。他们在努力挣钱，却没有思考过如何赚钱。挣钱的挣，有个提手旁，不管用脑还是用手，实际上都是依靠出售劳动力和时间来获取收入。赚钱的赚，有个贝字旁，是拿出钱来当本金，赚回更多的钱。

在加减运算中，核心是开源节流。过去大家收入普遍不高，差距也不大，努力提升一点收入，家庭生活就能有改观。现在，越来越多的人有机会提升劳动报酬率，让家底越来越厚。于是，才有可能依靠钱生钱，从单一的加减运算过渡到更复杂的运算方式。

加减运算是基础，绝大多数人的第一桶金都要依靠加减运算来实现。如果你还属于低收入群体，努力做加法是理财的大前提。对于已经实现了中高收入的月光族来说，要更好地控制减法。只有每月的存款金额上升，实现了高储蓄率，其他运算方式才能开始发挥作用。

所以，第一桶金，才是开始财富增长的第一步。

乘除运算

猪八戒的财富增长模型就是乘除运算。就像猪八戒娶媳妇一样，他迫切地追求钱生钱，却没有练就好钱生钱的能力。

猪八戒的投资是赚过钱的，只不过市场起起伏伏，收益就跟着上上下下。学习理财也好，个人提升也罢，其实都是有学费的。而且，越晚学习投资理财，学费就越贵。这个学费，如果不是一本好书或者高质量的课程，大概率就是你投资路上的犯错成本，因为人总是要为自己的认知买单。与此同时，你在投资理财上投入的每一分钟，都会变成自己兜里的真金白银。

猪八戒花了 10 年时间投资，却赔掉了 100 万元的遗产。手里拿着大把的钱，明明是现成的第一桶金，可猪八戒却不懂乱投，或者跟着消息跑，把投资决策全部寄托给其他人。很多时候，消息没有故意坑你，而是自己把自己给坑了。还有的时候，别人就是故意坑你。像蜘蛛精就是打了信息差，欺负猪八戒不懂——你心里想着赚收益，哪知道人家盯着的是本金。

可惜的是，猪八戒起起伏伏，却还停留在乘除运算里。心里期待的财富自由没有实现，本金反而越打理越少。和父辈们勤勤恳恳挣钱不同，我们这一代很早就有了赚钱的想法。可惜很多人，却没有掌握赚钱的本事。

乘除运算的核心是提升收益。前面讲的财富自由 3 要素里，我再三提醒你不要盲目追求收益率。

如图 2-5 所示，咱们假设你"天赋异禀，骨骼清奇"，是百年一遇的投资奇才，一个礼拜赚了 100% 的收益。请问，你下个礼拜亏多少，能把这些收益全都亏回去？

答案是 50%。

再来看，如果你运气不好亏了 1/3。想要回本的话，接下来的投资收益率得达到多少？

还是 50%。

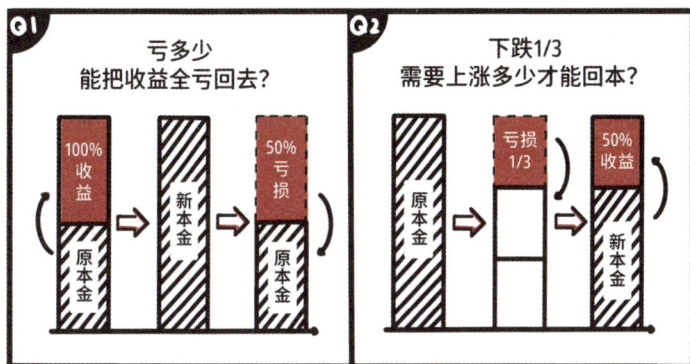

图 2-5 百年一遇的投资奇才

复利在赚钱的时候有多正向，亏钱的时候就有多逆向。以至于你在追求复利增长的时候，一不小心还可能遇上假的"美猴王"——"负复利"。这里的"负"是"正负"的"负"，对你投资回报产生的作用正好相反。

为什么不能盲目追求高收益率？

因为"投资的不对称性"。

如表 2-2 所示，市场下跌 10%，如果想要收回成本，你需要实现 11% 的上涨；市场下跌 20%，你收回成本就要上涨 25%；市场下跌 30%，收回成本要上涨 43%；市场下跌 50%，收回成本要上涨 100%。下跌很容易，上涨却着实很难。

表 2-2 投资的不对称性

市场下跌	收回成本所需涨跌
10%	11%
20%	25%
30%	43%

续表

市场下跌	收回成本所需涨跌
40%	67%
50%	100%
70%	200%

很多时候，你看到的短时间翻了好几倍的投资，是小概率发挥了一次作用。下一次结果如何，其实难说了。也许像猪八戒一样，挺过了前面 9 年，却栽倒在了最后 1 年。谁知道呢？

换句话说，只注重短时间不合理的高收益，本质就是在和概率作对。和概率作对，一次两次侥幸能赢，但时间稍微一长，输是个必然的结局。当真的发生了亏损的时候，你就会发现只有承担更多风险才能博取更高的收益，才能把之前的亏损补回来。而在这个过程中，你就承担了新的风险，可能就会遇到新的亏损。如此恶性循环下去……别说财富自由了，你的第一桶金也可能根本保不住。

指数运算

孙悟空的财富增长模型就是指数运算。第一桶金，是指数运算的"系数"。沙僧勤勤恳恳攒下的第一桶金是有意义的。孙悟空正是沿着沙僧的计划三攒下了第一桶金。

同时，孙悟空还修炼了扎实的投资能力。他没有像猪八戒一样急火火地投资，没有盲目追求过高的收益率，所以没有上上下下赚了个寂寞，仍然停留在原地。收益率构成了指数运算的"底数"。稳定的正收益才能把指数运作的基础打扎实。

指数运算的核心是拉长周期，所以时间价值是指数运算的"指数"。在投资获得稳定正收益的前提下，随着时间的累积，指数在放大，指数运算的巨大威力也最终得以显现。如图 2-6 所示，沙僧勤勤恳恳储蓄30 年，最后能获得 396 万元；孙悟空用 1 年的存款复利增长，30 年之后就能获取 824 万元。这里面的差距之悬殊，是从加减运算到指数运算的跃迁。

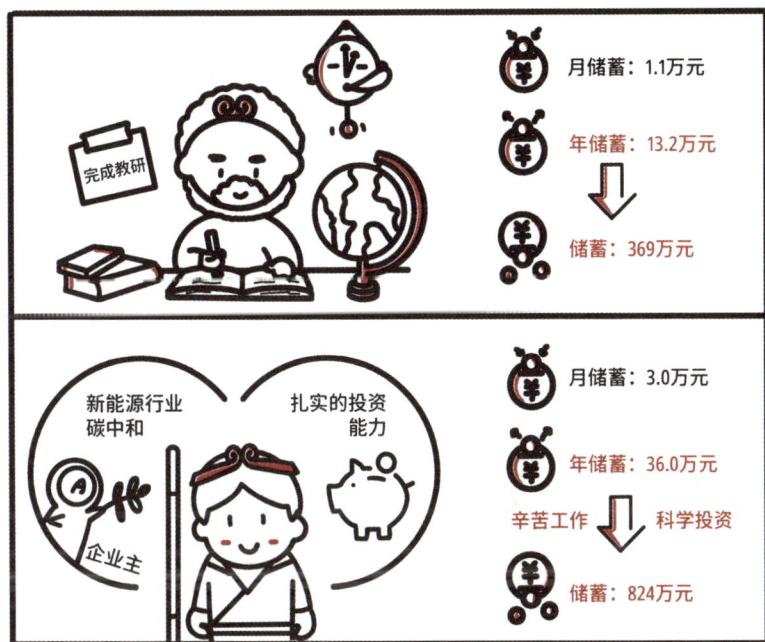

图 2-6　沙僧和孙悟空的收益对比

　　你注意到了吗？刚刚咱们拆解了第 1 章提到的复利增长曲线的实现路径，如图 2-7 所示。

　　复利增长曲线的前期路径就是从平凡无奇的加减运算开始，在时间的助力下，后期跑出了明显上扬的指数运算。就像沙僧和孙悟空一样，前期路径是没有多大差别的，看起来和其他人一样，都是勤勤恳恳地积累第一桶金。只不过，孙悟空在积累第一桶金的同时，开启了科学的投资理财。两手都要抓，两手都要硬，持续稳定的正收益终于跑出了显著的上扬趋势，也终于跨越了财富增长的拐点。

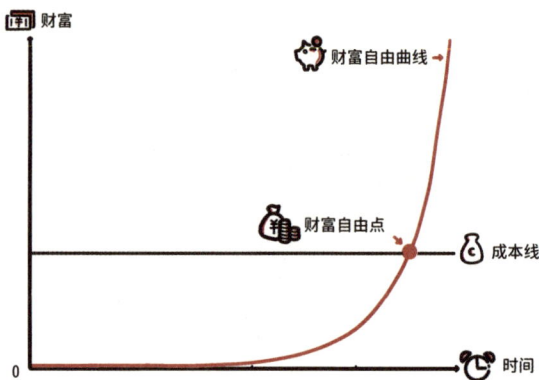

图 2-7　复利增长曲线的实现路径

所以，指数运算就是复利增长曲线。也只有通过指数运算，财富自由之路才有机会成为现实，成为一条可抵达的行动路径，而不再仅仅是一个梦想。

你的财富增长如果可以跑出指数运算，就可以结合前面讲的财富自由 3 要素用以下公式来表示：

你的财富增长 = 第一桶金 ×（1 + 收益率）^{时间}

这就是指数运算下的财富增长公式。

第一桶金是指数运算的"系数"，收益率是指数运算的"底数"，时间价值是指数运算的"指数"。只有在第一桶金稳定积累，且能持续获得正收益的前提下，时间的复利价值才能得以显现。当然，在实际投资的过程中，谁都不能保证本金的绝对安全和收益的绝对稳定。但你至少从现在起，可以清晰地了解，当从 0 开始积累的时候，你要想尽办法增加第一桶金，且不要盲目地追求过高的收益率。随着投资能力的增长，你的目标是持续获得正收益，并借助时间的力量不断放大。

2. 财富自由公式，你的行动纲领

和沙僧勤勤恳恳地工作不同，有些人会采用"磨洋工"的方式，在短期快速提高自己的劳动报酬率。收 8 小时的钱，干 2 小时的活儿，就等于把自己的劳动报酬率瞬间提升了 4 倍。反正老板不了解自己的实际工作节奏。

这种利用"信息不对称"让自己薪水翻番的做法很多。但长期来看，这是不明智的做法，原因很简单：

你见过多少人通过"磨洋工"实现了财富自由？

一个也没有。只有有效的行动才能彻底改变境遇。老板总有一天会"清醒"。就算你不断地跳槽，新老板也有很多方法"对标"。只要你追求的是长期价值和财富自由，眼光和行动就要放得同样长远。

结合财富自由 3 要素，你重新再看一看这 3 种财富增长模型。

3 种财富增长模型

第一桶金，是财富增长的前提。如果你像大多数人一样，没有"富爸爸"，就要踏踏实实地开启第一桶金的积累。这个过程没有捷径，你只能通过加减运算慢慢积累。有些人忙着研究指数运算，却忘了手上没有多少钱可理。你要做的不仅仅是抚平当下的焦虑，还要不做幻想的大多数，而做少数的行动派。

"没有钱"可以开始理财吗？

当然可以！随时可以！但你必须先解决"没有钱"这个问题。收益率，是很多人在财富自由之路上最看重的。关于收益率，有一个好消息和一个坏消息。你想先听哪个？

我见过不少人，通过努力投资提升收益率，真的实现了财富自由。所以好消息是，保持合理的收益率是可以通过技能的增长和长期的锻炼习得的。

坏消息是，很多人在财富增长的道路上也栽在了收益率上。盲目追求高收益，让他们忽略了风险控制，没有进入想象中的指数运算，而是掉到了乘除运算里。

从乘除运算升级到指数运算，关键在于时间价值。稳定的正收益是前提，然后就是不断地重复，再重复。只有重复，才能从乘除运算升级到指数运算。所以，稳定增长是财富自由的前提条件。

财富自由公式

通过奋斗 10 年来积累财富，就能换取一辈子的财富自由。你愿意吗？

我相信很多人的答案都是肯定的。

《不上班也有钱》的作者曾婉玲用了 10 年的时间，从一个普普通通的上班族，实现了财富自由。他们夫妻二人带着娃一起环游世界，喜欢一个地方就住上一两个月，不喜欢的话住上几天就走，足迹遍布了 5 大洲，包括墨西哥的圣米格雷、西班牙的巴塞罗那、泰国的清迈等。还把自己的故事和经验写成一本书，分享给了更多人。

读书的意义就在于此。哪怕只有一句话触动了我，我因此改变或者坚定了一个想法，甚至更好的，它改变了我的行为，这本书在我看来都是无价之宝了。

我心目中的"财富自由"就是这样：不一定只靠理财赚钱，而是可以不上班也有钱。结合一开始对"财富自由"的定义，"你不必为了满足生活必需被迫出售自己的时间。或者换句话说，财富自由就是穿越成本线。"

于是，你就能得到一个"财富自由"公式：

$$财富自由 = 第一桶金 \times (1 + 收益率)^{时间} - 生活成本$$

也就是说，当你的财富增长曲线跑出了指数运算，超越了成本线后，你就实现了财富自由。

在追求财富自由的行动之路上，我给你画几个要点：

第 1，只要非劳动收入大于你的生活成本，就实现了财富自由。所以，降低生活成本，能更快地实现财富自由。欲望和成本很容易增长，但它会阻碍你实现财富自由。

第 2，如果不想降低生活成本，也可以用时间来换。你要有把压岁钱存成养老金的耐心，因为复利增长，从来不是一夜暴富。

第 3，找到高收益的投资不难，识别背后的风险需要日益精进的投资能力。不能盲目追求高收益，只有稳健的高收益才是财富自由的底气。

第 4，财富自由不是只依赖投资，不要给自己不努力工作找借口。第一桶金对获得财富自由来说至关重要。如果都没有本钱，哪里来的钱生钱呢？

财富自由工具

网上流传过一位腾讯小哥的故事。据说小哥工作能力一般，工资待遇算是中等，也就是腾讯几万名员工中非常普通的一位。但是，这位小哥早已资产过亿。他是怎么做到的？

小哥生活非常简朴。吃饭基本在公司解决，不怎么下馆子。开的车就是一辆普通的夏利。攒下来的钱，小哥全部买了腾讯的股票。

同样是一天工作 8 小时，这位小哥积累的财富可能是和他一起进公司、坐在他旁边的同事们的几千倍。为什么会有这么大的差距呢？

小哥不仅在出售自己的劳动换取收入，也用这些收入置换了资产。像他的腾讯老板一样，小哥工作的同时也在用资产增值。

而且，这些资产要能持续实现增长才值得长期持有。什么样的资产有这样的价值，值得一生追寻？

现在，我想请你暂时忘记短期的波动。不看眼下，只看未来。为什么财富自由能够实现？什么值得你用长期行动，甚至是一生来追寻，也不会后悔呢？

图 2-8 是 1930 年到 2020 年的美国股票走势图。

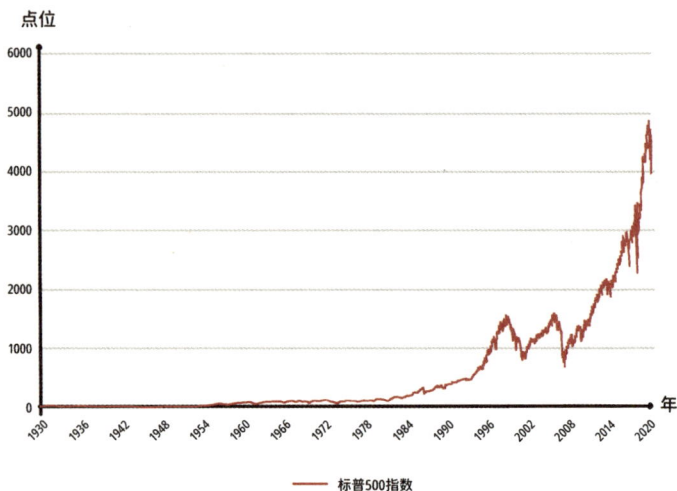

图 2-8　1930 年到 2020 年的美国股票走势图 [1]

拉长周期来看，股权投资在长周期是非常明确地向上攀升的。所以，哪怕股权资产在短期波动比较大，它和债权资产的趋势保持一致，都在上升。只看眼下的短期市场，债权资产波动相对比较小，看起来更稳定，但是总体涨幅也远远落后于股权资产。换句话说，如果想要获得更高的收益率，短期就必然承担更大的波动，忍受涨跌带来的挫败。但是在时间的加持下，你的整体收益率会用实际行动回报你的信任。

把时间缩短一点会有不同吗？来看一下过去 20 年中国的实际情况，如图 2-9 所示。我用中债综指代指债券走势，用上证综指和沪深 300 指数代指股票走势。

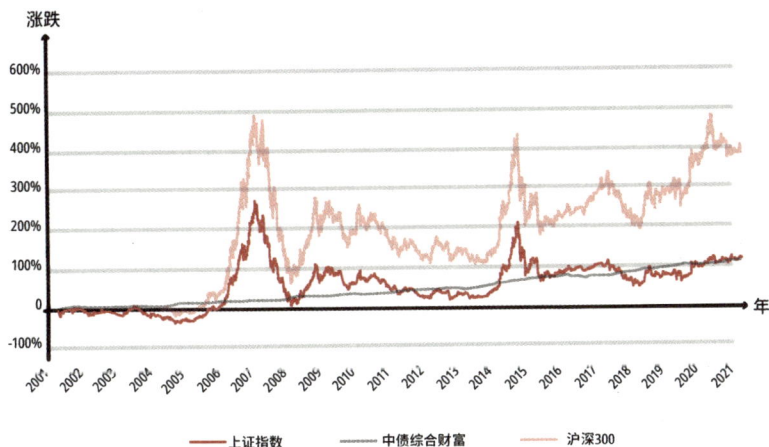

图 2-9 过去 20 年，中国股债资产收益率对比[1]

过去 20 年，债券复合增长收益率是 4%，上证综指复合增长收益率是 4%，沪深 300 指数复合增长收益率是 8%，股市中的优质资产，比如食品、饮料、烟草行业，年化复合增长率是 13.1%。偏股型公募基金收益率接近 15%。[2]

短期来看，债权资产波动小，收益稳定。长期来看，股权资产的收益更高，你可以通过拉长时间线来抹平它的波动。结论就是，优质股权资产是你最值得利用的财富自由工具。

现在，借助财富自由公式，你已经可以从对财富自由的理解开始进行实质的行动了。

你的财富增长曲线是不是也能跑出复利曲线的模样？

别忘了，实现财富自由不是终点，而是拐点。只有实现了财富自由，你才会看清楚：实现个人财富自由只是第一步。路没有尽头，因为接下

1　数据来源：万得 Wind。
2　数据来源：万得 Wind，其中沪深 300 指数为近 17 年收益率，偏股型公募基金为近 19 年收益率。

来的家族财富积累、家族财富守护、家族财富传承等还需要你进一步升级自己的认知和行动。这些内容也都超级有意思，希望在我的下一本书里继续讲给你听。

我在微信视频号"王朝薇"里更新了很多财富自由相关的实用认知和行动建议。在你的财富增长道路上，欢迎常来思考探讨。关注微信视频号"王朝薇"，我也会开通直播跟你直接聊聊。

3. 财富体检，你会做吗?

有人问富豪:"为什么你比我有钱?"

富豪答道:"你想不想赚钱?"

来人说:"当然想啊。"

富豪继续说:"你每天花多长时间想赚钱?我天天想怎么赚钱，每时每刻都在想，早上起来就在想，坐在马桶上也在琢磨……你呢?你就是想想。想一下，然后就干别的去了，想别的去了。咱俩花的时间不一样，怎么可能一样有钱?"

我讲的可不是故事，而是真事。我仔细观察过身边已经实现了财富自由的人，真的仍然在孜孜不倦地思考"如何更有钱"。他们每一个人都是这样!

富豪的话非常实在。很多人都想赚钱，却不愿意琢磨赚钱，能去实践的人更少。难道非要等天上掉金条，砸中自己吗?

重视财富是一种习惯

在"朝财 21 天基金赚钱营"里，我们会带着学员用 21 天养成一个赚钱的好习惯。有一位学员说，"在别人面前谈钱感觉很俗，在这里谈钱感觉好牛。"

真的有必要这么在乎钱吗?

说句实话，虽然有必要，但并不那么容易。因为无论你多用力，刚开始的时候以及后面很长一段时间里赚到的钱都不会很多。在复利增长的那条曲线上，仍然是平缓地、几乎看不出任何变化的积累过程。没办法，这是个人人都要面对的事实，除非你有个"富爸爸"。

可是，当家人躺在医院里，你却只能拼命打工赚钱，无论多努力都远远不够的时候，又该求助谁呢?谁又有义务帮你，而且同时还有能力帮你呢?

在北大青年 CEO 俱乐部，我们有一位理事。很不幸，他家二胎得了一种罕见的眼部疾病，全国确诊人数不到 1000 人。疾病很险恶，孩子能看见很难，保住眼球很难，保住性命都很难。这位理事是个好爸爸，抛开 3 家公司，没日没夜地给孩子找专家，找治疗方案。

为人父母，他在这个过程中的绝望和艰辛，我不敢想象。当用钱救命的时候，"疼爱""关心"都不是挂在嘴上的，而需要实实在在的经济实力打底。我只庆幸，幸亏他可以不去上班，他有足够的底气忙着解决问题，做他最应该做的事情！

我从来不觉得，人应该被财富拖累。那种为了节省下来一点点财富，过着如葛朗台般的日子，总少了点生活的情趣。财富，从来都是过上幸福生活的工具。想了很久，我给朝财的定位就是"有钱当底气"。

在这本书的策划过程中，我反复揣测着"财富自由"背后的逻辑。我不希望它是个标题党，像"风口上的猪"。我希望你认真、冷静且客观地对待"财富自由"，尤其是年轻人。

根据联合国的预测，到 2050 年中国人平均寿命可以达到 92 岁。如果你现在还没退休，应该都算得上是年轻人，还有很多机会，毕竟人生还有一半多的路要慢慢走。哪怕已经退休了，你还是可以把这样的财富智慧传递给下一代。别忘了，你还有机会做个有钱的爷爷或者奶奶。

财富体检日

你的注意力在哪里，你的财富就在哪里。养成重视财富的好习惯，我建议你从每年固定给自己做财富体检开始。

爱惜身体，要每年定期去体检；重视财富，也要每年定期给财富进行体检。关于盘点资产和财富体检，是我给超高净值人群进行财富咨询前的必要环节。而你现在，也即将和他们站在同一起跑线上。

每年一次的财富体检的日子可以是任何一个你喜欢的日子，生日、纪念日或者幸运数字。我习惯选择每年的 12 月 24 日，在平安夜这一天安安静静地梳理一遍家庭财富，也讨个平安顺遂的好彩头。

心理学上有个经典的马斯洛需求层次理论。马斯洛说，人有 5 层需求，从低到高分别是生理需求、安全需求、社交需求、尊重需求和自我实现需求。

你发现了吗？人的财富需求就是各种生活需求的底层逻辑。人的财富需求也是一层层往上走的：先是留下吃饱饭的钱，再想着去投资，最后实现财富自由。和马斯洛的需求理论相对应，我为你构建了 5 个财富健康指标（如图 2-10 所示），从低到高分别是：应急指标、偿债指标、投资指标、收益指标和财富自由指标。

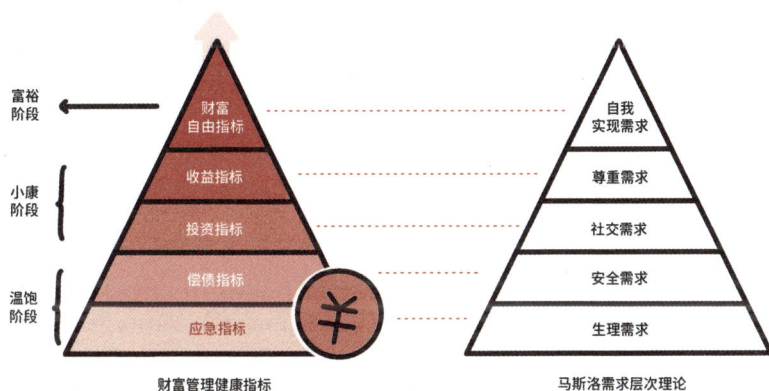

图 2-10　5 个财富健康指标

用这 5 个指标扫描你的财富，可以全方位定位你的财富健康度。年复一年，相信你从这些指标中会读出不一样的财富增长轨迹，清晰地见证自己的财富自由之路。

第 1 个指标：应急指标

应急指标，反映的是你是否有足够的活钱。

$$应急指标 = \frac{活钱}{每月支出}$$

活钱，就是通过活期存款、定期存款、货币基金、银行 T+0 理财等打理的随时可以拿来用的钱。

应急指标的合理范围在 3~10 之间。这是因为，你要预留 3~6 个月的生活支出和可预支的大额支出，比如孩子幼儿园的学费、你们家打算旅游的钱等。

应急指标小于 3，就要增加一些活钱。否则，一旦遇上突发事件，比如父母生病，手头就会特别紧张，正常的生活很容易被打乱。应急指标大于 10，说明留的活钱有点多了，虽然可以应对更多紧急情况，却也减少了投资收益。

第 2 个指标：偿债指标

第 2 个偿债指标，特别适用于有贷款的情况。偿债指标反映的是你的还款能力好不好，压力大不大。

$$偿债指标 = \frac{每月还款金额}{每月收入}$$

我本科毕业后的第一份工作在银行。银行发放贷款的时候，有一个核心的审核指标，就是你每月的还款金额，不能超过家庭月收入的 50%。在这里，我们借用银行的放款指标，建议你的偿债指标不要超过 50%。

如果你的每月收入少于 5000，而且资产不多，那么偿债指标要控制在 30% 以下。因为你大部分的支出属于生活中的刚性支出，偿债压力过大会影响生活。这时你要做的是增加收入，不要盲目地通过负债影响正常的生活。

如果你已经有了一定的资产积累，有不错的稳定收入，也不要让你的负债为 0。

我有一个朋友，夫妻两个人在 2000 年到 2010 年之间一直在买房。凑够 1 个首付就买 1 套房，凑够第 2 个首付就继续买。10 年之间，生生给自己的小家积累了 1 亿元的财富。当然，我不鼓励你循环贷款，更没说任何时候疯狂买房都稳赚不赔。适当合理地使用杠杆会帮助你的财富加速增长。

第 3 个指标：投资指标

第 3 个指标是投资指标。

$$投资指标 = \frac{你的所有投资资产}{总资产}$$

投资指标越大越好，它衡量的是你的财富里有多少钱被有效利用，正在"钱生钱"。超过 50% 的话，你的财富增长速度就比较快了。

比如，你的投资指标是 15.2%。如果把你的资产比作公司的话，这个投资指标说明你公司的 100 名员工里，有 15 个在创造收入，另外的 85 个员工都在躺平。你这个老板有点让人心疼，所以需要赶紧想办法让更多的钱去生钱。

第 4 个指标：收益指标

提升你的钱生钱能力，除了创收员工的人数要增加，每个员工的创收金额也要提升，这就是第 4 个指标：收益指标。它衡量的是你的投资收益率。

$$收益指标 = \frac{你每年的投资收益}{投资资产}$$

根据"72 法则"，72 除以你的年化收益率就是资产翻倍的时间。如果你的收益率达到 2%，大概 36 年翻一番。如果收益率超过 8%，你的家庭资产 9 年就可以翻一番。如果收益率保持 10%，7 年就可以翻一番。

经过数据的对比，收益指标可以显示出你现在的能力如何。如果还不够理想也别着急，在本书后面我还会讲很多具体的实操方法，帮你提升收益率。

第 5 个指标：财富自由指标

和升级打怪一样，你来到了第 5 个指标：财富自由指标。这就是你和梦想中财富自由之间的差距了。指标越高，你就越接近财富自由。

$$财富自由指标 = \frac{每年的投资收益}{每年的生活支出}$$

财富自由指标，也叫睡后收入指标，衡量你是否不工作也能躺着赚钱，像你的理财收入和房租收入都属于睡觉之后也在增长的超级贴心钱。

实现了财富自由之后，你想干什么？

我听到的最好的答案是"什么都不会变化，我正在过我最想过的生活"。

想要更好地进行财富体检，我已经给你准备好了财富体检的贴心工具。微信搜索"朝财课堂"公众号，在后台发送"财富体检"，你就能用上数十万学员已经用过的体检工具了。希望你身体倍棒，财富健康！

4. 财富三原色，你了解吗？

"三原色"是红、黄、蓝，色彩当中最基础、不能再分解的 3 种基本颜色。把三原色进行混合搭配，能够组合搭配出世间所有色彩。

你知道吗？财富也一样有着自己的性格。

我定义的"财富三原色"正是财富最基础的 3 种性格：流动性、风险性和收益性。

你和同事都跃跃欲试地开启了投资之路。同事担心风险，只把钱存进银行，选择定期存款。你觉得银行利息太低，于是选择了股票。谁的选择更好呢？

在财富管理的过程中，任何一种金融产品都有自己的特点。没有更好的，只有更适合的。分析任何一种金融产品，你都可以使用财富三原色。

风险性

先说风险性。大多数情况下，你可以把损失当成风险性，比如投资靠不靠谱、会不会亏损、对方有没有可能卷钱跑路。

股票和存款放在一起，股票的风险性更高。不仅因为投资股票时收益是不确定的，甚至本金安全也有可能遭受损失。

看起来特别安全的存款也是存在风险性的。你的同事和老一辈一样，很喜欢把钱全都存进银行。虽然安全有保障，但由于利息比较低，就要承受通货膨胀的侵蚀。在岁月的消磨下，存款悄悄地缩水了，这就是存款的风险性。

金融产品的风险性不仅体现在遭受损失上，还体现在政策的影响上，如图 2-11 所示。

还是拿存款来说。以前，银行存款是怎么存进去的，就能带着利息怎么取出来。可是，银行也是商业金融机构，万一银行经营不善，破产了，存款该怎么办呢？

2015 年，我国推出了存款保险制度，规定各家银行向保险机构统一缴纳保险费，一旦银行出现危机，保险机构将对存款人提供最高 50 万元的赔付额。也就是说，国家法律明令规定，在任何一家银行的存款本息和不超过 50 万元的情况下，一定是有安全保证的。超过的部分就存在不确定性了。

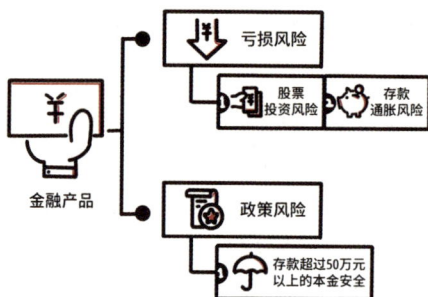

图 2-11　金融产品的风险性

如果你的同事现在二四十岁，过度地担心风险，完全不考虑收益，那么这并不是一种积极、合适的理财方式。更重要的是，不趁年轻的时候多去学习和尝试，不要说财富自由，就是手头上辛苦攒下的一点财富，也会从"铁桶"的漏洞里流失掉。当然，如果你什么都不懂，而且只买了股票，那么就有些盲目冒进了，这也是不值得推荐的。

收益性

再说收益性。你也可以这样看，不确定性有两种发展方向：一种是往好的方向发展，一种是往不好的方向发展。如果往不好的方向发展，就定义成风险性；如果往好的方向发展，就定义成收益性。

收益性，简单来说就是投资回报，一年能赚 3%，还是 300%。

还是说回你俩的存款和股票。股票风险性这么高，为什么你敢投资，而且还有很多人趋之若鹜？因为它的收益性也高。

2021 年年初的时候，股市一路上涨。假设你已经买了股票，每天能多赚1000元。这个时候，你的同事手里只有存款，他会有什么反应？那感觉简直百爪挠心：明明你和他一样不懂，为什么你就能每天比他多赚1000元？原来担心风险的同事在你的收益刺激下，可能会立刻冒进起来，跟着一大群投资新手直冲进股市。心里想着早买一天多赚一笔。没想到没有迎来"牛年大牛市"，不到一周就发现市场里满是风险了。

和一味担心风险，不肯尝试投资类似的，还有一种不可取的投资态度，就是只一眼看上了收益，就忘了曾经的担心，一头扎进投资市场。

越是安全的投资，收益就越低；要想收益更高，就一定要承担更高的风险。注意了，这里风险性和收益性的因果关系可不能颠倒。如果你的投资越安全，相应地，收益就越低；但并不是说你的收益越低，风险一定小，如图 2-12 所示。反过来也一样，高收益一定要承担高风险，但是高风险不一定能带来高收益。

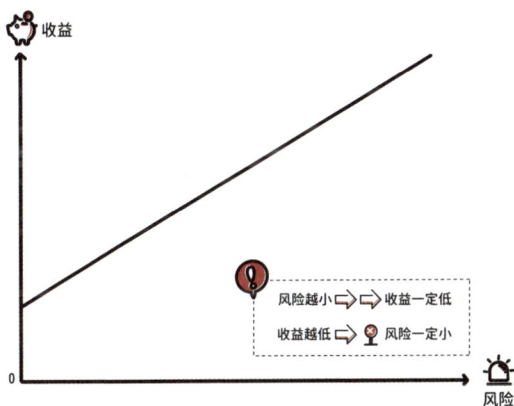

图 2-12　收益和风险的关系

收益和风险，就像一个硬币的两面，彼此依存，相互陪伴，都不是今天投资，明天就能拿到结果的。在你等待收益实现的过程中，任何时候都可能遭受风险。只盯着收益叫贪婪。只盯着风险叫恐惧。贪婪和恐惧都是人性的弱点，也是财富自由之路上你要勇敢面对的两只洪水猛兽。

流动性

最后，说说流动性。流动性是一个金融产品的变现能力，也就是从资产转变成货币的快慢。

比如说，余额宝 1 万元以内可以 2 小时到账，这个流动性就非常高。流动性越高，越适合短期投资；流动性越差，越适合长期投资。判断金融产品的流动性，要从投资的实操角度来考虑。

你同事偏爱的定期存款，流动性好不好？

按理说，一年期定期存款，要存够一年才能拿到利息。但如果你着急用钱，又不在意利息的话，定期存款可以随时转成活期存款，流动性是很好的。

你喜欢的股票，流动性好不好？

按理说，你可以随时卖出股票，流动性也很好。问题是，股票可能上下波动，如果此刻亏损了 40%，你会卖掉吗？如果觉得卖不了，对你来说股票实际的流动性就比较差了。

换一种可能性，你卖出的价格一直比成交价高，一直成交不了。或者这只股票今天跌停了，所有人都在卖，没有人买，你也卖不出去，相当于今天丧失了流动性。

所以，价格波动比较大的产品，哪怕天天可以交易，流动性也不一定特别好。

我要提醒你的是，随着你的财富体量不断增长，看起来不起眼的流动性往往比风险性和收益性还重要。多少企业破产倒闭，不是因为债台高筑，不是因为效益躺平，而是因为资金链突然断裂。在个人投资上，流动性的重要性也越来越突显。你要关注的不仅是某一类金融产品的流动性，更要关注投资整体的流动性，和家庭现金流的健康程度。

这一点，从金融市场上也能窥见一二。比如，2013 年中国银行业曾经闹过一次"钱荒"。银行之间 1 天的拆借利率一度飙到年化收益率 30%，好多银行都加入了"抢钱大战"之中，送米、送油、送手机来抢钱的方式都用过。

不可能三角形

在工作中，你有没有特别好的搭档？你擅长营销推广，她喜欢执行落地。你嘻嘻哈哈，他稳稳当当。

在和谐的家庭生活里，也是夫妻两个人相互扶持。你赚钱养家，她貌美如花。你温柔内敛，他圆滑开朗。

每个人都有自己的性格，不同的性格能发挥不同的作用，没有好坏高下之分。

"财富三原色"是财富最基础的 3 种性格。任何一种金融产品都是由这 3 种性格混合搭配而成的。由于流动性、风险性和收益性的不同组合，每个金融产品也有自己的财富个性。

在金融学中，有一个"不可能三角形"理论，如图 2-13 所示。不可能存在这样一种金融产品，它同时具有最低的风险性、最高的收益性和最好的流动性。也就是说，投资者必然要在流动性、风险性和收益性中进行取舍。

高收益

高换手率需要承担高风险

全部分流动性丧失投资期末

低风险　　　　　　　高流动

固定收益投资失去高收益机会

图 2-13　不可能三角形

因为"不可能三角形"的存在，你就可以知道世界上没有最好的一款金融产品。每一种金融产品都是由不同组合方式的财富三原色构成。财富三原色的不同组合可以搭建出不同个性的金融产品。

就像你和工作中的搭档、生活中的伴侣相互配合一样，金融产品之间也需要相互搭配起来，用彼此更擅长的部分在你的日常生活和财富增长中发挥不同的作用。

3 大财富账户

购买任何一种金融产品之前，你要依据财富三原色给自己做个整体规划，划分出 3 大财富账户，如图 2-14 所示。每一个财富账户都对应着一种财富三原色。3 个财富账户对于任何个人和家庭都缺一不可，因为它们承担了完全不同的财富作用。

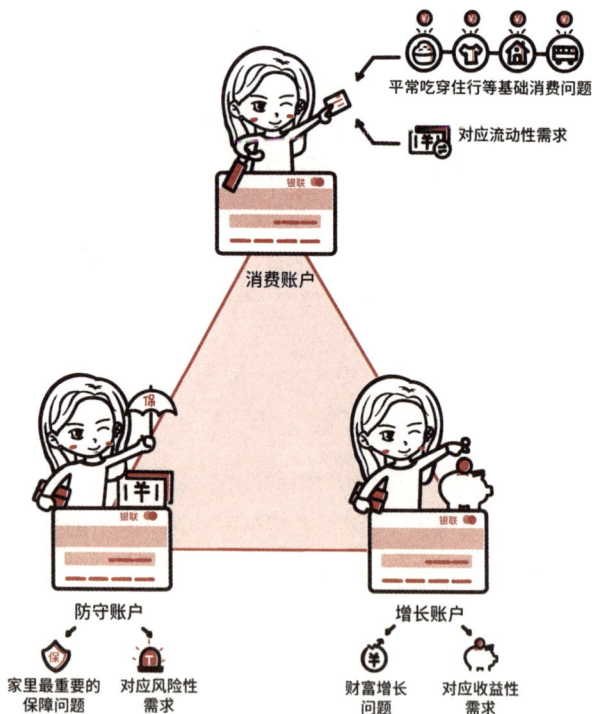

平常吃穿住行等基础消费问题

对应流动性需求

消费账户

防守账户

家里最重要的
保障问题

对应风险性
需求

增长账户

财富增长
问题

对应收益性
需求

图 2-14　3 大财富账户

这 3 个财富账户分别如下。

（1）消费账户：对应你的流动性需求，也就是日常消费问题。

一般来说，你要预留够家庭的日常花销。在消费账户中，常见的金融产品有银行存款、即时存取的银行理财、互联网金融产品及货币基金等。

（2）防守账户：对应你的风险性需求，也就是保障性问题。

有些投资新手因为第一桶金还没积累好，总想着快点赚钱，忽略了风险性需求。可是，风险不会因为没钱而消失。哪怕钱不多，保障也不能少。防守账户主要是一些保障型保险，比如用于报销医疗费用的医疗险、一旦确诊重大疾病时直接给付的重疾险、天灾人祸导致身体损伤的意外险，以及避免因生命终结导致家庭陷入经济危机的寿险等。

（3）增长账户：对应你的收益性需求，也就是解决财富增长的问题。

在增长账户里，有些产品的收益比较稳健，比如银行理财、债券基金；也有些产品在购买的时候并不知道未来能拿到多少收益，也就是收益是浮动的，比如公募基金、股票等。这个增长账户就是你"钱生钱"的主力军，一定要好好搭建起来。

阶梯原则

你的同事最近迷上了投资，不到一年光靠投资就赚了 3 万元。他得意得不行，就把自己和媳妇儿的积蓄都拿去钱生钱了。前段时间，他的肠胃炎引发了胃穿孔，要交住院费。可投资都没到期，根本取不出来。同事媳妇又急又气，最后半夜给你打电话借钱救急。

同事出了院，向你连声道谢，你拍拍他的肩膀说："钱，还是要用在刀刃上。要读懂财富三原色，搭建 3 大财富账户，你就不会这么被动了。"

科学理财，要从建立自己的 3 大财富账户开始。在具体实操时，请遵照"阶梯原则"让钱跟着你"平步青云"——财富增长就像上台阶一样，要稳稳当当地一步步往上爬。每一步都走得踏实安稳，才能把自己努力赚来的钱，踏踏实实地揣进兜里。

配置 3 大财富账户的"阶梯原则"很简单：首先搭建消费账户，其次配齐防守账户，最后才是增长账户，如图 2-15 所示。请你记住：这 3 大财富账户的配置顺序特别重要，如果盲目追求投资收益率，颠倒了资金的使用顺序，可能会因小失大，最后倒霉的还是自己。

图 2-15 配置 3 大财富账户的"阶梯原则"

5. 每个人都需要的 4 笔钱

上初中的时候，我玩过一款游戏叫《模拟人生》。在游戏里学习、恋爱、工作、投资，成长过程中有很多选择，每个选择引导我走上不同的人生道路。活了一辈子，游戏结束的时候，屏幕上回顾了过往的很多细节。

一幕幕电影一般的游戏画面，当时带给我很多震撼，让我觉得如此真实。我强烈地感受到：是我的每一次选择，每一次坚持，每一次鼓起勇气，才走出了这一世的奇妙境遇。

财富的生命周期理论

以人的生命为标尺，你和财富的缘分大概是这样画上刻度的：

从出生开始到工作之前，成长阶段你的使命以花钱为主。学费、生活费以及各种见世面的费用，主要是由父母支付的。

从工作到结婚前，你有一段单身阶段。一个人吃饱，全家不饿。收入不多，支出可控。不必养房子、养车子、养孩子，刚性支出不多，是积累第一桶金的绝佳时机。但你也受到吃喝玩乐爱折腾的诱惑，世界那么大总想去看看，一不小心就有可能透支成"月光"。

告别单身，步入家庭成长阶段。养孩子、还房贷，成了很多中产家庭的刚性支出，压力倍增。幸运的是，很多人也会在三四十岁迎来事业和收入的快速攀升。站在前一阶段积累的基础上，你得以认真投入到提升收益率的复利增长过程中。换句话说，拉开贫富差距是从这个阶段开始的。

进入家庭成熟阶段，孩子已经毕业开始独立，你也跨进五六十岁的行列。收入不再增长，财富分化显著：有些人已经开始走下坡路，事业财富都还在积累，面对孩子结婚买房的压力苦不堪言。另一些人却明显跑起来更轻松了，事业财富达到顶峰，正在接近或者刚好实现财富自由。

不管怎么样，你都会进入退休阶段，大概是在六七十岁。你的身体机能不复从前，人生也许还有遗憾，有些来得及弥补，但财富基础是大前提。很多人对退休阶段的支出估计不足，在退休后不再有收入的情况下，生活品质下降明显，更增加了心理和身体上的压力。只要身体健康，财富自由能帮你给自己的人生更好地查缺补漏、不留遗憾。

图 2-16 是财富的生命周期理论。你正处在人生的哪个阶段，会做怎样的财富选择呢？

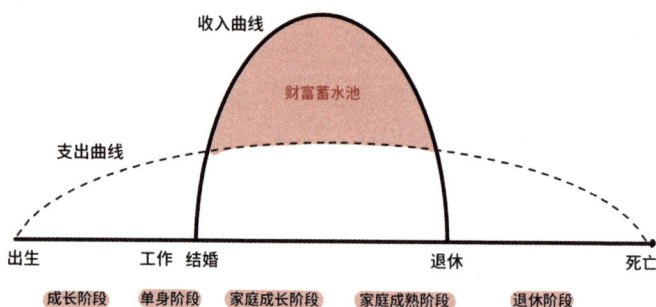

图 2-16　财富的生命周期理论

科学规划

选择，是提升效率的最短路径。

在《财务自由之路》一书中，作者博多·舍费尔总在重复这样一句话："大多数人都高估了自己 1 年内能做到的事情，也低估了自己 10 年内能做到的事情。"

换一个角度，你要思考的是：你是要花 3 个小时打探消息、盯盘，去抢可能赚到的 1 万元收益，还是用 3 个小时思考财富规划，节省出 3 年的无目的乱撞，一步一步探索 1000 万元的实现路径？科学规划，做出正确的选择，才能确保财富增长的加速度。

我接触到的很多学员都问我："薇薇老师，我手上有一笔钱，买什么更赚钱？"

我理解绝大部分人对财富增长没有清晰的概念，或者并不知道自己对财富增长有误解。哪怕是看起来比较会投资的人，也有很高比例的人群从没想过财富需要整体规划，或者干脆自动屏蔽财富规划这个步骤。"反正我赚钱了"是多数人心里力挺自己这样做的底气。

不是他们"没有手"，而是不知道如何"下手"，甚至不知道从何"下手"。在有没有"手"都一样的情况下，缺少整体规划的财富管理就成了"残疾"打法。你也许凭运气可以在 1 年内赚到 100 万元，但接下来的 9 年里，你有太多机会可以凭本事亏完这 100 万元。当然，你现在已经知道，在半年时间里亏掉了 1 亿元，也不是一件很难的事情。

我把科学的财富规划做了简化，方便你可以自行完成。当然你如果能找到身边靠谱的专业理财师，协助你完成也很好。

只需要有 4 笔钱，你就可以搭建起一套体系化的财富架构。如图 2-17 所示，这 4 笔钱分别是活钱、命钱、稳钱和长钱。

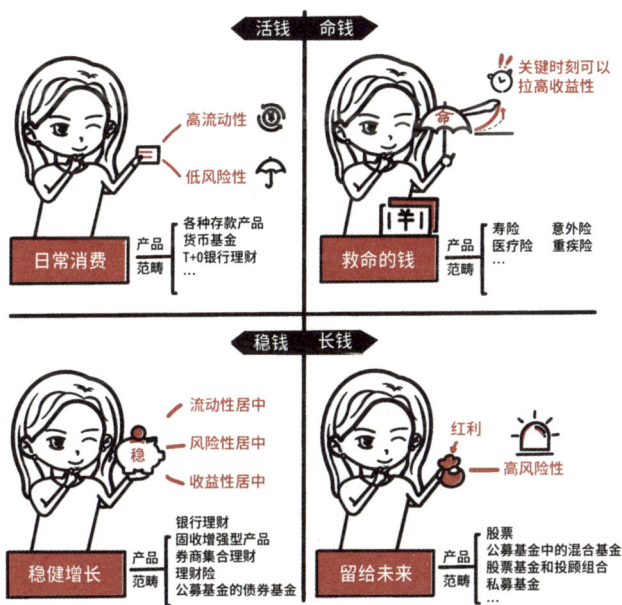

图 2-17　4 笔钱

活钱

活钱，顾名思义，以灵活取用为主。它是你随时需要用到的钱，一顿早餐、一趟地铁、一杯奶茶、一个红包，这些全都是活钱，也就是用于你日常消费、吃穿住行等生活刚性支出的。没有活钱，可真活不了。

在进行活钱管理时，要求就是流动性好、风险性低。根据"不可能三角"来推论，你也能知道活钱的收益性肯定不高。有了这样的财富三原色进行定义，活钱管理的产品范畴就比较清晰了：各种存款产品、公募基金里的货币基金或者货币基金组合、当天赎回到账的 T+0 银行理财等。这些产品都有接近现金一样的灵活取用的特点，也叫作现金管理工具。

3 大财富账户中的消费账户，其实就是进行活钱管理的。预留多少钱放在活钱里合适呢？你可以根据自己的生活习惯，预留 3~6 个月的生活支出，以及这期间可预见的大额支出，比如孩子的学费等。

命钱

命钱，顾名思义，关键时刻救命的钱。说白了，它就是你购买保障型保险的钱。除了国家发福利、企业掏成本的社会保险，你还要给自己购买商业保险。命钱负责在救命的关键时刻，让你秒变有钱人。

所谓保障型保险，指的是寿险、意外险、医疗险、重疾险这种和你生命、健康紧密相连的保险，不包括有任何投资增值属性的理财险。命钱首先确保的是急用钱时能有钱。

注意，这里的"有钱"指的是有现金，而不仅仅是有资产。随时变现是关键，也就是流动性必须特别好。也请你理解，保命的钱不能有风险，所以日常也不会有收益。只不过在真的动用命钱的时候，借助保险的杠杆功能，可以瞬间拉高收益性——这就是关键救命时刻，秒变有钱人的配置逻辑。

在进行命钱管理的时候，有些人会犹豫。特别是很多低收入的中青年问我，"我手上就这么一点点钱，买了保险，怎么投资呢？"可是，谁知道明天和意外哪个先来呢？这是面对风险时，每个人不同的个性化选择。

不买保险，当意外先来的时候只能认栽，或者求助别人，把自己的命交出去，任人选择。看起来求的是运气，赌的是概率，其实放弃的是生命和生活质量的选择权。

买了保险，一旦意外先来，手里有的是借助杠杆放大的现金。尤其是低收入群体，自己辛辛苦苦攒的钱，都不一定够救命，但保险却能帮你秒变有钱人。而且从追逐财富自由的角度来看，你投资的钱在整个过程中碰都没碰过——它可以不受意外拖累，继续恣意增长。

3大财富账户中的防守账户，其实就是进行命钱管理。如果你已经成家，一定要准备好所有家庭成员面对风险所需要的钱。这个金额在人生的不同阶段会发生变化，一般来说命钱建议占据家庭收入的8%~15%。

稳钱

稳钱的特点，当然就是以稳健为主。稳钱作为增长账户中的一部分，核心逻辑是在尽量不亏损的前提下，确保财富稳健增长，获得比活钱更高的收益。稳钱，就是你财富自由之路上稳稳的幸福。

从配置逻辑上来看，稳钱的流动性没有高要求，但风险性不能太高，因此收益性可以保持相对中等水准——比活钱更高，比长钱更低。这里说的是预期收益。稳钱收益比活钱更高，多数情况下是可以实现的，比如，一般来说债券基金比货币基金的收益更高。但是，长钱的收益能不能实际上跑赢你的稳钱收益，就存在不确定性了。

有了这样的财富三原色进行定义，稳钱涉及的产品也比较清晰了：主要是债券资产打底，包括很多银行理财、公募基金的债券基金或固收增强型产品、券商集合理财，还有一些看起来投资周期特别长，但实际上有中短期流动性的理财险，都可以归入稳钱的范畴。

长钱

长钱，是留给未来的钱。可以是给孩子的大学学费，可以是给自己的养老钱，长钱是财富自由的中流砥柱，能够借助长线投资获得更高收益。长钱，是提升收益率的关键。

长钱之所以要拉长周期，是因为风险性最高。长钱获得收益的方式是抓住行业红利和市场机会，获得长期甚至超额收益。高风险性有一个隐含推论，那就是不管理论上流动性好不好——产品能不能随时赎回，实际上流动性是受限的——当出现暴跌、亏损等情况时，你很难认栽离场，把长钱变现。这就是我把高风险产品叫作"长钱"的原因。

基于这样的财富三原色定义，长钱主要包括这些金融产品：以股票或股权为核心资产的产品，比如股票、公募基金中的混合基金、股票基金和投顾组合、私募基金等。

稳钱和长钱，都属于 3 大财富账户中的增长账户范畴。这里有一个原则，叫作"闲钱投资"，也就是，用至少 3~5 年内不需要动用的钱来进行投资。一旦用日常生活花费的钱、关键时刻救命的钱来投资，在出现短期亏损的情况下，心态会立刻崩塌。影响投资收益不说，更会给生活带来巨大问题。

6. 本章小结

选择，是提升效率的最短路径。所以，你在投资理财上投入的每一分钟都会变成自己兜里的真金白银，特别是理财之前的增长模型选择。

复利增长曲线的前期路径就是从加减运算开始，在时间的助力下，后期跑出指数运算的。根据"财富自由 = 第一桶金 × （1+ 收益率）^{时间} － 生活成本"这个公式，调整每一个核心因素都能影响你的"钱进速度"。从 0 开始积累的时候，你要想尽办法增加第一桶金，且不要盲目地追求过高的收益率。随着投资能力的增长，你的目标是持续获得正收益，并借助时间的力量不断放大。

重视财富是一种好习惯。应急指标、偿债指标、投资指标、收益指标和财富自由指标，这些指标的逐步提升也伴随着你离财富自由越来越近。

流动性、风险性和收益性是"财富三原色"。根据"不可能三角形"，取长补短是金融产品搭建组合的大前提。和"财富三原色"一一对应，在投资理财规划中也要建立 3 大财富账户——消费账户、防守账户和增长账户。

科学规划，才能确保财富增长的加速度。只需要有 4 笔钱，你就可以搭建起一套体系化的财富架构。这 4 笔钱分别是活钱、命钱、稳钱和长钱，在日常消费、关键救命、稳健投资、提升收益 4 个方面，借助财富三原色的不同搭配，涉及各种不同的典型金融产品。

第 2 部分

直达人生第一个
100 万元

第3章

活钱管理

1.逃离 2 个消费陷阱，告别月光

被誉为"经营之神"的台塑集团创办人王永庆有句名言：节省 1 元钱等于净赚 1 元钱。你赞成吗？

王永庆自创了一套瘦鹅理论。他说，人要学习瘦鹅忍饥挨饿，用刻苦耐劳的精神面对困境，并以坚毅的态度等待机会到来。他的具体解释是多挣 1 元钱的生意会受外在环境的限制，但节省 1 元钱可以靠自己的努力，所以节省 1 元钱就等于净赚 1 元钱。

企业经营可以努力省钱，日常生活也要这么紧巴巴地过吗？

如果你赚来的收入已经通过日常消费花掉了，那么从财富增长的视角来看，你花掉的钱和你从没赚过这些钱其实是一样的。但是，如果这笔钱存下来了，它就有可能转化成你实实在在的资产，参与到搭建你的财富自由之路中。从这个角度讲，节省 1 块钱等于净赚 1 元钱确实是成立的。

道理不难懂，为什么行动这么难？

便宜陷阱

现在请你做个小测试：

两件包邮、1 元换购、满 100 减 50、买 1 赠 1、两折优惠……

请你老老实实地回答自己：看到上面这些促销语，你有没有忍不住心跳加速、嘴角上扬？

很多时候，不怪你消费免疫力低，而是商家太狡猾！

在商品营销上，这是一种典型的消费心理偏见：买东西的时候，如果你付出的少而得到的多，直觉上就会觉得很划算。精明的商家出售的不仅仅是商品，更是捡漏的感觉。一旦你悄悄地萌发出"好便宜"的想法，接下来就会顺理成章地害怕"以后没有这样的机会了"，于是就跟着多巴胺买买买了。

问题是，看似会计算，其实被算计。你这是掉进商家的"便宜陷阱"了。

痛快地买买买之后，问题没有变少，反而更多了：

每天都为穿什么发愁，满柜子衣服，就是缺少一件适合的；

头脑一热买了按摩椅，在角落里静静蒙灰；

去年双 11 买的纸巾和洗发水，到了今年双 11 还没用完；

买了 360 度都好看的高跟鞋，结果没有适合穿的场合；

……

扎心不？

拿铁因子

比起冲动消费，更吓人的是习惯性的不必要消费，也叫作"拿铁因子"。

拿铁因子是美国畅销书作家大卫·巴赫提出来的。他说，"一杯拿铁咖啡 20~30 元，看着不贵，平时也很少会在意价格。可如果每天一杯，夫妻两个人 30 年的消费积累下来，却是高达 70 万元的一大笔支出。"

被称为世界第八大奇迹的"复利"，可不是只在赚钱的时候发挥作用，在你消费、"月光"的时候也能迸发出恐怖的威力。

媛媛听完我的课，回家就做了一次"物品大清洗"：把家里用了一次的烤箱、没拆封就过期的化妆品、孩子只玩了一次的玩具、老公买的跑步机等各种闲置物品的价格都加起来，看到结果后后悔得不要不要的。她说，"薇薇老师，这些钱都够我在老家买两套房子付的首付了！"

看似不起眼，但房子就这样被悄悄花没了。

在写这本书的过程中，新冠肺炎病毒仍在肆虐。疫情期间，谁都有可能因为路过某个路段被要求在家隔离。我干脆坐在瑜伽垫上试着冥想，感受我周围的家具物品：如果在写书期间我被隔离了，有多少可以吃的食品，其他物品能发挥什么价值，还有哪些东西"形同虚设"——只是为了买下那一瞬间的满足感。

注意力在哪儿，财富就在哪儿

在互联网大规模普及的这些年里，很多传统行业都进行了互联网升级。扒开这些新鲜有趣的外壳，从底层逻辑上看只有一个真相：那就是收割你的注意力！通过低价和养成的习惯吸引你的注意力，把流量带上来之后再进行广告投放。

你的注意力，就这样悄悄地被卖掉了。而你，还在替人数钱。

你的注意力，才是更贵、更值钱的。因为，你的注意力在哪儿，你的财富就在哪儿。

如果你的注意力在消费上，在当下的享受上，你的财富就只能停留在当下。就像沃尔特·米歇尔教授给 4~5 岁的孩子做的棉花糖实验一样。一群孩子参与实验，每个孩子面前都放有一块棉花糖，如果他们愿意多等 15 分钟，就能额外得到一块棉花糖。那些忍不住提前吃掉糖果的孩子，注意力难以集中，长大后也容易半途而废。

你未来的财富，不正是今天忍住的不必要消费置换来的吗？

每一次购物决策都是一次财富选择：选择满足当下的需求，还是用来增加未来的资产。如果把注意力放在财富增长上，哪怕是通过冥想，你也能对当下的取舍有更清晰的判断。

毕竟，长得漂亮是优势，活得漂亮是本事。

2. 简单 5 步，攒下第一桶金

文文一直努力工作，也在努力花钱。用她的话来说，"如果不狠狠消费，有点对不起努力的自己。更何况，去年买的包已经追不上今年上进的自己了。"

疫情期间的工作变动，让"白富美"的文文变成了"白穷忙"。眼看存款越来越少，文文有了攒钱的念头。文文觉得，攒钱当然要从记账开始。于是，每次买完东西就开始认真记账：口红 220 元，地铁票 5 元，请大家喝奶茶 105 元，早餐 10.5 元……

可是坚持了一周多，文文要崩溃了。每天这么记账太琐碎了，以至于连原本很喜欢的工作，自己都有点提不起兴趣来。

文文的想法很好，但努力的方向错了。这样的流水账一直记下去，除了几十年后翻看起来，感慨一声当年的物价好便宜，我实在想不出还有什么意义了。财富增长虽然是个慢慢发生的过程，却不需要像苦行僧一样的打法。文文记账的目的其实是攒钱，这样的话不如换个简单但更有效的方法：

让告别月光的过程，不仅有钱途，更有乐趣。

现在，横在你和第一个 100 万元、第一个 1000 万元之间，有一条宽宽的河——月光。或者，叫作"手里没钱，该怎么理财？"

我用简单的 5 步攒钱法，已经带着数十万人开启理财第一步了。你要不要一起来？

第 1 步：储蓄的 10% 原则

如果你之前一直没能养成储蓄的习惯，或者不知道该拿出多少钱来理财，可以从储蓄的 10% 原则来入手。

简单来说，就是把家庭收入的 10% 用于储蓄，然后再考虑消费。这个方法如此简单、好记，对于绝大部分缺乏自我控制或者理财技巧的人来说，也很容易上手。

首先，收入再低，你也一定能存下10%。永远不要等到完美了再开始，你只有开始了才会很完美。

其次，先储蓄后消费是月光族摆脱月光的第一步，是脱胎换骨的历史性转变。没必要一下子给自己定太高的目标，坚持行动比停留在想象上更值得尊敬。

再次，当你开始体验到存钱的快乐时，你就对积少成多有了更直观的体验。如果还有余力，拿出工资的 15% 或 20%，我想对你来说就很自然了。

从 10% 开始，你已经开启了第一桶金的积累。

第 2 步：设置你的貔貅账户

说起貔貅，你一定不陌生，它是中国民间神话中的一种神兽，相传貔貅专为帝王守护财宝，汉武帝将其封为"帝宝"。貔貅和龙、凤、龟、麒麟一起，并称五大瑞兽，它最典型的特点是只进不出。结合这个特点，貔貅账户当然就是你的攒钱账户了。

在你的财富增长大计中，貔貅账户的设置能有效地把储蓄的 10% 原则贯彻下去。请注意，一旦开启理财，你就要准备好两个账户。

一个是你的工资账户。平时公司发的工资、奖金都会下发到工资账户里，你日常的开销也可以从工资账户支付。

另一个账户，就是这个貔貅账户了，也就是用于投资理财的攒钱账户。10% 的储蓄原则不是说说而已，从工资下发的那一刻开始就要及时转账到貔貅账户里才行，如图 3-1 所示。物理上的隔绝很重要，可以避免不知不觉中花掉原本要攒下的钱。

同时，这个转账的仪式感，也在时刻提醒你：你已经开始不一样了，你可以的！

工资账户　　　　　　　　　貔貅账户

图 3-1　转账到貔貅账户

第3步：自动转账，高效存钱

当然，作为一个地道的北京人，我一直坚信：轻松管钱很重要。能躺赢的事儿，我绝不让你费力气。哪怕是存钱，也希望你能采用舒服的姿势。

很多银行的网上银行 App 都可以设定自动转账功能。在你预先设定的日期，银行会根据你预先设定的金额自动把钱打到你指定的账户里。

也就是说，你可以在工资账户中设定每个月下发工资的日期（每月工资日）进行自动转账。可以将具体的转账金额设定成工资的 10%，把这笔钱转到另外一张银行卡上，也就是转到你用于投资理财的貔貅账户里，如图 3-2 所示。

自动转账功能的设定，只需要简单地设置一次，以后就可以连手指都不用动，每个月自动存钱到貔貅账户里了。毕竟，越简单的事情才越容易长久。

图 3-2　自动转账，高效存钱

第 4 步：开启你的消费账户

现在，钱已经开始攒起来了，你还要关注其他工资的去向。除了工资账户和貔貅账户，你还要开启第 3 个账户——消费账户。

工作不能让你财富自由，而理财可以。

即使这样，也不能活成金钱的奴隶。适当的消费以及消费管理，能更好地支持你的财富增长大计。花钱并不可怕，花钱而不自知才可怕，花钱而不自知又到了还钱的时候更可怕。

很多人说，告别月光的第 1 步从记账开始，比如：

早餐花了 3.5 元，上班地铁支付 5 元，座椅上捡了 1 元硬币，工牌遗失补了 150 元，中午外卖消费 19.56 元，外卖超时赔付 5 元，下午请同事喝奶茶 20 元……

坚持记账当然是个好习惯，可是这个手工记账的方法，能坚持一周的话已经实属不易了。坚持不下来真不能怪你，手工记账太琐碎了，一不小心还会漏记。好玩的赚钱方法你还没来得及体会呢，可千万别倒在存钱的起点上。

所以，我推荐你用信用卡。因为信用卡有个自动记账的功能，不用这么麻烦，银行会自动记录你的每笔支出，还能及时整理消费账单，供你随时查阅。借助信用卡的自动记账功能，你可以及时发现隐藏在莫名冲动下的"便宜陷阱"，以及日常习惯下的"拿铁因子"。

想象一下，周末闲暇的时候，你悠闲地喝着奶茶或红酒，一边对照着消费账单，一边盘算着下周的消费金额和范围。是不是再也不想回到自己辛苦记账的日子了？

第 5 步：给自己一个奖励

按照前面 4 步，你已经开始体验到告别月光、开启攒钱的快乐了。财富增长不是一蹴而就的事情，持续储蓄更是一个贯穿整个理财过程的动作。长期的复利，也需要长期的奖励。

在每个月发工资之前，你给自己上个月的第一桶金积累过程和结果打个分。只要完成了 10% 的储蓄计划，其他消费管理也都合格且满意，就可以给自己一个小小的奖励。比如，犒劳自己一杯奶茶、一顿大餐。让告别月光的过程，不仅有钱途，更有乐趣。

3. 钱怎样花才能越来越多？

在"借钱"这个问题上，不同年龄段的人"代沟"真的是有点大。

老一辈勤勤恳恳，秉承量入为出的原则，攒下一点钱就赶紧去银行尽早还房贷。年轻人超前消费，偶尔也会寅吃卯粮，享受生活却也可能不小心掉进圈套。好像谁都有道理。到底谁错了？

我的学员果果曾经是坚定的超前消费爱好者。她每年都追着买新出的苹果手机。官网上 9599 元的价格，在某消费网站上只要 9399 元，便宜 200 元不说，还可以免息分期！只要一点点手续费，果果就能立刻用上新手机，还能分成 12 期来还。可等她差不多还完钱的时候，却发现不对劲了：怎么越还越多，一共还了 11000 多元？

一开始买手机的时候，果果看到免息分期，就直接选择了分成 12 期来还，每期的手续费是 0.69%。果果其实留了个心眼儿，她用每个月 0.69%乘以 12 个月，得出年利率为 8.3%，感觉还可以，就直接购买了。问题出在哪里了？

消费分期有套路

一般来说，你在偿还贷款的时候，比如房贷，每个月是本金和利息一起还的。随着房屋贷款本金的减少，利息会越来越少。

可是在消费分期的时候，尽管你按时还款，贷款本金每个月也在减少，但是商家还是按照贷款总额来计算利息的。

也就是说，商家是按照一开始的总价 9399 元来计算全部利息，然后摊平到每个月，要求果果偿还的。

其实果果是有机会避免被坑的。商家虽然没有明说这个套路，但会提示果果每期需要偿还 848.34 元。如果果果认真计算一下，用每个月偿还的 848.34 元乘以 12 个月，就会发现总金额实际上是 10180 元，比商家宣传的 9399 元要高不少，比官网售价的 9599 元也高不少。按照最终偿还的 10180 元倒推贷款利率的话，果果实际承担的年利率是 15.35%，远远超过 8.3%。

消费分期的套路还没结束。为了获得免息分期，果果在网站的要求下，点击了"开通会员服务"，可她并没有看到密密麻麻的条款当中有一行小字"收取每个月 69 元会员费"。为了获得 12 期免息，果果不知不觉又多花了 828 元。手续费和服务费七七八八加起来，一共 11008 元。

果果以为捡了"大便宜"，其实多花了 1500 多元。

更多消费分期的实操知识（比如：账单分期的快速估算利率公式，选择哪个渠道的分期消费更划算）可以在我的音频课程"负债是工具，科学借钱有收益"中听到，到微信公众号"朝财课堂"后台发送"消费分期"，可以限时免费获取这堂音频课程！

借钱，是一种工具

尽管这样，你还不能得出"应该坚决避免借钱"这样的结论。因为如果你和小美相同的经历的话，可能会得出相反的结论。

小美也有贷款，攒了一年的工资并没有像小美婆婆建议的那样，去还小两口家里的房贷。

不仅如此，她的各种消费还坚持使用信用卡刷卡，没有不合理的手续费和利息，居然还免费兑换了 3 张机票，带着自己的小家来了一场说走就走的旅行。

小美的婆婆搞不清楚她是怎么做到的，花钱居然能赚出机票钱！这几年理财下来，婆婆也终于认可了小美在投资理财上是一把好手，对他们小家的"各种建议"也渐渐变少了。

现在，咱们回到最初的问题：到底谁错了？

老一辈人对借钱的担忧其实是对利息的担忧，这种担忧不无道理。果果高息买手机，就是因为没有搞清楚真实的借款利率是多少。别看商家用大字强调"免息分期"，请记住：一般来说，分期消费都有成本。

年轻一代热衷于借钱消费，只要能把控好利息，不仅没有额外的成本，用好了还能获得额外奖励。小美其实就是搞懂了借钱的方法，才能越花钱越有钱，越借钱越赚钱。所以，借钱是个工具，能帮你加速过上想要的生活。

借钱的核心，其实是利息。如果没有那么多借钱的套路，利息很低，最好低到尘埃里，利息变成 0，那么借钱就很合适。

在告别月光的 5 步攒钱法中，我讲过 3 个账户，除了工资账户、貔貅账户，你还要为自己的日常消费建立消费账户。我鼓励你多用信用卡，咱们首先看中的不是借钱功能，而是免费借钱，其次是信用卡的自动记账功能，可以自动记录你的每笔支出，以便你及时发现日常消费中隐藏的"便宜陷阱"和"拿铁因子"。所以，钱可以借，信用卡也可以用。如果你会用信用卡，能抵御"月光"和"消费套路"这些外敌入侵，就是给自己的财富自由之路构建起一座钢铁长城，如图 3-3 所示。

图 3-3 用信用卡积极攒钱

不仅如此，我再告诉你两个有关信用卡的妙招，为你争取更长时间的 0 利息，和越花钱越有钱的小窍门。

超长期 0 利息借款

使用信用卡有两个常见的日期：账单日和还款日。

账单日，就是银行给你发出上一期信用卡账单的日子，会明确给出你还钱的具体金额和明细。还款日，就是账单日之后要求你还钱的日子，根据账单日的金额请你结清借款。

请注意，只要在还款日当天或之前，全部还清上一期的借款金额，所有的借款都可以享受 0 利息借款。也就是说，银行借你消费的那些钱是不要利息的。从你刷卡消费的那天起，到银行要求的还款日，此期间叫作免息期。在免息期内，你所有的刷卡消费都可以享受 0 利息。从各家银行的规定来看，这个免息期最长可以达到 40~50 天。

你该怎么利用这条规则呢？

日常使用信用卡消费，你可以随时按需刷卡。如果遇上大额消费，你可以掐指一算，挑个"黄道吉日"。所谓大额消费的"黄道吉日"，就是信用卡账单日之后的 3~5 天。这样，你就能享受尽可能长的免息期，无限接近 50 天，如图 3-4 所示。

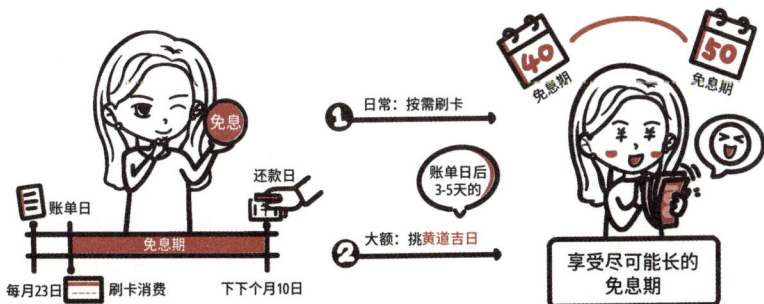

图 3-4　享受信用卡超长免息期

比如，你的账单日是每个月的 23 日，10 日是你的还款日。如果你在 23 号之前刷卡消费，就要在下个月 10 日偿还。如果你在 23 日之后刷卡消费，就可以在下下个月 10 日偿还。所以，如果你选择 24 日给孩子报一个 6000 元的学习班，就能享受最长的免息期。

关于这个用卡技巧，小美之前也问过我：学费这种大额支出，我控制不了刷卡时间，是不是无解了？

你的消费"黄道吉日"可以通过调整信用卡的账单日、还款日而改变。必要的时候，你可以致电银行调整信用卡下一期的账单日和还款日。

此外，我还给了小美一个锦囊：你可以办理 2 到 3 张信用卡，在月初、月末的不同时间，自定义合适的账单日，比如每个月的 10 日和 25 日。

这样，用不同的信用卡进行接力消费，就可以根据你的需要，把大额消费分解到更长的时间里，一直享受 0 利息的免息期，相当于自定义超长免息期。

聪明借钱有收益

用信用卡消费不仅可以自己挑选"黄道吉日"，还会获得信用卡积分作为刷卡的额外奖励。

信用卡积分，就是你每刷一次信用卡，银行会返给你的一点点小福利。你不需要额外付出任何东西，就有了用积分换礼品的机会：各家银行提供的具体换礼福利不同，但几乎都囊括了住宿、接机、代驾、礼品、信用卡年费、航空公司里程等各种实物或服务。

现在你可能明白了，我为什么坚持请你使用信用卡，而不是工资卡来进行消费了。

好处一：隔离工资，不要一下子把钱全花掉。

好处二：自动记账，替你及时整理消费账单。

好处三：免费借钱，还能自定义超长免息期。

好处四：刷卡换礼，用信用卡积分兑换福利。

信用卡消费，选择一家主消费银行会更方便，不仅消费账目管理比较清晰，信用卡积分也积累得更快。大额消费如果放在生日当天或生日当月，还可能获得双倍、甚至 10 倍积分。对于商务人士，办理常用航空公司的联名卡，用积分换机票更划算，比起其他的礼品，性价比也更高。

换到机票的小美就是这么操作的。小美和老公的工作需要经常出差。小美给自己办理了一张国航联名卡，两个人买机票都用这张卡，不仅消费清晰、方便报销，预订机票还会额外赠送 400 万元航空意外险。去年，她用老公和自己积累的 5 万多积分兑换了 3 张机票，带着孩子来了一场说走就走的旅行。

关于各大银行信用卡的经典活动和近期福利，在微信公众号"朝财课堂"后台发送"越花钱越有钱"即可获取，我会整理好了告诉你！

4. 一分钟掌握 4 种活钱理财工具

俏俏曾经得意地跟我说，"我最近开始投资了，用的是支付宝里的余额宝！"

等等！用余额宝是在投资吗？余额宝刚被推出来的那段时间，收益的确不错，收益率曾超过 6%。可是，在资产配置的框架里，余额宝的本质是货币基金，是活钱理财的工具，收益只比存款高一点点，一般算不上投资。

俏俏误把它当成投资，是因为支付宝进行过官方补贴，人为地推高了短期收益。这波操作从营销的角度来讲，效果很好。余额宝背后的货币基金直到现在都稳坐同类产品规模的龙头老大。但其实补贴只进行了一小段时间，实际收益早就跌回了正常水准。甚至由于资金量过大，收益比其他同类产品还略低一些。

靠谱的活钱理财工具是什么样的？有没有比余额宝更好的推荐呢？

活钱，主要是用来进行日常消费的，最重要的特点就是随时可能被用到，所以这部分钱必须特别"活"，也就是要保证具有高流动性。因为随时可能被用到，万一亏了可就麻烦了，所以风险性要低。高流动性、低风险性是活钱管理锁定的两个要求。

如果再贪心一点，能不能同时获取高收益呢？

个别时候，你也许赶上了余额宝这样的官方补贴，可以薅个小羊毛；大多数时候，你遇到的都是佯装小绵羊的大尾巴狼，不怀好意地盯着你的本金。所以，风险性低的产品不能要求收益太高。这样，高流动性、低风险性、低收益性就构成了活钱管理的财富三原色。

4 种活钱理财工具

你身边有 4 种主流的活钱理财工具，它们分别是货币基金、银行短期理财、券商短期理财和国债逆回购，如图 3-5 所示。

货币基金：与余额宝类似的理财工具，是公募基金公司发行的活钱管理工具。除了公募基金公司，你还可以通过支付宝、微信，或者银行、券商等买到这类基金。收益率能跑赢余额宝的货币基金有不少，起投金额直接低至 1 分钱。着急用钱的话，赎回到账也只要 1 个工作日。

银行活期理财：银行的活期理财也常叫作 T+0 理财，通过银行进行活钱管理，是很多中产家庭理财的常见方式。只不过，2021 年前后开始，这些理财产品不再由银行发行管理，而是由银行旗下的理财子公司接手。在有些银行，已经可以买到其他银行理财子公司发行的产品了。银行活期理财的起投门槛过去是 5 万元，现在很多产品已经下调到 1 分钱。着急用钱的话，也是 1 个工作日就能到账。

券商活期理财：证券公司发行管理的活钱理财方式，比如"深交所和上交所质押式报价回购业务"，是证券公司以自有资产质押向你融资的过程。也就是说，你买了券商这类的活期理财，到了时间它会返还本金，支付收益给你。不是所有证券公司都有资质售卖报价回购产品，这类产品比常见的收益凭证产品的起投金额（5 万元）更友好，一般起投金额只有 1000 元。和货币基金、银行 T+0 理财不同，报价回购产品的持有期限是固定的，比如 1 天、3 天、7 天、14 天、28 天，一直到 273 天不等，有些产品还可以选择自动续期。你可以根据需要选择适合自己的期限，像 1 天期的报价回购产品和银行 T+0 理财的流动性就很相近了。不过要注意，购买券商活期理财需要首先开通股票账户。

国债逆回购：和券商短期理财方式非常像，只不过这次不用证券公司的自有资产来质押，而是换成了国债，安全性更高了。国债的持有人以自己手里的国债作为质押向你融资，也是到期之后还本付息。和报价回购产品类似，国债逆回购也有固定期限，从短期的 1 天、2 天、3 天、7 天到中短期的 28 天、91 天、182 天等时间都有。一般来说，收益率和货币基金差不多，赶上节假日市场资金短缺，也能在短期冲到 20%，甚至 30% 的年化收益率。同样，国债逆回购也需要先开通股票账户才能操作。

活钱理财工具一览表

种类	货币基金	银行活期理财	券商活期理财	国债逆回购
起步门槛	0.01元	0.01元	1000元	1000元
发行机构	公募基金公司	银行理财子公司	证券公司	国债持有方
投资期限	随时赎回	随时赎回	短期固定期限	短期固定期限
到账规则	T+1到账	T+0到账	到期后T+1到账	到期后T+1到账
收益（2022年4月）	7日年化收益率2%左右	2%～3%	2%～4%	2%～3%
购买渠道	公募基金网上银行券商交易系统互联网平台等	网上银行	券商交易系统	券商交易系统

图 3-5　4 种主流的活钱理财工具

两招提升活钱收益

对绝大部分人来说，货币基金可以实现 1 分钱起投，而且线上线下很多渠道都能买到，是适用范围很广的理财工具。手上有点闲钱的话，你也可以买点儿。虽然通过货币基金很难赚大钱，但拿到活期利息的 5~8 倍还是很轻松的。我教你两招筛选货币基金的方法，一分钟跑赢余额宝收益。

第一招：个人投资者比例高，货币基金更容易赚钱。

打开货币基金的"详情页"，在"持有人结构"里能看到有个人投资者，也有机构投资者。不要挑选机构比例太高的货币基金，机构投资者的比例最好不超过 40%。

这是因为机构太聪明了，随时都在进行买卖操作。等你想用钱的时候，如果赶上机构也用钱，就可能遇到"大额赎回顺延"。也就是说，如果你比机构投资者慢了一步，那就只能等第二天再来早点取了。万一这时你又刚好着急用钱，那可就麻烦了。

更何况，货币基金在短短一天内规模变化很大，无论是进来很多钱，还是出去很多钱，都会影响它的整体收益。所以，下次看到机构投资者占比高的货币基金，请绕行。

第二招：资金规模不大不小，货币基金更容易赚钱。

在货币基金的"详情页"，"基金规模"更是重点。我建议你挑选中等规模的货币基金，50 亿元到 400 亿元之间的往往收益率更高。

货币基金的资金规模太小，没有谈判的筹码，拿不到高收益。可是如果规模太大，价格就被自己砸上去了，收益反而低了。这就是资金量庞大的余额宝，在整个货币基金产品中收益率只排在中下位置的原因。

现在，你就可以立刻动动手指，给自己选择一款合适的活钱产品了。

我在微信公众号"朝财课堂"中已经给你筛选好了值得投资的货币基金，在后台发送"榜单"就能看到了。注意哦，这个榜单每个月都会免费更新给你！

5. 升级当老板，让财富自转起来

别老想着自己手里的钱太少，不值得理财。只要会理财，你还能原地变出更多！

国企工作的嫒嫒这样问我，"薇薇老师，我明明有工资，可以直接买买买，为什么非要用银行的钱来消费呢？"

答案就是，你自己的钱，要忙着去赚钱！从现在开始，你也可以使用"杠杆"——和所有亿万富豪都超爱用的赚钱逻辑是一样的。

从经济学的角度来看，虽然"无债一身轻"，但你的投资收益都是用自己的钱赚来的。适当负债，用好了"资金杠杆"，你才能用别人的钱为自己赚钱。也就是，把钱当成一种资源进行调动。

接下来，就是你从工薪阶层"一键升级"当老板的过程了。更美妙的是，当老板的过程还不需要你操心，只需要简单设定，就能从此高枕无忧，直接"躺赚"。跟着我做下面简单的 4 步，搭建你的财富自转系统吧。

第 1 步：自动存钱

你现在拥有 3 个理财账户，它们分别是工资账户、消费账户和貔貅账户。

工资账户，是你所在公司发工资奖金的代发工资卡，每月工资日会准时发放工资给你。消费账户，是你在银行办理的信用卡，用于日常刷卡消费。貔貅账户，是你在银行办理的储蓄卡，专门用于攒钱，以及投资理财。

首先，你通过网上银行，设置自动转账。在每个月的工资日可以自动转走工资的 10%，把钱存到你用于理财的貔貅账户里，这就是"自动存钱"，能够起到隔离消费，有效存钱的作用。

第 2 步：自动记账

无论花多少钱，使用信用卡进行消费。借助你的消费账户，也就是信用卡的使用，可以实现自动记账。

我要提醒你的是，使用信用卡或者其他贷款的前提是，你能够按时还钱，并且争取到免息，不计后果的超前消费不在现在讲的搭建财富自转系统的范畴里。这一部分如果你存在执行上的困难，请回到前面的"告别月光"部分来解决。

第 3 步：自动还钱

通过网上银行，关联你的消费账户和工资账户，也就是设置从工资卡到信用卡的"自动还款"。通过设置"自动还款"，到了信用卡的还款日，银行就会自动从你绑定还款的工资卡里扣掉该还的钱，直接转到你的信用卡上进行还款。一般来说，工资卡和信用卡需要在同一家银行。如果通过支付宝还款，还可以实现不同银行的自动还款。

嬛嬛说，她之前也出现过几次信用卡逾期，有时候是因为真的还不上了，有时候只是自己忘记还了，如果能自动还钱，可就太好了。

在设置自动还款时，我建议她做以下两个选择：

第 1，将信用卡的还款日设置为工资发放日之后的两天。

嬛嬛的信用卡还款日是每个月 3 号，她的工资发放日是 10 号。尴尬的是，她每个月还钱的时候，恰恰是自己最缺钱的时候。我建议嬛嬛，把她的还款日调整为 12 号。这样，既不给自己意外剁手的机会，也不会因为财务偶尔晚发了工资，影响了她的还款大计。

第 2，设置"全额还款"。

自动还款会有两个选项，一个是全额还款，一个是最低还款。如果你想锁定银行的 0 利息，一定要选择全额还款。不到万不得已，不要选择最低还款额，因为 0 利息会立刻变脸，变成年利率 18% 的高利息。

如果你也像嬛嬛一样发现了问题，可以通过拨打银行信用卡中心的客服电话、亲临银行柜台或者登录网上银行，及时进行调整。

第 4 步：自动赚钱

现在，就到了建立财富自转系统（如图 3-6 所示）最享受的时刻：自动赚钱。

操作方法特别简单：每个月发完工资之后，你用一部分工资立刻购买货币基金。这里的精髓就是：银行把钱免息借给你用；你自己的钱忙着"钱生钱"。一般来说，货币基金的收益率能达到 1.5%~3%。

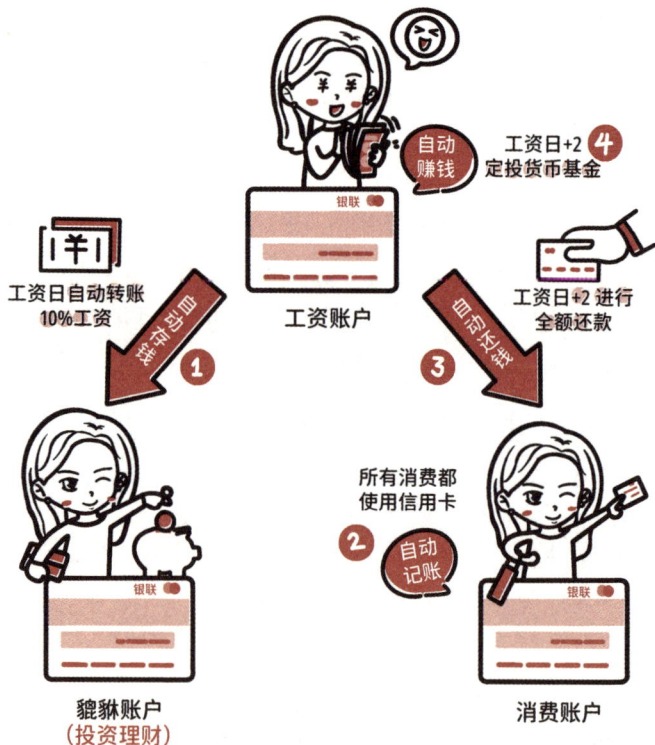

图 3-6　财富自转系统

记住，你只需要一次性设置好基金定投功能即可：在工资卡上选定一只货币基金，选择"新增定投"，指定好投资基金的金额和日期。购买的金额，就是你每个月的日常消费金额，可以参照"自动记账"部分来设定。购买的日期和信用卡还款日一样，可以设定在工资日之后两天。整个过程不会超过一分钟，从今往后，你就能开启"自动躺赚"了。等下个月还款日之前，记得手动赎出来就好。

理财的目的，是享受生活

现在，你也可以建立一套"财富自转系统"了。一共包括4步：自动存钱、自动记账、自动还钱、自动赚钱。通过这套"财富自转系统"，让你秒变管钱能手，轻松打理自己的收入和支出。

毕竟，理财的目的，是更好地享受生活。

嬛嬛家的"家庭财富自转系统"就是这样建立的：

1、自动存钱

嬛嬛夫妻俩每月10号会收到16000元工资，挣得多花得多，一直攒不下钱。嬛嬛给两个人都设置了自动转账，把工资的10%，也就是1600元，转到用于投资的貔貅账户里。不知不觉中，一年多攒了19200元。这些钱嬛嬛拿来进行指数基金定投，进到了夫妻俩的长钱管理账户。

2、自动记账

不仅如此。嬛嬛家的消费都是通过信用卡支出，省去了每天记账的烦琐。观察了两个月的账单后，他们减少了每个月2000元的不必要支出，日常消费稳定在10000元左右。这样，一年多存了24000元左右。

3、自动还钱

嬛嬛夫妻俩都是每个月10号发工资，使用老公的信用卡消费，给嬛嬛办了附属卡。信用卡的账单日是12号，她设定了自动还款，每月准时从工资卡中扣款还钱。现在，嬛嬛可以用银行的钱来消费，用自己的钱来赚钱了！

4、自动赚钱

发了工资后，老公的工资卡会自动定投 10000 元的货币基金。等到家里用钱，或者信用卡还款的时候，提前把货币基金赎出来使用。一年下来，嫒嫒家该吃吃该喝喝，而这些货币基金帮嫒嫒家凭空多赚出几百块钱。收益看起来不多，可是嫒嫒也只是动了动手指，操作了一次。1 分钟的操作就赚到几百块，赚钱的效率也是相当高！

你看，你日常生活最基本的存钱、花钱、赚钱全都包含在这个财富自转系统里了。从今天开始，你也能闭着眼睛玩转管钱这件事了。

凭借着轻松管钱的技能，和老公确立恋爱关系后的第一个月，我就接管了他的工资卡。现在有了自己的公司，我在妈妈、妻子、女儿、老师、老板几个人生角色中不断切换，辛苦也很享受——好在，我已经建立了"存钱－花钱－赚钱"的财富自转系统。

白. 本章小结

王永庆表示：节省 1 元钱等于净赚 1 元钱。你的注意力在哪里，你的财富就在哪里。所以每一次购物决策都是一次财富选择：选择满足当下的需求，还是增长未来的资产。

坚持行动比停留在想象上更值得尊敬。手里没钱，该怎么理财？设置你的工资账户、消费账户和理财账户，通过重构它们之间的关系，开启储蓄的 10% 计划。让告别月光的过程，不仅有钱途，更有乐趣。

借钱是个工具，能帮你加速过上想要的生活。借助信用卡的自动记账功能，你可以规避便宜陷阱和拿铁因子。利用免息期设置和积分换礼，你还能实现 0 利息借款，甚至越花钱越有钱。

以货币基金为例的活钱理财，是玩转手头用于日常消费的小钱的做法。让你身边的每一分钱都时刻处在钱生钱的漩涡里，是养成持续赚钱习惯的开始。搭建你的财富自转系统，让你身边的财富都不由自主地增长滚动起来！

第 4 章

命钱管理

1. 小投入避免大损失，秒变有钱人

本科毕业后工作的第 1 年，我的税前工资 3000 元，这并不影响我给自己买了第 1 份重疾险。

可是，当我给自己买第 1 份寿险的时候，我妈崩溃了。她每天找我谈心："你怎么能买寿险呢？有什么想不开的？你要是真有什么意外，这钱我怎么也不能碰啊！你快把它退了。快退掉，不吉利！"

在我妈苦口婆心、软磨硬泡了 1 个月之后，我就范了。真的，在爱你这个问题上，世界上没有比妈妈更不容置疑的存在了。我告诉我妈："我已经退掉了，你饶了我吧。"

当然，我怎么可能真的退了！好在我妈不是财富管理专家，不懂得查询是否已经退保。我在银行专门租了一个保管箱，里面就存着我的那张寿险保单。真的，在命钱先于投资的优先级，和我爱我爸妈这两个问题上，我也是不容置疑的。

我为什么这么坚定地买保险呢？

这要从保险的本质说起。

保险的本质

客观地说，保险不是万能的。

保险没办法让你不生病，也没办法让意外不发生。它只能弥补你的经济损失。钱不是万能的，没有钱却是万万不能的，尤其是在救命的时候。

2020 年全球新发癌症病例 1929 万例，中国新发癌症 457 万人，占全球 23.7%。其中，中国男性患癌新发人数有 248 万，中国女性有 209 万。2020 年全球癌症死亡病例 996 万例，中国癌症死亡人数 300 万，占癌症死亡总人数的 30%。由于人口基数大，患癌人数较多，中国的癌症新发人数和死亡人数都位居全球第一。[1]

1　数据来源：世界卫生组织国际癌症研究机构（IARC）。

也就是说，在中国，每天有超过 1.2 万人被确诊为癌症，每分钟有将近 9 人被确诊，或者说不到 7 秒就有一个人被"宣判"。当你从本章开始阅读到这里时，可能已经新增加了 10 个不幸的人。

多少家庭因为一次大病、一次意外，一夜回到解放前。在财富增长的道路上，从来不是一路坦途，只要不是致命的意外，你总还有东山再起的机会。你起来了，但是钱还在不在，是不是必须重新积累，这就和你的财富规划质量息息相关了。好的财富规划，是把意外折算成命钱进行管理，不让意外打乱财富的增长节奏。

小仙是个新手妈妈，宝宝一出生，就张罗着赶紧买保险。我逗她："你还没出月子呢，着急什么？"小仙一本正经地回答道："我想让孩子从出生开始，就做个有钱人！不管别人借钱，不看别人脸色，任何时候都能有钱看病。"

小仙说得没错。有钱，就是任性。有钱，也会让你失去很多东西，比如失去很多烦恼，失去很多焦虑，失去很多没必要的争吵，失去很多不愿面对的痛苦。

如果你会买保险，就能在遭遇风险的关键时刻，秒变有钱人。

所以本质上，保险是一种风险转移的手段，用确定的小投入转移不确定的大损失。

不能承受的两大生命之痛

什么是不确定的大损失？

对于普通家庭，两类常见的大损失很难扛得住，我管它叫作"不能承受的两大生命之痛"。

一类是健康风险。家里有一个人得了大病，他自己和家里人都得跟着受罪。如果刚好是家庭经济支柱，全家人的经济来源就有中断的危险。就算不是经济支柱，一旦确诊了大病，病多久、花多少钱这些都不知道，算是掉进了无底洞。如果自己手上没有钱，是靠借钱看病，还是靠别人捐钱看病？

2018 年，一篇名为《流感下的北京中年》的真实故事席卷网络。作者李可记录了岳父从小小的感冒，到感染未知流感病毒，最后发展到肺炎，还是没逃过阴阳两隔的结果。他写到：

插管后，ICU 的费用直线上升。预计插管能顶 72 小时，如果还不行，就要上人工肺了。人工肺开机费 6 万元，随后每天 2 万元起。我们估算了一下，把家里所有的理财（还好没有买 30 天以上期限的产品）、股票卖掉，再加上岳父岳母留下来养老的钱，理想情况下能撑 30~40 天。

那么 40 天以后呢？

要准备卖房吗？

夫人沉默良久，说："先卖东北的房子吧。爸爸恢复了也不能上 6 楼了。"

我："老家的房子短期内卖不掉，卖掉也就能撑个十几天。如果在 ICU 要呆很长时间，只能卖掉北京的房子。"

夫人："如果 ICU 住了 50 天都出不来，可能就真不行了。"

说完号啕大哭："他才 60 岁啊，刚办完退休手续，啥福也没享。要是像爷爷奶奶那样 90 岁了，我也不给他上这些折磨人的东西了，但一个感冒就走了，我不甘心啊！"

《流感下的北京中年》把普通人生生推到了疾病面前，逼着大家直视。

所谓"因病致贫"，世界卫生组织定义为：家庭因支付医疗卫生费用，而导致整体经济低于贫困线。站在全球疫情传播后的现在，谁有自信意外不会落在自己头上？不幸中招的时候，谁能拍着胸脯说已经有万全的措施，不需要更多的钱来救命？

另一类是生命风险。每个人从出生开始，就一定要面对生命终局。从某种程度上来说，健康风险还有可能因为幸运躲避，生命终局是对每个人都极其公平的结束。之所以称之为风险，不是结果可改变，而是时间不确定。没有人确切地知道，自己哪一天会被上帝请去喝咖啡。

如果你现在还年轻，责任相对比较少，最难过的是"白发人送黑发人"。如果你正背负中年压力，上有老下有小，又要还房贷、车贷，那么作为家庭经济支柱的你突然转身离去，对一个家庭来说简直是毁灭性的沉重打击。

保险的小投入

和这个不确定的大损失相对的，是保险的小投入。

每年拿出家庭收入的 8%~15% 来买保险，你就可以转移最基础但破坏力极大的健康风险和生命风险。就算一下子拿不出来太多钱，几百块、几千块的小投入也能解决很多大问题。

还记得我背着我妈买的那份寿险吗？当时我贷款买了房子。

买房的同时，顺便给自己买了一份定期寿险。每年一两千元的花费，会保障我在 30 年内不管因为什么原因不在了，我的身故受益人都能拿到 100 万元现金。

我想得很清楚：我是独生子女。我在，是爸妈一辈子的小棉袄；我不在，没有任何人能顶替我，这会是他们一辈子的遗憾。哪怕我决定不了终局时间，但至少我得让自己能安心地走。

如果我不能替爸妈养老，至少我买的房子能替我——这套房子不会生病，不会离世，不会闹脾气，也不会结婚，更不会改变对我的承诺。我就是把我的父母托付给我的房子了。希望在难过之余，他们不必替我操心房贷，可以得到一套完完整整的北京核心区域的房产。至少，我不会那么遗憾。

我甚至想得更多，比如我把房贷提前还清了，这份寿险怎么办？事实上，我也的确因为买第二套房，把第一套房贷提早还清了。我可以不再缴纳这份定期寿险，选择终止保单。我也可以继续缴纳，因为结婚生子后，我又有了新的"不舍"。我在受益人里加上了儿子米粒儿。在他成人前如果我遇到了意外，原来给房子预备的 100 万元就给儿子了。当然，现在的经济实力也允许我做更多更全面的准备了。

而这一切，在我刚工作两年的时候，只需要每年拿出一两千元就能完成规划，性价比太高了！有了这一份寿险保单，我活得更通透、更踏实了。

一举两得的是，我不仅转移掉了生命风险，也能更安心地投入到财富增长的持久战中了。

如果你还没开启命钱管理，不妨立刻行动起来。如果担心钱不够，别忘了你的存钱神器"貔貅账户"。"貔貅账户"原本是帮你积累第一桶金的，每个月帮你自动存下 10% 的收入。命钱管理要在稳钱和长钱之前开启，防止因为意外打乱财富增长计划。你可以优先使用貔貅账户来买保险。10% 的资金不够投资的话，相信你也有更多动力，抓紧增加收入，积累第一桶金了。

4 种基本保险产品

普通家庭常见的两大类风险——健康风险和生命风险，对应着 4 种基本保险产品，分别是转移健康风险的重疾险和医疗险，转移生命风险的寿险和意外险，如表 4-1 所示。它们都属于商业保险范畴，也就是需要自己掏保费，找保险公司进行购买。

表 4-1　普通家庭常见的两大类风险和 4 种基本保险产品

风险类型	对应险种	具体定义
健康风险	重疾险	重疾险，就是重大疾病保险，主要针对病情严重、不易治愈、花费巨大的疾病进行保障，比如恶性肿瘤（也就是癌症）、中老年人高发的心脑血管疾病等。
	医疗险	医疗险，是一种报销型保险，能报销生病住院期间的医疗费用。
生命风险	寿险	寿险，就是不管因为什么原因（免责条款以外）导致的身故都可以理赔的保险。
	意外险	意外险，只保因为意外导致的身故，如果是因为得病身故了，它是不会理赔的。

转移健康风险的产品有两种：重疾险和医疗险。

重疾险，有一个特别明显的优势：它是给付型产品，也就是只要保险公司理赔了，你就能拿到一大笔钱，随你用来做什么都可以。哪怕你用医保报销过，保险公司也不会过问，这笔钱该给你就给你，是女人最愿意收到的那种"花"——"随便花"。

医疗险，比重疾险的保障范围大很多，一般包括门诊责任或住院责任。和重疾险不同，医疗险一定要有符合条件的真实花费才能报销。

很多医疗险的保费都很便宜。以常见的百万医疗险为例，成年人可能只需要花 300 多元就能获得 100 万 ~300 万元的保额[1]。医疗险往往分为高中低档，不同档次的医疗险，责任也不同，比较适合作为医保的补充，医保内外的医疗费用都能报销。

小仙家夫妻两个人都买了 30 万元的重疾险，又加了 100 万元的医疗险来作为补充。一旦谁得了癌症，首先可以用医保报销，高于 20 万元以及不在社保名录里的实际花费则可以用医疗险来报销，最高 100 万元。除此以外，小仙家还可以自由支配 30 万元的重疾险赔偿金，用于孩子上学、赡养老人、偿还房贷等，哪怕 5 年内没有收入也不用担心。而这些，只需要每年几千元的保险预算。

转移生命风险，也有两种保险产品：寿险和意外险。

寿险，是一款先买给经济支柱的保险。然而，市场上一直流传着"要先给家庭经济支柱买保险"的说法，使很多全职妈妈受到了误导。

全职妈妈小婉也是其中之一。因为预算有限，她给老公和孩子买了重疾险，却没有给自己买。去年，才 32 岁的小婉被确诊为乳腺癌，老公却直接人间蒸发。一个全职妈妈，没有任何收入，还带着孩子。小婉该怎么自救呢？

全职妈妈在婚姻生活中，往往处于弱势群体。家里的经济压力是老公在扛，有了孩子以后支出也在增加。全职妈妈在生活费里都要省吃俭

1　根据年龄、条款等，具体价格因人而异。

用，往往没有经济自主权。问题是，一旦发生健康风险，要不要救自己，要拿出多少钱救自己，这就变成拷问老公的灵魂时刻了。如果现在身体健康的时候，答案都不敢想象，那还是提前想尽办法给自己买个保险来保底吧。

我再破除一下谣言：不是所有的保险都要优先买给家庭经济支柱，优先买给家庭经济支柱的只有寿险。这是为了防止经济支柱突然离世，导致家庭收入中断，生活难以维持，所以小孩子没有必要配置寿险。但是，像重疾险、医疗险这些转移健康风险的保险产品，无论收入多少，都应该给每个家庭成员配置。

如果预算有限，可以先用更便宜的意外险补充或替代。上帝请你喝咖啡一般会用两种借口，一种是疾病，一种是意外。意外险，只保因为意外导致的身故或者受伤，要是因病身故了，它是不保的。当然，意外险是真便宜，50 万元的综合意外险只需要 300~400 元，200 万~300 万元的航空意外险只需要几十元。

2. 有了医保和医疗险，看病不用愁

2020 年，新冠肺炎疫情以迅雷不及掩耳之势席卷全球。

在我国基本医疗保险基金的守护下，截止到 2021 年年底，新冠病毒疫苗累计接种 28.3 亿剂次，这是人类历史上的一次壮举。

你有没有过这样的想法：有这么强大的医保护体，我没必要买保险！

医保，到底是什么？

基本医疗保险

医保，也叫基本医疗保险，是社会保险（社保）的一种。从你上班的第一天开始，公司就和你一起承担社保的费用，也就是咱们平常说的"五险"。这里的"五险"包括养老保险、医疗保险、工伤保险、生育保险和失业保险。你平时最常用的就是医疗保险，可以报销日常的医疗费用。

可以说，医保卡是除了身份证以外，每个人最重要的证件了。很多人都已经形成了这样的认知：只要拿着医保卡，看病就可以报销。

2018 年国家医保局成立以来，持续开展医保药品目录准入谈判，通过谈判降价和医保报销，仅仅在 2021 年一年内，就为国民减负 1494.9 亿元。《国家基本医疗保险、工伤保险和生育保险药品目录（2021 年）》收载了西药和中成药共 2860 种，其中，西药 1486 种，中成药 1374 种，另含中药饮片 892 种。

可是，当菲菲不幸被检查出胃癌，前后手术花了 20 多万元之后，医保只报销了 10 万元。

这是因为医保报销有一些限制：

首先，医保有起付线，低于起付线的部分你要自己掏腰包。所谓起付线，是说每年只有花到一定金额才能开始报销，否则都需要你自己掏腰包。

关于起付线，每个地区不一样，菲菲所在的北京，起付线是 1800 元。如果一年到头只花了几百元看病，这些钱只能自掏腰包。

其次，医保还有封顶线，也就是报销额度。每年的医保报销额度大概在 20 万~30 万元左右，遇上花销大、治疗久的病，肯定不够。

再者，社保有药品名录。药品名录指的是在医保系统内，为药品进行的种类划分。有的药品可以全部报销，有的只能报一部分，还有的全部需要自费购买。尽管医保局很努力，但是很多治疗大病的特效药、副作用小的进口药，医保还是不能报销的。"一粒药上千、一盒药上万"就是坊间对抗癌药的形象总结。

最后，医保还有报销比例。根据你所在的地区，你的医保类型、就诊医院等级等对应了不同的报销比例。

毕竟，医保是一项国民福利。

哪怕你每年只交几百元，都能报销好几万元。更贴心的是，医保明年照样朝你敞开大门——永远不会把你拒之门外。这样对每个人都不离不弃的医保是国家投入了大量的资源去守护的。所以，医保最核心的目标是覆盖更广泛的群体，让每个人都能享受最基本的医疗保障。

我在微信视频号里讲过很多与社保相关的话题，已有上百万的观看量，更多实用的内容还在持续更新。如果你也对社保感兴趣，可以搜索微信视频号"王朝薇"观看更多内容，欢迎留言评论。

随着医疗成本的不断攀升，仅仅依靠国家福利可不是长久之计，你还需要商业医疗保险。

商业医疗保险

商业医疗保险，也就是常说的医疗险，是保险公司针对疾病或意外伤害造成的医疗费用进行补偿的保障型保险。医疗险是对基本医疗保险的升级补充，可以分为门诊医疗保险和住院医疗保险两类。

市面上单纯保障门诊责任的医疗险越来越少了。这是因为身体健康的人往往看不上只有几千元理赔额的门诊医疗险，但是经常跑医院的老病号们却觉得非常实用。久而久之，这个险种就遇到了"逆选择"——只有确定要理赔的人会购买，在保险公司看来，这就成了赔钱的买卖。

与此同时，以住院医疗为主的医疗险却越来越火，百万医疗险就是其中的一种。顾名思义，百万医疗险，就是拥有上百万医疗报销额度的保险。无论你有没有医保，都可以购买百万医疗险。百万医疗险之所以能火也很好理解：手里拿着 500 元，你更愿意买对应 5000 元的门诊报销产品，还是对应 100 万元的手术和住院报销产品呢？

百万医疗险购买要点

市面上百万医疗险的种类繁多，选择高性价比产品可以关注以下 3 点：

第 1，续保条件。

医疗险一般都是一年期短期产品。被保险人在保障期间如果出险，进行了理赔，后面再续保时可能因为身体不达标而被拒保。选择医疗险时，注意查看续保条件，尽量选择无须重新审核、无须重新健康告知的产品。

第 2，保障责任。

常见的百万医疗险包含一般医疗和重疾医疗，其中包含的特殊门诊、特效药和靶向药种类等会有不同，可以按照需要选择。如果你对医疗品质有特殊要求，那么可以重点关注质子重离子保险金，以及其他增值服务，比如就医的绿色通道、医疗垫付等。

第 3，报销限制。

百万医疗险是医保的重要补充。从百万医疗险的报销顺序来看，一般是先由医保报销，再减去百万医疗险的免赔额，最后在百万医疗险的限额内都可以报销。不同的百万医疗险可能有不同的报销比例，筛选的时候要注意。有些百万医疗险对是否有医保没有限制，可以优先配置给没有医保的家人。

解释一下免赔额。百万医疗险一般都会有一定的免赔额，一般在 1 万元上下。你要尽可能选择免赔额比较低的，这样实际报销的钱就更多、更划算。

小芒果在 2019 年 1 月购买了一份百万医疗险，免赔额是 1 万元。2021 年 11 月，小芒果因为疾病住院花费了 25 万元。社保报销了 13 万元，再减去 1 万元免赔额，剩余的 11 万元可以用百万医疗险进行报销。

健康告知

"代理人跟我说健康告知上都填'否'，别的就别管了。这靠谱吗？"

"买保险前，要不要先给自己做一个体检？"

"我身体好着呢，就是甲状腺有点小问题，医生说没大事，不告知也没关系吧。"

购买保险的时候，上面这些问题你也碰到过吗？

无论你通过什么渠道购买保险，"健康告知"都是绕不过去的坎儿。不用犹豫，健康告知一定要如实告知。健康告知要是出了问题，你的保险还真可能就白买了。

10 年前，天生只有一个肾的小姑娘苗苗，通过互联网找到我寻求帮助。我帮她制定过一套保险的购买方案，好多保险代理人都说她肯定被拒保，我却在完全如实告知的情况下，为她赢得了 100 万元的重疾保额。

对保险公司来说，进行健康告知可以对投保人群进行"过滤"，使得进入"可能理赔保险池"的人身体更健康，同时降低保险公司的赔付率。

对你来说，只有在带病投保、骗保这样的事故有效减少的情况下，你的理赔时效才会更高。不那么健康的人有着更高的患病概率，如果你缴纳的保费都赔给了不该赔的人，这对身体健康的人来说也不公平。

如实健康告知，有利于保障所有人的公平权益。

健康告知到底是什么？

保险公司在接受你投保申请时会要求你填写健康告知书，以此判断是否可以给你承保，到底收你多少保费。如果你没有如实回答这些问题，比如有没有高血压或糖尿病，那么即使现在承保了，将来理赔也可能会遇上不必要的麻烦。

如果你已经遇到了健康告知问题，却不知道如何回答，可以在微信公众号"朝财课堂"后台发送"健康告知"，我整理了常见的健康告知问题和策略给你，别担心！

> 根据《中华人民共和国保险法》第十六条规定：订立保险合同，保险人就保险标的或者被保险人的有关情况提出询问的，投保人应当如实告知。投保人故意或者因重大过失未履行前款规定的如实告知义务，足以影响保险人决定是否同意承保或者提高保险费率的，保险人有权解除合同。

丑话，还是说在前面的好。毕竟，保险合同是一份你和保险公司签署的法律合同。你花钱买的是一份未来的安心，何必要给自己再添个堵呢？

3. 从理赔数据看重疾险筛选重点

世界上第一位做心脏移植手术的是南非外科医生克里斯汀·巴纳德（Christiaan Barnard）。1967 年，巴纳德把车祸逝者的心脏移植给一位心脏病人，手术十分成功，但由于使用的免疫抑制剂破坏了患者的免疫功能，因此致使患者术后 18 天死于肺炎。此后，心脏移植手术的成功率逐渐提升。

就是这样一位救回了上百位心脏、器官移植病人的医生，也有他无能为力的时候：尽管终于医治了病人，但很多家庭却在财务上"宣告死亡"。高昂的治疗费用，国家可以通过福利解决一部分，但是漫长的治疗周期足以让很多中产家庭在几年内失去收入来源。康复期的理疗和营养费用更是雪上加霜。

医生可以挽救病人的生命，却无法挽救一个家庭的"财富生命"。1983 年，克里斯汀·巴纳德的弟弟马里优斯·巴纳德（Marius Barnard）医生提出了一个创举：联合保险公司，为身患重大疾病的患者提供风险保障。这就是重大疾病保险的由来。

20 世纪 90 年代，重疾险进入中国。在 2006 年之前，保险业关于重大疾病的标准并不统一，也因此引发了不少理赔纠纷。

2007 年，中国保险行业协会和中国医师协会联合颁布了一版重疾标准，统一了最高发的 25 种重大疾病的理赔标准。

2016 年，在百度的搜索词排序中，重疾险超过意外险、寿险和医疗险，成为搜索量最高的保障型保险产品。

2020 年，保险行业协会和中国医师协会再次联手，将原有的重大疾病数量从 25 种扩展到 28 种，并将恶性肿瘤、急性心肌梗死、脑中风后遗症这 3 种核心疾病划分为重度疾病和轻度疾病两种。具体见表 4-2。

表 4-2　银保监会公布的 28 种重大疾病

银保监会规定必保的 28 种重疾			
1	恶性肿瘤——重度	15	瘫痪
2	较重急性心肌梗死	16	心脏瓣膜手术
3	严重脑中风后遗症	17	严重阿尔茨海默病
4	重大器官移植术或造血干细胞移植术	18	严重脑损伤
5	冠状动脉搭桥术	19	严重帕金森病
6	终末期肾病 / 慢性肾衰竭	20	严重川度烧伤
7	多个肢体缺失	21	严重原发性肺动脉高压
8	急性或亚急性重症肝炎	22	严重运动神经元病
9	良性脑肿瘤	23	语言能力丧失
10	慢性肝功能衰竭失代偿期	24	重型再生障碍性贫血
11	脑炎后遗症或脑膜炎后遗症	25	主动脉手术
12	深度昏迷	26	严重慢性呼吸衰竭
13	双耳失聪	27	严重克罗恩病
14	双目失明	28	严重溃疡性结肠炎

　　然而遗憾的是，还是有很多人对重疾险充满误解。更遗憾的是，在我见过想买重疾险的人里，因为健康原因不能买的人占到了一半。我用保险公司的实际理赔数据来给你讲讲真实的重疾是什么样的。

理赔数据解析

　　我汇总了 42 家国内保险公司 2021 年的理赔报告，总结出了 3 大重点，分别用表 4-3、表 4-4、表 4-5 来呈现[1]。

1　数据来源：各家保险公司官网或微信公众号发布的信息。

第 1，重疾险保额普遍不高。

重疾险是给付型[1]的，保险公司赔付多少钱，取决于你买了多少保额。从表 4-3 中给出理赔数据的几家保险公司来看，重疾险的平均保额都不高，集中在 10 万 ~20 万元之间。在遇到重大疾病问题的时候，实际保额相对于实际花费而言往往仍显不足。

表 4-3　2021 年部分保险公司重疾险件均赔款

2021 部分保险公司重疾险件均赔款	
保险公司	件均赔款（单位：元）
中国人寿	4.075 万
泰康人寿	15.04 万
北京人寿	8.2 万
农银人寿	12.1 万
国华人寿	15.03 万
海保人寿	21.19 万
同方全球人寿	17 万
中意人寿	23.73 万
前海人寿	10.72 万
恒大人寿	11.29 万
泰康养老	18 万
陆家嘴国泰	16 万
国富人寿	25 万
信美相互	23.1 万
弘康人寿	22.43 万

1　给付型保险：和报销型保险相对。报销型保险，如医疗险，要求有实际花费，在限额内根据实际花费给予报销。给付型保险，如重疾险，不要求有实际花费，只要达到理赔标准，就可以领取保险金。

第 2，中壮年出险率高。

41~60 岁普遍是重大疾病理赔发生率最高的年龄段。从表 4-4 中可以看出，各家保险公司的客户在 41~60 岁期间申请理赔的人数占比普遍高于 50%，部分保险公司在这个年龄段的理赔人数占比甚至超过了 80%。理赔人数次集中的年龄段在 18~40 岁期间，理赔人数占比在 10%~40% 左右。

表 4-4　2021 年部分保险公司重疾险理赔年龄分布

2021 年部分保险公司重疾险理赔年龄分布				
保险公司	0~17 周岁	18~40 周岁	41~60 周岁	61 周岁以上
平安人寿	2.00%	25%	62.00%	11%
太平洋人寿	1.60%	6.6% （19~35岁）	82.3% （36~59岁）	9.50%
光大永明	2.00%	41.00%	54.00%	3.00%
富德生命人寿	2.39%	36.55% （18~45岁）	60.45% （46~69岁）	0.61% （>69岁）
民生人寿	2.26%	11.92%	71.72%	14.10%
长城人寿	2.90%	34.08%	60.72%	2.30%
同方全球	2.00%	39.00%	57.00%	2.00%
人保寿险	3.12%	26.14%	64.88%	5.86%
招商信诺人寿	1.21%	54.03%	42.65%	2.11%
德华安顾人寿	1.15%	10.89%	59.74%	28.22%
恒大人寿	2.27%	27.33%	66.41%	3.99%
泰康养老	1.13%	43.75%	47.32%	7.80%
陆家嘴国泰	3.00%	41%	54.00%	1.00%
阳光人寿	3.12% （0~18岁）	21.24% （19~40岁）	61.65%	13.99%
前海人寿	2.52% （0~19岁）	17.87% （20~39岁）	45.59% （40~59岁）	27.02% （60岁以上）

　　总体来看，41~60 岁和 18~40 岁这两个年龄段普遍集中了超过 80% 的重疾险理赔件。一方面，这和老年人普遍出现保费倒挂[1]、保险意识相对淡薄、没有投保重疾险有关；另一方面，医疗水平正在逐步提升，重大疾病的确诊概率也在提升，确诊年龄也呈现了年轻化趋势。所以，尽早投保是关键。

　　第 3，癌症最高发，心脑血管次之。

　　从表 4-5 中保险公司重疾险理赔高发病种统计数据可以看出，癌症和心血管疾病占全部重疾险理赔的 80% 多。

表 4-5　2021 年部分保险公司重疾险理赔高发病种

2021 年部分保险公司重疾险理赔高发病种			
保险公司	恶性肿瘤	急性心肌梗死	脑中风后遗症
中国人寿	75.00%	8.00%	4%（脑梗死）
平安人寿	70.00%	8.00%	4.00%
太平洋人寿	74.00%	9.00%	4.00%
农银人寿	60.03%	6.51%	6.34%
人保寿险	79.70%	6.88%	2.79%
富德生命人寿	66.88%	11.71%	4.22%
长城人寿	78.22%	7.23%	2.59%（颅脑手术）
国华人寿	68.45%	9.34%	3.62%
德华安顾人寿	98.90%	3.50%	1.20%
中英人寿	80.00%	7.20%	2.10%
恒大人寿	68.02%	18.96%（心脑血管疾病）	/
信美相互人寿	63.10%	心脑血管疾病 21.1%	其他 15.8%

1　保费倒挂：所交保费总额大于保险金理赔额的情况，一般因为投保时年龄过高，导致保费升高引起。

续表

2021 年部分保险公司重疾险理赔高发病种			
保险公司	恶性肿瘤	急性心肌梗死	脑中风后遗症
合众人寿	68.49%	8.39%	6.32%
阳光人寿	75.24%	5.52%	3.92%

重大疾病保险

重大疾病保险，就是常说的重疾险，主要解决发生重大疾病时涉及的治疗费用、康养费用和收入损失。所谓重大疾病，一般来说治疗周期比较长，花费也比较多，和平时感冒发烧这样的小病有很大区别。

这就引发了一个大坑。很多人都说"我买过保险了"，可从没想过"是否买够保险了"。

保险额度，也就是保额，是理赔的时候保险公司赔给你的钱。先别管你要交多少保费，你得先知道自己到底需要多少保额，也就是算清楚保险公司给你多少钱够救命。

保险的逻辑很简单，买够了才能发挥作用。如果你的真实缺口是 60 万元，你只买了 10 万元，到头来剩下的 50 万元不还是要自己掏腰包？

如果已经清楚了保额应该是 60 万元，现在手头只够支付 10 万元的，那要么找行业专家聊聊，怎么能买到性价比更高的重疾险；要么努力赚钱，等明年或者后年进一步增加保额。这样，你才有明确的调整方向。

对了，关于重疾险保额的计算，也是判断你身边的保险顾问是否专业客观的好机会。

重疾险保额计算

重疾险到底配置多少保额够用？

你可以用这个重疾险保额计算公式（如图 4-1 所示），自己计算一下。

你的重疾险保额 ＝ 治疗费用＋康养费用＋收入损失

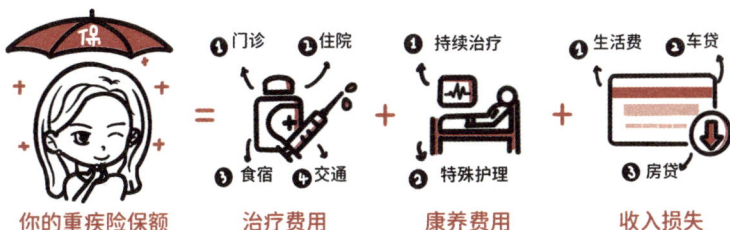

你的重疾险保额 = 治疗费用 + 康养费用 + 收入损失

图 4-1 重疾险保额计算公式

康养费用，就是养大病的钱。大病和小病的区别除了治疗费用高以外，还有一个特点，就是恢复周期长，有些大病还需要终身治疗。请你注意，康养治疗这种费用很难全部依赖医保解决，比如双耳失聪、双目失明、严重阿尔兹海默症、深度昏迷等，这些是需要持续特殊照顾的。

收入损失，是治疗和康复期间损失的收入。这一部分很容易被遗忘，但却是罹患大病后最真实的财富损失。还记得我讲的重疾险的由来吗？马里优斯·巴纳德医生就是为了解决患者家庭财务陷入危机才创造的这个险种。

你掰着手指头跟我算一算：孩子的学费、老人的赡养费用、家里的车贷和房贷是不是都可能因为一场大病而中断？这些费用加起来实际要花多少钱？如果不希望一场大病打乱所有的生活节奏，在因病没有工作收入的情况下就需要有人替你买单。重疾险就是最合适的选择。重疾险的保额可以根据你的需求进行调整，又能实现一次性给付，还不问你的具体用途。最重要的是，你可以借助保险的杠杆功能以小搏大，解决自己的大问题。

把治疗费用、康养费用和收入损失加起来，你就可以按照自己的实际需求来计算重疾险保额了。大致算下来，30 万~50 万元的重疾险保额是个起点。考虑到未来的医疗费用增长，对于中产家庭来说，我一般建议配置 100 万元保额打底。

重疾险购买步骤

明确了你的重疾险保额之后，就可以开始挑选重疾险产品了。在挑选具体产品的过程中，有 3 个关键步骤。

配置重疾险的第 1 步：看核保要求。

重疾险对健康有严格要求。哪怕医生说不严重的一些小毛病也可能导致你不能通过核保要求，或者引发保费上浮，也就是通常所说的"加费"。随着环境污染的加剧，工作生活压力的增加，不良生活习惯得不到改善，重大疾病的爆发越来越呈现年轻化态势。

一上来就想挑高性价比产品的话，很多人会失望的。因为重疾险的购买是以你的身体健康程度划分等级的，对于最健康的身体，保险公司才会以"标准体"承保。加费、除外责任、延期承保甚至拒保都有可能出现。一定要记得：趁年轻尽早配置重疾险，保费便宜不说，关键是只有足够健康的时候，你才有资格买。

配置重疾险的第 2 步：把保额做高。

买重疾险如何把钱花在刀刃上？

保费相近的情况下，优先把实际保额做高。

小柏拿着两款保费相似的重疾险进行对比，表面上来看，两款产品都是 40 万元保额。

但实际上，一款重疾险冠状动脉搭桥术（重疾）能赔 40 万元，微创冠状动脉介入手术（轻症）能赔 8 万元；另一款重疾险冠状动脉搭桥术（重疾）能赔 72 万元，微创冠状动脉介入手术（轻症）赔 16 万元，除此以外，还有中度类风湿性关节炎（中症）可以赔 30 万元。第 2 款产品的实际保额明显更高！

配置重疾险第 3 步：选适合的附加险。

预算允许的情况下，可以选择一些高性价比的附加险，花小钱办大事。

　　随着医疗水平的提高，重疾的治愈率也在提高。以高发的癌症为例，从理赔报告中可以看出，有些保险公司的癌症理赔率高达 80%。如果你的家人中也有癌症患者，建议加上癌症加赔 [1]，或者癌症二次赔付 [2]。

　　比如，癌症发生以后可以直接赔付保额，过了 3 年癌症再次复发、转移，或是新发了其他癌症，还可以再赔。这种附加险往往很便宜，却能花小钱办大事。

1　癌症加赔：保险公司对重大疾病进行理赔时，确诊癌症比确诊其他重大疾病可以给付更多保险金。
2　癌症二次赔付：当已经理赔过的癌症出现复发、转移、新发等情况后，保险公司可以再次进行理赔。

4. 面对意外，你也是有身价的人

我听过很多人这么说："薇薇老师，重疾险是我将来看病的费用。至于寿险，我就不用了吧。人都死了，我可管不了这么多！"

前几年，我跟一位知名的律师朋友有过一段关于买房的争论。

我这位律师朋友坚决反对贷款买房。5 年前，她代表外交部处理马航失联案件。当时，飞机上的很多失联乘客都是家里的经济支柱。我的律师朋友说，"赚钱的人一夜之间没了，银行却追着一家人老老小小还贷款，太可怜了。人没了，房子也没了，贷款买房太不靠谱了，绝对不能贷款买房。"

可我却有不一样的看法。追求财富自由，照顾一家老小，这不都是积极进步、对家人负责的表现吗？怎么能因为从一出生开始就时刻伴随我们的生命风险，连幸福生活都不追求了？只是在贷款买房的同时，你需要做好配套的命钱管理，问题就迎刃而解了。

方法极为简单：在贷款的同时，给自己买份寿险。

寿险

寿险，就是以死亡为给付条件的保险。一般分为定期寿险和终身寿险。如果说重疾险的赌注是病，那么寿险的赌注就是命。定期寿险赌的是一段时间的命，终身寿险赌的是一辈子的命。

在你积累 100 万元资产以及向 1000 万元资产迈进的过程中，可以优先选定定期寿险。定期寿险保费低，保额高，适合低收入和中产家庭转移生命风险。当财富积累到一定程度，你开始考虑向下一代进行财富传承时，终身寿险的独特优势和杠杆功能就会开始显现。这一部分，我留着以后讲给你听。

我自己买第一份寿险的时候，就受到了我妈的强烈反对。那是在我贷款买第一套房的时候，我偷偷投保并且保留下了这份责任——没错，买寿险从来不是给自己用的，那就是一份延续的爱和责任。

我是这么想的：我买房是希望将来过得更好，如果上帝寂寞了，想找我喝杯咖啡，我不能给家里人添麻烦——我可以去喝咖啡，我们家的房子不能。房子现在可以给我爸妈养老，未来还能替我养儿子。只要每年增加一千来块钱买份寿险，银行100万元的房贷就算被我搞定了。这样，我就能用小投入和自己的财富智慧给家里人最大的安全感。

对，我就要活成"站着是一台印钞机，躺下是一堆人民币"（图4-2）。

站着是一台印钞机　　　　　　躺下是一堆人民币

图 4-2　寿险的作用

寿险购买要点

定期寿险的购买方法也特别简单。所谓定期寿险，就是在一定时间里，比如二三十年之内，发生了身故才赔，超出这段时间一律不赔。

除了身故赔偿以外，我建议你选择有全残赔偿的定期寿险。全残，一般是因意外伤害或内在身体疾病导致的残疾，包括双目永久性完全失明、四肢关节机能永久完全丧失等特别严重的情况。

在购买定期寿险时，建议匹配你的借款，或者其他责任周期和所需要的金额。比如，你的贷款期限是20年，一共借款50万元，那么就可以选择定期寿险的缴费年限为20年，保额选择和借款金额一样的50万元就可以了。

无论身故还是全残，都不能再给家庭继续贡献收入了。保额除了要覆盖借款，还要覆盖家庭正常开支能够维持的部分。如果你是家里的经济支柱，千万不要把一家老小都一股脑儿丢给全职妈妈。别忘了，哪怕躺下你也可以是"一堆人民币"，这一堆人民币也就约等于你的身价了。

DIY 你的保险方案

小宁今年 30 岁，老公 32 岁，宝宝刚刚 2 岁。小宁夫妻两个人毕业后留在了上学的城市，一路打拼，相互扶持。小宁老公更是为了妻儿过上安稳的生活，常常熬夜加班，年收入 8 万元；小宁每年也有 6 万元的收入。一家人开销 5 万元，赡养父母的费用是 2 万元。今年，一家三口终于有了自己的小窝，也背上了 70 万元的房贷。

8 年后，小宁老公有一天熬夜加班，突然中风，看病花了 3 万多元。医生说接下来就是康复了，能好到什么程度，谁也保证不了。为了照顾老公，小宁辞了工作，针灸、PT、理疗、按摩，每天忙个不停。正在读小学的孩子因为没人照顾，只能送回老家。夫妻两个人都没了收入，每个月 7000 多元的康复费和 4000 多元的房贷却雷打不动。2 年下来，老公的病刚有点起色，攒了 10 年的 50 万元存款已经全花光了。

该不该给老公继续治病呢？

就像游戏重启一样，小宁眼睛一闭一睁，生活换了模样：

小宁老公开车上班时，因为疲劳驾驶发生了交通意外，抢救了三天三夜，花了十多万元，人还是没留住。老公转身走了，留给小宁的，是 10 岁的孩子，在老家没有退休金、已经 70 岁的公婆，还有一家人曾经温馨地住着却还要还贷的空房子。

小宁算了算未来 10 年的资金缺口：孩子的大学教育金 16 万元，老人的赡养费 40 万元，还有 56 万元房贷本金，生活费也要 60 万元。小宁的收入从每年 6 万元涨到了 8 万元，可她还是不知道，日子怎么才能过下去。还了 8 年贷款的房子不要了吗？总不能不让孩子读书吧。自己的妈妈最近一直住院，可真是负担不起公婆的生活费了。

小宁该怎么取舍呢？

对于普通家庭来说，经济上难以承受的风险有两种：健康风险和生命风险。生活不是游戏，不一定有机会重启。你要给自己留一个重启的机会。

馅饼是有的，可是天上掉不下来，只能小宁自己买。时间闪回到现在，小宁想用保险的小投入，改变家庭可能面临的痛苦选择。

小宁借助智能规划小程序"财富星盘"，得到了这样的建议：小宁的目标保额是重疾险 60 万元，医疗险 100 万元，寿险或意外险 180 万元。小宁老公的目标保额是重疾险 65 万元，医疗险 100 万元，寿险或意外险 180 万元。儿子的目标保额是重疾险 50 万元，医疗险 100 万元。这样的保额规划能够覆盖绝大多数时候小宁家面临的风险损失。

看起来保额不低，保费会不会很贵？

我建议小宁家可以先拿出 1 万元来投保。对于这笔保费，小宁打算用存钱神器"貔貅账户"来支付。通过自动存钱，"貔貅账户"帮小宁每个月自动存下 10% 的家庭收入，一年就能存下 16800 元，支付保费绰绰有余。

如果你也想亲手规划自己家的保险，我做了一张家庭成员风险梳理表（表 4-6）。你可以先写上每个家庭成员，再依次计算每个家庭成员对应的各种保额。

表 4-6　家庭成员风险梳理表

家庭成员风险梳理					
家庭成员统计			家庭成员 1	家庭成员 2	家庭成员 3
成员姓名					
风险类型	经济损失	险种选择	目标保额	目标保额	目标保额
健康风险	患重大疾病带来高额的治疗费用、康复费用和收入损失等	重疾险			

续表

家庭成员风险梳理					
家庭成员统计			家庭成员 1	家庭成员 2	家庭成员 3
健康风险	住院、手术产生的医疗费用	医疗险			
生命风险	身故，且会带来家庭收入的损失	寿险			
	意外事故导致的死亡、全残、带来的高额治疗费用、康复费用和收入损失	意外险			
健康风险的保额＝治疗费用＋康养费用＋收入损失 生命风险的保额＝日常开支＋负债总额＋赡养老人费用＋子女教育费用。					

你也可以借助"财富星盘"直接得出适合自己家的保险配置方案。在微信公众号"朝财课堂"后台发送"保险体检"，可以帮你解答具体的保险问题，也可以像小宁一样借助"财富星盘"一键规划保险方案。

如果你买过保险，一定要拿出保险合同看看对应的保额。绝大部分人的保额都远远低于真实需要。别忘了，保险买对买够，才能发挥作用。

5. 理赔不用愁，4 步就能轻松搞定

"买了保险，保险公司会不赔吗？"

你也有这样的疑问吗？其实，花钱买保险事小，要用钱的时候，以为有钱结果没钱，会耽误大事的。

买保险的核心要点是"以终为始"。买的时候，你就要想到理赔的问题。很多人有保险意识，买了一堆保险，却不知道解决的是什么问题。

影响你保险理赔的 3 个大坑，一定要知道。

保险理赔第 1 坑：买错保险或者没有保险

保险理赔第 1 坑，是你买错了保险，或者根本就没有对应的保险。说起来有点像个笑话，实际上没弄明白就花了钱的大有人在。买的时候没搞清楚，最终糊弄的还是自己。

说起来，小敏就遇到过这样哭笑不得的乌龙。她给自己买了一份意外险。出了交通事故，保险公司却说不能赔。还没来得及骂一句"保险都是骗人的"，小敏就被理赔员客气地怼回来了："您买的是意外身故险，只有身故了，才能理赔。意外导致的医疗费用，只有买了意外医疗险，才能赔。"

特别提醒一下，不同保险产品的保障期限不同。有的管一辈子，有的只保障 1 年，比如意外险、医疗险大多都是只保障 1 年的。有些保险保障期限到了，你却浑然不知。还有些保险，真的就是刚好银行卡里没钱了，忘记及时缴纳保费，结果导致保险合同失效。买的时候郑重其事，买完就忘了，结果导致不能理赔就太可惜了。

荣哥给全家买了重疾险后很是开心。几年后，荣哥的公司周转遇到了问题，就忘记继续缴纳保费了。时间一天一天过去。荣哥的朋友确诊了大病，多亏有重疾险的及时理赔，一下子拿到 150 万元的保险金。

荣哥的内心受到震撼，才想起来之前断缴的重疾险。经过查询，保

险已经停缴了 5 年,超过《中华人民共和国保险法》(简称保险法)规定的 2 年复效期,被保险公司解除了合同。荣哥想要再次投保,却发现自己没办法通过保险公司的核保要求,买不了重疾险了。

> 根据《保险法》第三十七条规定:合同效力依照本法第三十六条规定中止的,经保险人与投保人协商并达成协议,在投保人补交保险费后,合同效力恢复。但是,自合同效力中止之日起满二年双方未达成协议的,保险人有权解除合同。

保险理赔第 2 坑:不符合理赔标准

保险理赔第 2 坑,是你没达到理赔标准。保险是买对了,可是买保险的时候没有好好了解理赔标准。

比如,市面上很火的百万医疗险,一般有 1 万元的免赔额。也就是说,你每年花费的医疗费用,在 1 万元以内的可以用医保来报销,但不能用百万医疗险,只有超过 1 万元的时候才可以用。

丽丽有次意外扭伤了腰,看病花了 1000 多元。她找到两份商业保险,都包含意外医疗责任,向第 1 家保险公司申请理赔了这些费用后,她又向第 2 家保险公司申请了理赔,结果被拒绝了。

医疗险是用来弥补真实损失的。丽丽在已经得到理赔的情况下,她就已经没有损失了,也就无法继续申请理赔。报销型保险购买重复的话,只能白白花冤枉钱了。

保险理赔第 3 坑:不符合投保标准

保险理赔第 3 坑,是你没达到买保险的要求。这个理由更扎心了。买保险的时候,你没有如实告知自己的情况,没有被保险公司发现,可是在保险理赔的时候,保险公司却发现你并不在可投保的范围里。

比如,你的同事甲状腺指标异常,吃着药其实没什么事,也就没填写在投保申请书上。等到理赔的时候,保险公司发现她买保险的 3 年前,曾经确诊过甲状腺功能低下。当时，你的同事没有达到投保要求，现在，保险公司很可能就拒绝给她理赔了。

买了很多年的保险，要用钱的时候最终没赔成，多闹心。可是实话实说，保险理赔的这些坑，说起来都是买保险的时候偷懒了造成的。

保险公司的理赔环节其实没有那么神秘，做好以下这 4 步，就能轻松搞定保险理赔。

保险理赔第 1 步：保单收集

不管你从什么渠道购买了保险，也不管你花了多少钱支付保费，只要投保成功，你就会得到一份保险合同。电子版和纸质版保险合同都具有同样的法律效力。

请在收到合同后，及时收集所有保险合同并统一存放。如果是电子版合同，请及时下载，存在电脑或者硬盘里随时备查。为了方便存放，你也可以向保险公司申请纸质保单。

在保险合同中，你每年要缴纳多少保费、遇到什么问题可以理赔、如何获得保险金、理赔应该怎么办，这些你关心的问题都可以在这份合同里查到。

保险理赔第 2 步：保单整理

在收集好所有保单后，建议你进行保单整理，为每位家庭成员制作一份保险清单。在保险清单中，把不同产品的保险责任、缴费金额、保障期限、理赔信息、保险公司官方联系方式等核心信息及时整理出来。

不仅为了理赔方便，保单整理还能有效避免忘记缴纳保费、导致保单失效的情况。在保单整理时，一旦发现有重复投保的情况，也可以及时止损。

在保单整理的过程中，你也方便查漏补缺。由于收入有限，所以在保额暂时不足的情况下，你也能对自己接下来的投保方向有清晰的判断。

当然，在向专业的保险顾问咨询的过程中，一套清晰明了的保单整理也能节省沟通时间，帮你更快解决问题。

如果你从来没有进行过有效的保单整理，可以在微信公众号"朝财课堂"后台发送"保单整理"，我送你一套好用的保单整理表，方便你自行完成保单整理。幸运的话，还能抽中免费保单整理的专家服务。

保险理赔第 3 步：及时报案

遇到需要进行保险理赔的时候，请第一时间联系保险公司的官方渠道，越早越好。如果间隔时间太长，就人为地增加了保险公司核实理赔的难度和周期。

有了提早准备好的保险清单，只需要按照自己整理的信息告知保险公司就好。官方客服电话或者官方微信公众号都是特别快就能响应理赔服务的渠道。从理赔报告上来看，很多保险公司的理赔时效已经提升到了平均 1 天多。为了快速拿到理赔款，你还要准备好理赔材料。

保险理赔第 4 步：材料准备

保险公司的理赔过程是一个标准化流程。涉及疾病理赔，医院的诊断证明、门急诊病例、住院病历、检查报告等都是必备材料。涉及身故理赔，死亡证明、户口注销证明等材料一般都是必需的。

提交相关资料后，保险公司会进行审核，如果达到了理赔标准，就会把理赔款打进你的账户。

亖. 本章小结

　　保险不是万能的，却能在遭受意外的关键时刻帮你秒变有钱人。一方面把意外折算成命钱，利用杠杆放大财富作用；另一方面不让意外打乱财富的增长节奏，更踏实地推进长期投资。只需要用保险的小投入，就能转移生命不可承受的两大损失。

　　健康风险，是由于疾病带来的潜在开销。医生能挽救病人的生命，却不能挽救他的"财富生命"。合理配置医保、医疗险、重疾险等，这样各种健康费用才有人替你买单。不是买了保险就能解决问题，买够保额，保险才能发挥作用。趁年轻尽早配置保险，只有足够健康，才有资格买保险。

　　生命风险是每个人从出生开始就一定要面对的生命终局。之所以称之为风险，不是结果可改变，而是时间不确定。以命为赌注，寿险配置的逻辑就是"站着是一台印钞机，躺下是一堆人民币"。

　　丑话，还是说在前面为好。理赔问题大多可以在投保时提前处理好，比如一张家庭成员风险梳理表，通过保单收集、保单整理、及时报案和材料准备，希望你给自己留好一个重启的机会。

第 5 章

稳钱管理

1. 放进银行，就能稳稳赚钱吗？

我从北大本科毕业后，第一份工作是在银行。不同于年轻人对互联网金融方式的追捧，很多中产家庭和老年人都喜欢在银行买理财，觉得只有银行最靠谱。

小真以前也是这么想的。她买了 100 万元年化收益率 15% 的银行理财，结果收益没拿到，连本金也没了。和小真有同样遭遇的有 20 多个人，大家的总损失超过了 2000 万元。小真不明白，在银行买的理财，为什么会把本金全亏了！

银行理财，会亏钱吗？

不是银行不靠谱了，而是自己赚的血汗钱得自己在意！

在银行买理财，一般有两种情况会出现亏损。

第一种情况让人有点无奈，其实你买的不是真的银行理财。有些银行员工会私自销售非银行产品，或者根本就是虚构的一款不存在的金融产品。随着金融合规越来越严格，这种情况也越来越少。都是自己的血汗钱，多留个心没坏处。

小真遇到的，就是这样的情况。

第二种情况，你买的是不保本的产品。过去的理财产品大多都能保证本金安全，但是现在，保本产品已经很少见了。

2020 年 4 月，在某行购买原油宝理财的小葵，晒出了一份惊人的"成绩单"：用 388 万元本金去投资，最终亏损超过 900 万元。不仅本金全部消失，还倒欠银行 500 多万元！这大概就是你买了一张彩票，刮开一看，喜提"500 万元欠款"。惊不惊喜？意不意外？

说实话，在银行买理财，亏到这个程度也是前所未有的。这么可怕的"收益"是该行的原油宝产品和美国原油价格挂钩导致的。美国原油价格出现罕见暴跌，原油宝产品也跟着亏损。

你看，比不懂理财更让人难以接受的是，不懂还敢乱理财！

2022 年，全新的理财时代

投资就是这样：赚钱的时候很心喜，赔钱的时候很心疼。

如果你现在还坚持认为，银行有义务帮你保本，你的理财认知真的要赶紧更新一下了！从 2022 年开始，银行理财有个划时代的大变化。

2018 年 4 月，中国人民银行、证监会、银保监会、外管局等四部委联合发布了《关于规范金融机构资产管理业务的指导意见》，明确指出：金融机构开展资管业务时不得承诺保本保收益，金融管理部门对刚性兑付行为采取相应的处罚措施。也就是，从此打破刚性兑付。

所谓"刚性兑付"，就是无论发生了什么事，都能把你投资的钱原封不动地还给你。打破刚性兑付，就意味着你投资的钱，收益和本金都不一定能回来了。注意，我说的不仅仅是银行理财，其他的金融产品，包括公募基金、私募基金、资金信托，还有任何口头承诺收益固定的金融产品，在法律层面上都无法承诺保本保收益，除了银行存款、国债这种不受资管新规监管的产品。这意味着，你不能像以前一样，闭着眼睛买任何金融产品了。

原来的预期收益型产品越来越少了，取而代之的是净值型产品。净值型产品的意思是，每一份额按 1 元发售的话，如果一份额涨到 1.1 元就是你赚了 10%，跌到 0.95 元就是你亏掉了 5%。产品净值会上下波动，有亏损本金的可能性。

说到这里，咱们回到这一章的重点——"稳钱"的范围上来。"稳"不再指本金的 100% 绝对安全，而只是相对安全。"稳钱"理财，也就是本金相对安全、收益相对稳定的一大类产品的总称。比如，我接下来马上讲到的银行理财、债券基金等产品。

小真对这件事很不理解。她说，"我接受不了。收益没有也就罢了，为什么我投资的本金都可能拿不回来呢？"

　　听了我的线下课后，一位私人银行客户也问我："理财经理推荐我买的公募基金，是她说了根据计算，99%的概率能赚钱，我才买的。现在亏得一塌糊涂，我能去哪里告她吗？"

买者自负，你准备好了吗？

　　要解释清楚现在为什么不保本了，先要说说以前为什么能保本。

　　在金融市场里，风险本就无处不在。一直以来，都有各种各样的金融产品出现收益不达标，或者本金有损失的情况。为了不让客户流失，部分金融机构就选择自己来"兜底"。也许，你以前买的产品就出现过本金损失，可是银行没有告诉你。

　　一开始，个别金融机构在个别时候这样处理，问题不大。但是日积月累，当各家金融机构在很多时候都选择"兜底"的时候，风险就从市场集中到金融机构了。一旦金融风险过于集中，特别是如果银行出现重大风险，就可能伤及无辜，由广大的普通工薪阶层来"买单"。所以，更公平的方式就是"卖者尽责、买者自负"。请金融机构尽可能做好事前尽职调查和风险控制，也请所有理财客户提高理财能力，为自己的选择承担责任。

　　根据中国理财网的数据，截至 2021 年年底，不再承诺保本的净值型理财产品占比已经达到了 99.06%。随着打破"刚性兑付"，从法律合规角度来看，银行和其他金融机构都不再能给你"兜底"了。所以，从 2022 年 1 月 1 日开始，本金安全这件事就要靠你的理财能力来掌控了。你要自己直面投资风险，也就是"买者自负"。

　　你已经阅读本书到这里，我很想给你点个赞：因为你正在努力提升自己的理财能力。不管有没有法律和金融机构"兜底"，你正在努力成长为自己未来更多财富的守护者。现在，你花在学习投资理财上的每一分钟，一定会变成未来你兜里的真金白银。

2. 不再保本，4 个方法筛选银行理财产品

银行理财产品不再保本了，快去查查你自己买过的产品，还能不能继续持有？

你可以用这 4 个方法，筛选适合自己的银行理财产品，进一步提升你的收益。

方法 1：查询理财"身份证"

像小真一样买到"假理财"实在"太坑了"，各家银行也都在严厉打击。比起掉进坑里之后再辛苦维权，慢慢追讨，你还是先学会练就火眼金睛，给理财产品验明正身，亲手判断它是不是真的银行理财吧。

根据《商业银行理财业务监督管理办法》规定，商业银行不得发行未在全国银行业理财信息登记系统进行登记并获得登记编码的理财产品。也就是说，你可以通过核查银行理财的身份编码，亲自判断你真金白银买的到底是不是真理财产品。

银行发行的理财产品，在产品说明书上都有以 C 开头的 14 位产品登记编码。这个编码就像银行理财的身份证。你可以在银保监会指定的官方网站"中国理财网"上查询。在"中国理财网"首页，点击导航栏的"理财产品"，输入 14 位的产品登记编码，就能查到具体情况。

然然拿着父母给的 200 万元养老金，买了银行工作人员推荐的理财产品，投资期 5 年。过了 1 年，母亲生病住院，需要交手术押金。5 年的产品，到期时间还早着。这时然然才发现，这其实是一款养老保险产品，如果提前支取本金会有所亏损。

然然的父亲当场就发火了，"耽误你妈治病跟你没完！"病在亲妈身上，急在女儿心里。然然这才知道：理财收益哪怕不追高，只求稳，也要当心流动性的问题。要是真拿不出钱来，自己得有多后悔！

在银行里合规销售的金融产品，不一定就是理财产品。其他金融机构发行的金融产品，也可以放在银行里卖。比如，在银行里卖基金、卖

保险，都属于银行渠道代销的产品。银行成了一家"金融超市"，方便客户按照自己的需要挑选各类产品，也顺便赚个中间业务手续费。

方法 2：匹配对应的风险等级

金融产品都有风险等级之分，银行理财也不例外。借助银行的风险等级划分，你能清晰地看到对应的风险大小。

以银行产品为例，一般来说，分为 5 个风险等级，分别是低风险（R1）、中低风险（R2）、中风险（R3）、中高风险（R4）、高风险（R5）。这 5 种类型的产品风险等级是依次递增的。其中，R1 低风险产品就是曾经的保本型产品，现在不能承诺保证本金了，亏损的概率仍然很低，当然收益率也比较低。其余 4 个风险等级的产品以前就不属于保本型产品，对应的风险和收益变化逐个递增。

购买银行的理财产品，不管是在线下购买还是在线上购买，都需要做风险评估问卷，建议你如实填写。投资收益高确实很爽，出现亏损还是肉疼。根据自己的风险评估问卷结果，购买对应相同或者更低风险等级的理财产品，一旦超越自己的风险等级，就要承担更高的风险负担，要是真的亏损，还可能引发更多的投资问题。

方法 3：计算两种收益率

乐乐妈去某银行办理存款。一位工作人员热情地接待了乐乐妈，告诉她存款利息太低了，不如另一款产品收益高，过去一年的收益率达到60%。

乐乐妈心动了，用全部家当 50 万元买了这款产品。两个月不到，她已经亏掉 20% 的本金了。仔细一问才知道，这是银行代销的公募基金，这种基金买了很多股票。钱没挣到，本金已经亏了 10 多万元。

其实，这只基金的起投门槛本来就不高，1 元就可以买。过去一年的收益率达到 60% 也确实是存在的，只不过历史业绩并不能代表未来。

说到这，好多人对收益率是有误解的。投资中常见的收益率有两种，一种是年化收益率，一种是持有收益率。持有收益率，是从买入这个产品到卖出这个产品的持有期间内，你实实在在得到的收益率。

比如，乐乐妈投资亏了 10 万元，除以本金 50 万元，她的持有收益率是 $\dfrac{-10\,万}{50\,万}=-20\%$。

持有收益率的计算公式：

$$年化收益率 = \frac{持有收益}{本金}$$

虽然说持有收益是你实实在在拿到手的钱，但是每个人预期的投资期限长短不一样，你自己买的不同产品的投资期限也不一样，很难做对比。为了方便对比不同产品的收益情况，要把持有收益率转化成年化收益率。所以，投资中常见的第二种收益率就是年化收益率。

年化收益率，是按照当前的投资情况，持续一整年能够达到的收益率。这是一个理论上的收益率，方便不同期限的不同产品对比收益率。

乐乐妈买的这个产品，两个月亏掉 10 万元，她的年化收益率就是

$$\frac{-10\,万}{50\,万 \times 60\,天} \times 360\,天 \times 100\% = -120\%。$$

年化收益率的计算公式：

$$年化收益率 = \frac{投资内收益}{本金 \times 投资天数} \times 360\,天 \times 100\%$$

现在，你已经能够搞清楚很多重点了：你买的到底是不是银行理财，这个产品的风险等级和你是否匹配，以及如何通过年化收益率进行产品对比。如果你遇到了两款期限不同、收益也不同的产品，该如何取舍？我再给你讲一个进阶的理财产品挑选方法。

方法 4：换产品前算一算

小朝问："薇薇老师，我已经买了 100 万元的 A 产品，实际年化收益率达到了 3.5%，已经可以赎回了。本来还想继续持有，昨天在银行看

到了 B 产品，业绩比较基准为 3.8%。是不是应该立刻换成收益更高的？"

别着急！换产品的逻辑很简单：第一，看你能不能承受对应的风险等级；第二，换产品划不划算，不能只看年化收益率谁高，而是要算一算因为换产品错过的收益要多久能够补回来。

小朝应该这样计算：

从老产品赎回日（实际卖出日）到新产品净值日（实际计息日）之间，至少有 5 天资金空转。

如果更换产品，就会错过 A 产品这 5 天的收益。也就是：

$$100\ 万元（本金）\times \frac{3.5\%}{365}（日均收益率）\times 5（天数）=479\ 元$$

这 479 元就是 A 产品 5 天的实际收益。

$$错过老产品的实际收益 = 本金 \times \frac{年化收益率}{365\ 天} \times 错过天数$$

如果想要利用 B 产品把这个错过的收益补回来，看看到底需要几天：

$$\frac{479（A\ 产品\ 5\ 天的实际收益）}{100\ 万元（本金）} \times \frac{3.8\%-3.5\%}{365\ 天}（B\ 产品比\ A\ 产品多的日均收益率）=58\ 天$$

也就是，小朝要持有 B 产品 58 天，能把换掉 A 产品损失的 5 天空转收益补齐。换句话说，如果小朝不打算持有 B 产品超过 2 个月，不换产品比较划算。

$$利用新产品补足收益实际天数 = \frac{错过原持有产品的实际收益}{本金} \times$$
$$\frac{老产品年化收益率 - 新产品年化收益率}{365\ 天}$$

3. 不怕卷钱跑路，债券基金是首选

蕾蕾想在两年后换辆 10 万元左右的车，等孩子上小学了，刚好送孩子上下学。

她嫌银行理财收益低，可自己也不懂。她听说 P2P 收益高，收益率至少能拿到百分之十几，有的还能达到 20%，甚至 30%。蕾蕾看到 P2P 又是获奖又是明星站台，就跟着全买了。等到 P2P 集中暴雷的时候，蕾蕾发现：自己买的那家平台的老板已经带着钱跑路了。

对于绝大多数人来说，资金安全才是第一位的。都说自己的产品最安全，到底怎么辨别？

除了银行理财，蕾蕾还可以选择公募基金中的债券基金。

为什么公募基金不会跑路？

蕾蕾问我，P2P 能卷钱跑路，公募基金为什么不能？

公募基金跑路的可能性基本被堵死了，这大概和你养的金鱼想从鱼缸里逃跑难度差不多。

根据《中华人民共和国证券投资基金法》，公募基金分离了管理人和托管人两个角色。管理人是基金公司，管基金的投资运作，对增长业绩负责。托管人是银行，帮你看着钱，对资金安全负责。

在"基金详情页"中，你可以清晰地找到托管人信息。托管人不是谁想做都能做的，必须通过证监会和人民银行的资格审查。因为一旦发现基金管理人图谋不轨，托管银行都必须立刻上报给监管部门。公募基金能够持续健康发展，特别是近几年快速增长，和第三方托管制度有很大的关系。因为资金安全有保障，所以在圈内公募基金也被比喻成金鱼缸里养金鱼。

当然，我说的是公募基金不能卷钱跑路，可不是本金绝对安全。和银行理财一样，公募基金也要符合资管新规的要求，是不能承诺本金 100% 安全的。

公募基金的 4 大分类

都叫公募基金，但是不同类型的公募基金对应的风险和收益能力却相差很大。根据基金的底层投资资产不同，公募基金主要有 4 大类，分别是货币基金、债券基金、混合基金和股票基金。

货币基金在"活钱"部分你已经学过了。你经常用到的支付宝里的余额宝、微信里面的理财通，本质上就是货币基金。货币基金主要投资于风险非常小的货币类资产，年化收益率当然也很低，大概在 1%~3% 之间。

债券基金，是把 80% 以上的资金投向债券的基金。债券基金的风险和收益比货币基金要大一点，年化收益率在 4%~6% 之间。

后面还会具体讲到股票基金和混合基金，这两类基金的预期收益和风险都更高。这 4 种类型的公募基金，风险等级由小到大分别是货币基金、债券基金、混合基金以及股票基金。当然，它们的预期收益率也是随着风险的变化水涨船高的。

债券基金：稳健打底

事实上，蕾蕾这 10 万元有明确的使用时间。两年的时间不算长，投资的前提是在尽可能保本的前提下，追求更高的收益。

很快要用来买车买房的钱，半年一年要交的学费，最近可能要孝敬父母的养老金，这些都是不能承受太大风险，以稳健投资为目的的财富需求，都属于"稳钱"。

想稳健踏实，比银行存款和理财收益再高点，可以选择债券基金。如果你持有债券基金超过两年，几乎没有亏损的可能。债券基金每年的平均收益率能达到 4%~6% 左右。可以说是稳健打底、靠谱赚钱的典范了。

来认识一下债券基金吧。债券基金，是公募基金的一种，把 80% 以上的大部分资金投向债券资产。这里的债券范围广泛，包括国债、地方政府债、公司债、金融债、可转债等，只要符合证监会要求的债券都可以投资。

债券基金的风险处于中下等级，但是不保本，肯定比货币基金的风险要高，当然收益也比货币基金更好，平均年化收益率大概在 4%~6% 之间。适合一两年的中短期投资或者偏好稳健的投资。

都是同一个大家族，债券基金也有分类，如表 5-1 所示。简单来说，可以把债券基金分为两大类：

一类是纯的债券基金，也叫作纯债基金，也就是 100% 的资金全部投资在债券上面。纯债基金是货币基金的加强版，风险小，平均每年能有 4%~6% 的收益率。如果债券价格波动或者违约，纯债基金就可能亏损。好在公募基金本身就是一种资产配置，基金经理会把钱分配在几十、上百只债券上面，短期虽然会有上下波动，但总体风险不大。

另一类是不纯的债券基金，80% 以上的资金投资在债券上面，剩下不到 20% 的资金投资其他资产。不纯的债券基金，风险从低到高排列起来，依次有一级债基金、二级债基金和可转债基金等几类。

- 一级债基金：可以投资一级股票市场的债券基金，也就是能打新股。不过这类基金在监管层取消了打新资格后，基本上和纯债基金没有什么差别了。平均年化收益率在 4%~6% 之间。

- 二级债基金：可以投资二级股票市场的债券基金，也就是能炒股。除了大部分资产放在债券上面，股票的投资比例一般不超过 20%。平均年化收益率在 4%~8% 之间。

- 可转债基金：可转债基金除了投资普通债券，还会把大部分钱投资在可转债上面。可转债是一种特殊债券，在特定条件下可以转换为股票，所以风险和收益都更高。这类债券基金从名称上就很好区分，会清晰地出现"转债"或者"可转债"字样。平均年化收益率大概有 4%~8%，行情好的时候也能拿到两位数收益率。

表 5-1　债券基金分类

债券基金类型	风险性	收益率	底层资产
纯债基金	低风险	4%~6%	100% 的资金全部投资在债券资产上
一级债基金	低风险	4%~6%	原则上可以参与一级市场打新股，但因监管政策变化，基本与纯债基金类似
二级债基金	中低风险	4%~8%	80% 以上的资金投资在债券资产上，不超过 20% 的资金投资股票
可转债基金	中风险	4%~8%	绝大部分资金投资在可转债上，不超过 20% 的资金投资股票

2 个技巧提升债券基金收益

目前市场上有超过 2000 只债券基金，你用 2 个技巧就能挑选到收益更好的债券基金。

技巧一：基金规模适中，收益更好。

和挑选货币基金同样的道理，债券基金也要选择规模适中的基金，也就是资金规模在 5 亿 ~100 亿元的基金。

如果基金规模过大，对于债券这种稳健收益的产品来说，很难取得超过同类的超额收益。债券基金的规模太小，基金重仓的债券一旦出现违约，你投资的基金就很容易出现亏损。

2019 年一只纯债基金发布了清算报告，原因是重仓持有"14 富贵鸟"。在"14 富贵鸟"复牌后暴跌 82.63% 的情况下，这只纯债基金单日暴跌超过 18%。这是股票基金和炒股散户都不会遇到的罕见踩雷的情况，偏偏让一只纯债基金赶上了。债券投资有可能出现违约情况，合适的基金规模和分散投资策略，才能更好守护你的资金安全。

技巧二：基金经理稳定，收益更好

基金是把你的钱、我的钱都汇总到一起，"抱团取暖"，收益共享，风险共担。在市场上操控这只基金的专业人士，叫基金经理，是金融市场上的"老司机"。你投的钱能不能赚钱，能赚多少钱，归根到底就要靠基金经理。

基金经理一直保持稳定，他的投资风格才能延续下去，才能让他的布局在你的收益上显现出价值。也只有经历过牛熊市洗礼的基金经理，才能验证他在市场上涨和下跌时的具体表现。基金经理任职期间越长，长期业绩越稳定，对你来说，这只基金的收益就越靠谱。如果你看上的基金频繁更换基金经理，你就要小心了，收益估计好不到哪里去。

小金为自己梳理了"稳钱"部分的安排。他把毕业后 3 年来攒的工资奖金加起来，一共 2 万元，从 2019 年就跟着朝财基金值得投榜单进行投资。他看中了其中一只债券基金，基金经理是金牛奖得主，从 2016 年起就开始管理这只基金，现在基金的规模在 20 亿元上下。2020 年 5 月，这只基金从榜单中被替换掉了，倒不是因为收益差，而是基金经理担心规模过大，发布公告限制了基金的申购金额，每天不能超过 100 元。

虽然不太能买进去了，小金还是把这只基金留在了账户里。小金欣喜地发现，过去 3 年，一只纯债基金的收益率超过了 20%，比同类产品整整多了 1 倍收益。

如果你也想和小金一起稳稳赚钱，可以关注微信公众号"朝财课堂"，我已经给你筛选好了每个月值得投资的债券基金，在后台发送"榜单"，你就能看到了。以后，我也会坚持每个月免费更新给你。

4. 可转债打新，90% 的人一天就赚钱

洋洋在朝财可转债学习群里晒出了一条条求助消息：

"停牌了，啥意思？"

"那什么时候再卖？"

"老师，咋操作呀？"

在大家的帮助下，洋洋一个什么都不懂的小白，用 1000 元本金 1 天赚到了 890 元收益。

金融市场里有很多有意思的脑洞，每个脑洞背后也许就隐藏着一个赚钱的机会。很多人都有一个美好的"白日梦"：找到一个好产品，动不动就赚个 10% 的收益，还要本金尽量安全有保障。

梦想还是要有的，万一实现了呢？

最近几年有一种超级火爆的投资方式，叫作可转债打新。虽然它并不是真的低风险且高收益，但是哪怕不太懂的投资新手，也能凭运气赚到可转债的打新收益。以至于最近两年，参与可转债打新的人数暴增了 100 多倍。

可转债打新有多容易赚钱？

2019 年有 106 只可转债上市，上市第一天收盘价高于 100 元面值的有 93 只。也就是说，打新债赚钱的概率高达 88%。更亮眼的是，这短短一天的平均收益率高达 9.4%。而 2020 年、2021 年打新收益还在进一步提升。

低风险也有高收益？

可转债，全名叫作"可转换公司债券"，是指在一定条件下可以被转换成公司股票的债券。

首先，它是一种债券。这种债券只能由中国的上市公司发行，其他

公司不能发行。根据 2021 年市场监管数据显示，我国目前有 4800 多万家注册企业。当前上市公司有 4800 多家，实实在在是万里挑一的公司才能发行可转债。可转债的投资周期一般是 5~6 年，如果你把可转债持有到期，每年还有 1%~2% 左右的利息。不过很少有人真的持有到期，因为可转债还有其他赚钱的方法。

大家更看中的是它可以"转股"。当满足了一定的市场条件后，你可以把手里的可转债转换成上市公司的股票。也就是说，熊市的时候你保留这个债券，大不了持有到期，上市公司给你付利息。牛市的时候，你可以选择转换成股票，赚取更多收益。甚至，哪怕你不转换成股票，因为有了这个"转股"特权，可转债的价格就被抬高了，也可以直接卖掉赚钱。

这就是可转债牛熊市都能赚钱的原理，相当于一种有保底收益的股票投资。

话说，朝财猫特别喜欢吃烤串，就开了一家朝财烤串股份有限公司。朝财烤串用料讲究，获评"米其灵三星"，想吃这个烤串的人都排到了巴黎。朝财猫想要开连锁店，扩大经营。但是手里的钱不够，就想跟你借钱。你跟朝财猫说："这钱是我借你的，每年 10% 的利息，你可要记得还。"

朝财猫经常听薇薇老师讲理财，深深懂得一个道理：借钱一时爽，还钱火葬场。每年 10% 的利息要是还不上就糟了，有什么办法能够借你的钱，还不用还呢？

朝财猫还真想出来个办法。它在烤串店门口立了一块牌子，开始发行"朝财烤串可转债"。

如图 5-1 所示，"朝财烤串可转债"是这么规定的：

- 期限 5 年

- 5 年利息一共 10%

- 每张可转债面值 100 元

- 持有半年后，可以转换为朝财烤串的股票，每张可转债可以转换为 10 份股票

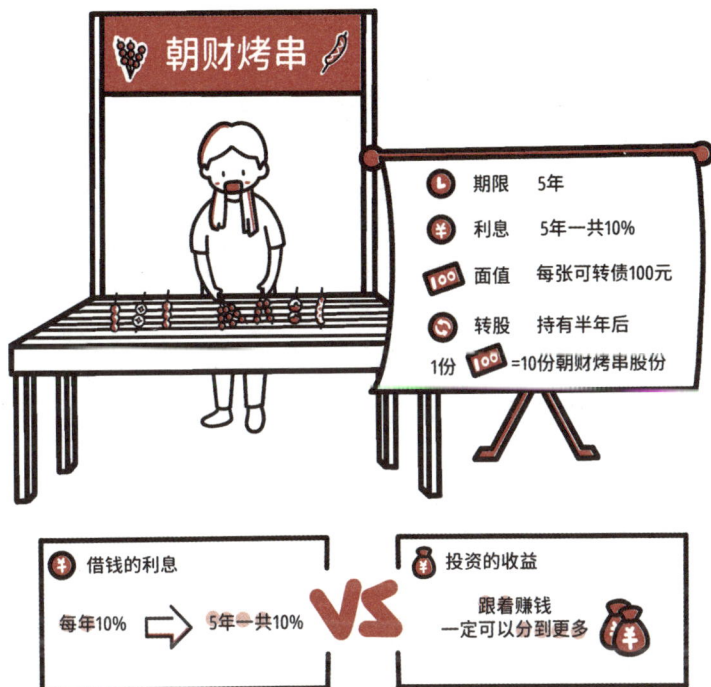

图 5-1　朝财烤串可转债

你看，借钱的利息，从原本每年 10% 直接降到了 5 年一共 10%，这可省了太多利息了！可是你转念一想，朝财烤串生意这么好，跟着朝财猫赚钱一定能够分到更多，也就同意了。

朝财烤串可转债，到底有什么特别之处？

关键在于，它能够"转股"。

可转债在满足了一定条件时，可以转换成上市公司的股票。正因为有了这个转股特权，可转债才能左手捧着"到期安全 + 保底收益"，右手怀抱"和炒股一样的高收益"。所以，转股特权是可转债赚钱的终极奥秘。只要朝财烤串生意好，它的股票就会受追捧，有转股特权的可转债就更值钱。

当然，我也要提醒你：可转债是按照 100 元的价格发售，可不是一个 100% 保本的投资。只要没有到期，可转债的价格也有可能跌到 80~90 元，甚至更低。对于投资新手来说，你可以不参与可转债买卖，只参与可转债打新，操作起来特别简单。

可转债打新，了解一下

亚平阿姨刚刚退休。平时帮儿子带带上幼儿园的小孙子，生活忙忙碌碌，却也少了一份惊喜。偶然的机会，学了可转债打新之后，亚平阿姨爱上了打新债。

只要开通股票账户，不往里面放钱也能打新债。一旦中签了，亚平阿姨就会开心地往账户里转进 1000 元。等到可转债上市的第一天，她就直接卖掉。运气不好的时候，有几十块钱收益，运气好的时候，能赚几百块钱。赚得不多，但风险也小。几个月下来，只是点击了几下申购按钮，亚平阿姨就多赚了 2000 元，还因此认识了一帮爱打新债的年轻朋友。

可转债打新，也叫作打新债，是指购买正在募集阶段、还没有上市的可转债。

可转债在刚发行的时候，都是统一面值——100 元一张。打新债，跟买房摇号差不多，只要成功中签，你就有资格申购新债了。等到可转债上市之后你再买，就像买二手房，没有摇号的过程，也少了新债第一天上市赚钱的机会。

有意思的是，可转债打新并不需要你真的交钱。你只需要在股票账户做新债申购，等到确认中签后，也就是拿到新债购买资格了再交钱就可以。申购的时候不交钱，中签了才交钱，有没有点空手套白狼的意思？

这种打新债的方式，叫作信用申购。信用申购，关键在于信用二字，是用自己的信用打新债。一旦中签了，不管你是因为没有钱，还是因为忘了，只要没有按时缴款，都会被自动判定为不守信用。对于不守信用的打新债投资人，交易所是有明确的惩罚机制的：连续 12 个月内，累计出现 3 次中签后没有缴款的情况，6 个月内不得参与网上新债的申购。也就是给你发张黄牌，你这 6 个月就别挣钱了，反省反省吧。

任何投资都是有风险的。我要提醒你，打新债不是每一次都赚钱，只是赚钱的概率比较高。像 2017 年、2019 年，新债上市当天往往都是赚钱的。而在 2018 年，上市当天就跌破 100 元面值，也就是亏掉本金的情况也是有的。

根据统计，在 2017 年到 2019 年这样的牛熊交替的市场里，超过三分之二的可转债上市当天就赚钱了，平均收益率达到 10%。但是，也有近三分之一的可转债上市当天会出现下跌，平均跌幅 3%，最大跌幅可以达到 10%。从这 3 年牛熊交替的市场整体来看，如果上市第一天卖出的话，可转债打新有平均 6% 左右的收益率。

打新债实操 4 步法

打新债是一种对投资新手比较友好的赚钱方法，虽然赚得不多，也不是每次都赚，但是操作难度低，赚钱概率比较高。只需要 4 步，你也有机会参与打新债了。

第 1 步：开通可转债投资功能。

打新债跟打新股一样，都需要先开通股票账户。我国有上海证券交易所和深圳证券交易所两大证券交易所。当你开通股票账户的时候，就意味着你开通了这两大交易所的股票买卖资格。每一只可转债，都是在这两大交易所上市的公司发行的。所以，可转债的发行和交易，也在股票账户里进行，未来可转债转股的时候也很方便操作。

根据 2020 年 7 月上海和深圳交易所的最新要求，你需要开通可转债的投资功能，才能开始投资可转债。根据 2022 年 6 月的最新规定，开通权限前的 20 个交易日里，账户里要放够 10 万元，还得至少在 2 年前买过股票，才能参与打新、买卖可转债。

对于可转债打新的老手们来说，这个规定其实是好事。只要你已经开通了权限，就被动具有了打新特权，由于人数的限制，一起"抢肉"

的人也少了。但这对新手来说是个噩耗，相当于限制了免费"捡钱"的机会。不管规定如何变化，我建议你要尽早开通股票账户，未来限制只会越来越多。

如果你没有股票账户，那么可以在"朝财课堂"微信公众号后台发送"开户"，就可以找到完整的开户流程了。只需要 5 分钟，你也可以拥有自己的股票账户，我还有更多专属福利一起送给你。

第 2 步：参与打新债申购。

通过股票账户，你可以查询到新债的发行消息。无论是上海证券交易所，还是深圳证券交易所，最小的打新和买卖单位都是 1000 元。

在上海证券交易所，1000 元面值的可转债是一个买卖单位，叫作 1 手。在深圳证券交易所，100 元面值的可转债是一张，最小的交易单位是 10 张，也相当于面值 1000 元。在打新债的过程中，你要先参与摇号。上交所的 1 手是打新债的 1 个号，深交所的 10 张是打新债的 1 个号，都是 1000 元。

第 3 步：查询中签结果和缴款。

中签的结果一般是在申购之后的两个交易日公布。很多股票账户都会弹出信息，提示你中签结果。只有中签了，才需要缴款。牢牢记住这个时间——16 点，这是补足中签缴款的最后时间点。

如果不小心错过了，你的幸运中签和新债可就不翼而飞了。而且，如果连续 12 个月，累计出现 3 次中签却不足额缴款的情况，6 个月内就不能打新债，也不能打新股了。

第 4 步：可转债上市后卖出。

新债上市之后，当天就可以卖出。因为大部分新债上市当天都会出现不同程度的价格上涨。我建议投资新手选择上市第一天就直接卖掉，避免可转债上市后的大幅波动。把你中签的幸运，在上市第一天就迅速变现，揣进兜里。这种赚钱方法是不是安全可靠，还超级简单？

5. 增额终身寿险，被名字耽误的稳赚神器

2017 年，恒大总资产超过 1 万亿元，许家印身价 2900 亿元，杠杠的中国首富。4 年后的 2021 年，恒大负债高达 1.97 万亿元，还有超过 2000 亿元的商票逾期，400 亿元的理财产品暴雷。

2 万亿元是什么概念？

如果利息按 10% 计算，每天一睁眼就要还 5.5 亿元。

萌萌问我，她在恒大的理财暴雷，该怎么处理。我说："银行一年定期存款基准利率是 1.5%。你有没有想过，恒大凭什么理财收益超过 20%？理财产品高收益的背后，一定要有高速增长的利润。仅仅有利润还不够，其实更重要的是扎实的现金流。一家企业现金流断裂的时候，你买的理财跟买 P2P 几乎没有什么区别。"

不管你有多习惯过去刚性兑付的高收益产品，现在都要开始清醒：投资有风险，不要盲从任何机构打的保票。这不仅是资管新规以来监管层面的变化，更是因为利率已经跑出了非常明确的发展趋势：

利率下行，势不可挡。

利率下行趋势

你有没有感觉到最近几年货币基金的收益率变低了？

2020 年开始，余额宝的收益率一度跌到了 1.5% 左右，和一年期定期存款利率持平。后来也一直徘徊在比较低的水平。疫情之后，央行经常通过提高货币供应量来支持实体经济发展。换句话说，市场上的钱变多了。钱一多，这些钱就不值钱了，所以货币基金的收益就下滑了。

放眼全球市场，利率下行的趋势更加突显。

2020 年 3 月，美联储把美国基准利率目标区间下调到 0 ~ 0.25%，短短几个月放水 3 万亿美元，是 2008 年全球金融危机的 2.3 倍。英国央行也把基准利率降到了 0.1%。这还不算从 2015 年 ~ 2016 年就已经降为

负利率的日本、瑞士、丹麦等国家。

什么是负利率?

你把 10 万元放在银行里。一年过后,你高高兴兴去取钱,拿到手的只有 9.9 万元。因为你把钱放在了银行里,所以银行要向你收钱,这就是负利率。

利率,是资金的价格。低利率,就意味着资金的价格在下降。

2020 年开始,零利率成为主流,而且利率在未来很长一段时间里都很难大幅上升。如果你把时间拉长一点看,1990 年以来的 30 多年时间里,利率一直都在下降。1997 年亚洲金融危机、2000 年互联网泡沫、2008 年全球次贷危机等几次大范围的波动,迫使全球都开启了降息救经济的模式。图 5-2 反映了 1990 年—2021 年全球主要经济体 10 年期国债收益率走势。

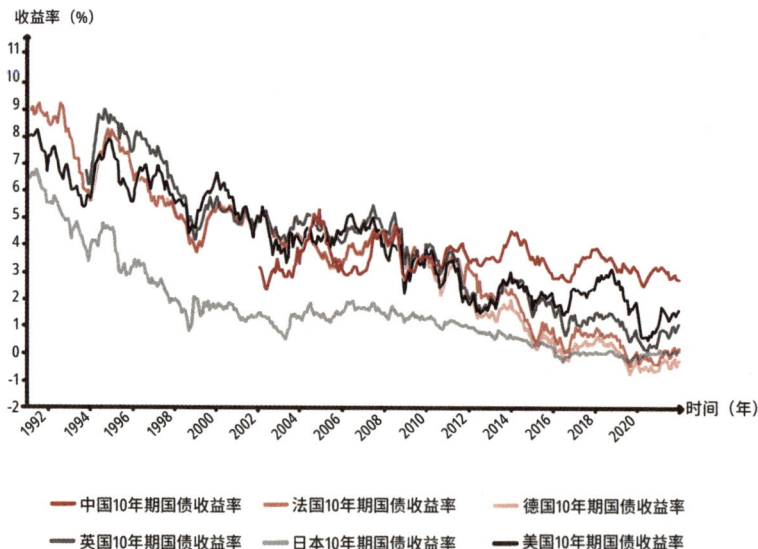

图 5-2 1990 年–2021 年全球主要经济体 10 年期国债收益率走势[1]

---

1 数据来源:通联数据。金融行业往往把 10 年期国债收益率视为无风险收益率。

中国人民银行原行长周小川在 2019 年就表示过，中国可以尽量避免过快地进入负利率时代。是的，不仅仅是利率下行，还可能出现零利率，甚至是负利率。

所以你眼下稳钱管理的重点，不仅仅是尽可能求得本金安全，还要锁定收益。

画重点："锁定"收益。收益如果随着基准利率上下浮动，那么当中国也像其他主要经济体一样进入零利率、甚至负利率时代时，对你而言，可能就再也没有"稳钱"可管了。到了那时，你可能因为存款而扣减利息、降低本金，会觉得还有稳健收益可言吗？所以，重点在于要把收益按照现在的利率水平固定下来，而不能像短期理财产品一样，只能维持短短的 1 个月或者半年。

锁定收益多久更合适？

最好能锁定一辈子。刚刚好，还真有这样的金融产品，就是增额终身寿险。

增额终身寿险

增额终身寿险是什么？

增额终身寿险，顾名思义是寿险的一种，以身故为赔偿责任。换句话说，它可以保障终身，刚好满足了长期锁定收益的"长期"这个要求。所谓"增额"，是指缴纳保费不变的情况下，保额随着时间不断增长。

增额终身寿险的最大特点是收益有保证。它是怎么"锁定"收益的？就是通过它的高现金价值。现金价值，是保险资产的净值，可以理解成你实实在在的投资收益。当你购买了一份增额终身寿险时，你未来每一年的现金价值都已经确定得明明白白，并且写在了合同上。按照当前的利率水平，监管要求理财型保险的收益率不能超过 3.5%。这个利率上限看起来不高，却是按照复利计息的。所以，时间越长，越能加速实现复利增长。

请你注意，增额终身寿险和你给家庭经济支柱购买的终身寿险、定期寿险不同，它没有那么高的身故杠杆，不属于保障型保险，而属于理财型保险。一般用来配置长期稳定的资金，所以是稳钱管理的好选择。

萌萌追问道："用保险来投资靠谱吗？万一保险公司倒闭了，原来我通过合同锁定的这些收益是不是像恒大一样暴雷了？"

根据《中华人民共和国保险法》第九十二条：

> 经营有人寿保险业务的保险公司被依法撤销或者被依法宣告破产的，其持有的人寿保险合同及责任准备金，必须转让给其他经营有人寿保险业务的保险公司；不能同其他保险公司达成转让协议的，由国务院保险监督管理机构指定经营有人寿保险业务的保险公司接受转让。

也就是说，哪怕给你承保的保险公司遭遇破产了，也会有其他保险公司来接管你的合同。在整个保险期间里，增额终身寿险所有的收益都已经确定了，所以接管的保险公司也会遵照原来的合同执行。

你想想，这种结构的产品会像恒大一样暴雷吗？如果你看清楚了未来降息的趋势，也想用比较稳健的方式锁定收益，增额终身寿险的结构就很贴心，买完也不用再操心，很适合这几类人：

第一，家有孩子，希望孩子不输在起跑线上，想要提前准备教育金；

第二，收入有限，开销太多，想强制储蓄的同时确保稳健理财；

第三，工作忙，缺少稳定且高收益投资手段的普通白领，也可以用于养老金规划。

两招解决急用钱

静静的银行理财经理也给她推荐过增额终身寿险，但她有自己的担心："增额终身寿险的收益比较有保障，虽然不算高，毕竟稳定踏实。可是薇薇老师，我才 36 岁，这个产品能保障一辈子，对我来说期限也太长了吧，中间要用钱怎么办？"

别担心。虽然保障终身，但是增额终身寿险的领取相对灵活，学会这两招能帮你解决急用钱的困难。

第一招：保单质押贷款。

保单质押贷款，是你质押了自己保单的现金价值，请保险公司为你提供短期贷款。想要行使保单质押贷款权利，你需要是这份保险合同的投保人。保单质押贷款的速度非常快，一般 1～2 天就能把钱拿到手。保险公司的保单质押贷款利率普遍较低，一般远远低于其他现金贷款方式。

根据 2020 年 4 月《人身保险公司保单质押贷款管理办法（征求意见稿）》，保单质押贷款申请办理时间应在保险合同犹豫期满后，贷款期限应在保单有效期内，每笔保单质押贷款期限不得超过 12 个月。

保单质押贷款是一种短期贷款。实际执行的时候，保险公司一般都要求 6 个月以内还款。保单质押贷款的好处是速度快、利率低。比如，股票暴跌但着急交学费，或者家人急着住院但理财都没到期，你确定在短短几个月能还得上的情况下，都可以通过保单质押贷款来解决。这样，既解决了急用钱的困难，也不打断你长期投资的复利增长。

第二招：部分退保。

如果确定几个月内还不上钱，比如工资收入中断了，或者已经没有其他短期资金可以使用了，你还可以通过部分退保来解决。通过减额退保的功能，你可以把保单中的现金价值按照自己的实际需要提取一部分出来。也就是说，增额终身寿险既能长期投资，还能灵活退保。

当然，刚投保就立刻退保的话，会有很大资金损失的。根据缴费年限的不同，一般建议 5～10 年以内不要进行减额退保。毕竟只有拉长投资周期，你才能更好地享受长期复利，跑出复利增长曲线来。

但是，这样一种对你来说使用灵活的产品，对保险公司来说就有比较大的风险了。因为保险公司做的大多是长期投资，过高的早期现金价值容易引发早期退保，会导致保险公司的资产和负债久期不匹配，存在投资风险和其他隐患。从 2020 年年底开始，监管部门已经针对增额终身寿险灵活提取的产品设计，进行过点名批评，下一步有可能针对"减额退保"进行部分限制。

关于这一点，我从 2021 年开始就在微信视频号"王朝薇"里提示过。未来政策发生变化的时候，我也会继续更新具体建议给你。在微信公众号"朝财课堂"后台发送"增额终身寿险"，你就能看到了。

6. 本章小结

2022 年开始，保本理财基本退出市场。从此开始，确保本金安全和获取投资收益一样，需要你自己直面投资风险，也就是"买者自负"。"稳钱"理财，不再是本金绝对安全，而是本金相对安全、收益相对稳定的一大类产品的总称。

面对不再保本的银行理财，4 个方法可以进行筛选。方法 1，通过银保监会指定的官方网站"中国理财网"查询理财产品的登记编码；方法 2，根据自己的风险评估结果，在对应的风险等级和更低等级中挑选适合的产品；方法 3，区分持有收益率和年化收益率；方法 4，手动计算换产品到底划不划算。

由于基金法的托管人制度，公募基金卷钱跑路的可能性和你养的金鱼想从鱼缸里逃跑难度差不多。对于稳健打底的债券基金，你可以通过规模适中、基金经理稳定等条件，筛选更值得投的基金。

赚钱也有一个很容易速成的方法——可转债打新。可转债打新不是一个凭技术赚钱的方法，很大程度上依赖中签概率，仅凭信用就能参与打新申购，中签了才需要缴款 1000 元，特别适合投资新手每年多赚一些零花钱。

从长期来看，零利率成为主流，而且利率在未来很长一段时间里都很难大幅上升。增额终身寿险通过写在合同上明确的高现金价值实现了"锁定"收益。虽然保障终身，但是领取非常灵活，通过保单质押贷款和部分退保，能帮你解决急用钱的困难，算得上是被名字耽误的稳赚神器。

第6章

长钱管理

1.炒股票，买得便宜就赚钱吗?

2018 年的一天，有个私募基金创始人峰哥找我咨询，一上来就说想要做理财险规划。我非常诧异：赚惯了快钱的人，转而追求长期稳健的收益，这里一定有故事！毕竟账户里几千万元资金全都投在股票上的，大有人在。我追问他："到底发生了什么？"于是，峰哥给我讲了一个故事。

峰哥有个一起炒股的朋友，就叫他光哥吧。据说，2015 年光哥的200 万元本金一路飙升到 2500 万元，整个过程只有短短半年时间。光哥太开心了，当然也只是开心，并没有把股票全部卖掉落袋为安。如果你是他，你会把天天在涨的股票卖掉吗？

2015 年下半年的股市，你现在已经知道结果了——从最高点开始一泻千里，出现了千股跌的壮观景象。光哥手里的 2000 多万元还没捂热乎，就开始暴跌。没过多久，你猜猜他还剩多少钱？

200 万元。他经历了一个从地面飞到天上，又从天上一个猛子栽回地面的过程。我疑惑了："他中间没有机会逃出来吗？"

有的，但是他不愿意。人性就是这样的。光哥故事的结尾是 200 万元的股票被深深套牢。注意是股票，而不是现金。第二年，光哥的二胎出生，没有钱。光哥只好找峰哥借了 20 万元"生孩子"。于是，光哥痛定思痛，一个大男人不能没有作为，就加入了保险大军。他找到峰哥说，你还是吸取我的教训，落袋为安买成保险吧。峰哥这时候加了一句："我哪敢信他？他懂什么？他把自己都搞得一团乱。薇薇老师，还是你给我讲讲吧。"

股票投资，赚不赚钱？

一直以来，股市是很多人的财富造梦场。截至 2022 年 2 月，股市开户数达到 2 亿个。[1] 粗略估计涉及上亿个中国家庭。可以说，股票是国

---

[1] 根据中国证券登记结算有限责任公司 2022 年统计月报，投资者数达到 20014.73 万人。登记存管证券包括 A 股、B 股、权证、国债、地方债、政策性金融债、企业债、公司债、可转债、分离式可转债、中小企业私募债、封闭式基金、ETF、LOF、实时申赎货币基金、公募基础设施基金（REITs）和资产证券化产品，不包括开放式基金和债券回购。

民级的投资资产了。

股票投资到底赚不赚钱？

在回答这个问题之前，我给你看一个有意思的数据。

从 2007 年 10 月到 2019 年年底，上证指数从最高的 6124 点跌到
3000 点左右。12 年的时间，不仅没涨，还跌了差不多一半。这是不是意
味着炒股不赚钱，而且还亏钱亏得厉害？

当然不是。从上证指数历史最高的 6124 点开始算，不管算到任何
时间，都挺难赚钱的。不如咱们换个时间段。

从 A 股泡沫破裂之后开始计算。从 2009 年年底到 2019 年年底，正
好 10 年。10 年之间，上证指数从 3000 点上下，回到 3000 点上下。不
赔不赚，就是没涨。看起来还真是炒股不赚钱。

可是，为什么还有这么多钱涌进股市里？很多专业投资者，比如峰
哥和没亏之前的光哥，还有很多人其实都赚了钱，这到底是怎么回事？

原因很简单：炒股是可以赚钱的。只不过，不是谁都能赚钱。

我把前面的时间段再调整一下，你就能看到一个完全不一样的股市
了。

2007 年前 3 个季度，股市里只有 3% 的股票亏钱。2015 年前 5 个月，
下跌的股票加起来还不到 1%。在这些时间段里，炒股就是"躺赚""闭
着眼睛赚钱"。

你还要问 A 股能赚钱吗？不，这明明就是"捡钱"。

炒股是在波动中赚钱

上涨和下跌，本就是炒股过程中必然经历的过程。

真实的股票市场里，股票走势从来不是直线，而是波动的。把时间
线拉长一点看，一个上涨和一个下跌的过程放在一起才是一次完整的波
动，如图 6-1 所示。

或者说，上涨和下跌是股市波动的真实体现。

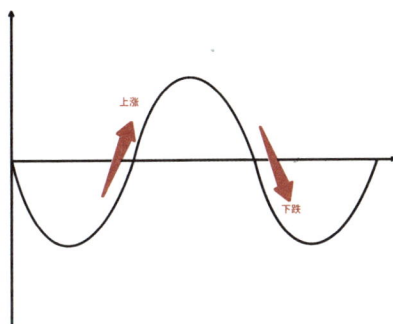

图 6-1 波动

　　如图 6-2 所示，A 股市场的股票指数波动很大，所以买入、卖出时机很重要，也就是"择时"对你的投资收益影响很大。

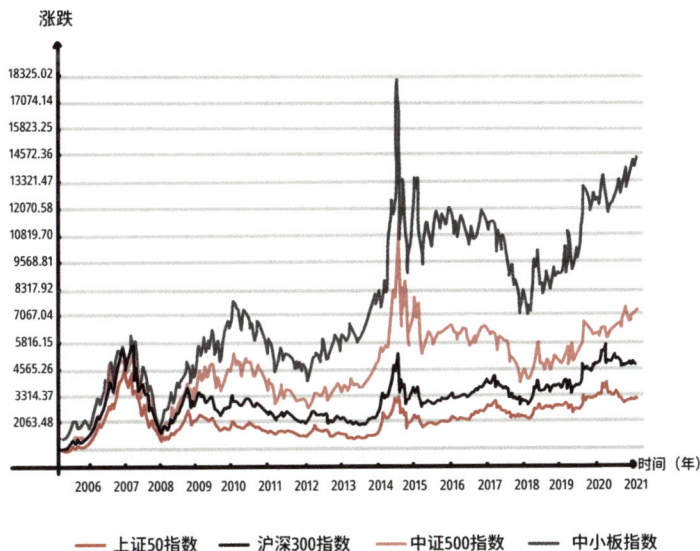

图 6-2 2006 年至 2021 年股票指数表现 [1]

1　数据来源：东方财富 choice。

　　我挑选了 A 股中 4 个具有代表性的指数，分别是上证 50 指数、沪深 300 指数、中证 500 指数和中小板指数，它们是从大盘股到小盘股的不同代表。你可以观察到它们在从 2006 年到 2021 年这 16 年的时间里呈现出不同程度的波动。

　　如果你同步观察美股的波动，会发现和 A 股市场区别很大。美股虽然也有波动，但是幅度比较小。除了少数几次金融危机，大部分时间是慢慢上涨的。相比之下，A 股市场总是大涨大跌，平稳上涨的时间很短也很少，所以在 A 股市场里投资的收益差别就很大：赚钱很容易，赔钱也很容易。

　　2006 年 1 月到 2007 年 10 月，上证 50 指数最终达到 6124 点，不到两年的时间里上涨了 481.09%，而中小板指数只增长了 270.64%，分化态势明显。

　　从 2007 年的 6124 点高位开始调整，此后一年的时间里，上证 50 指数和中小板指数分别下跌了 71.31% 和 61.38%。你别小看图 6-3 里的下跌幅度，超过 50% 的真实下跌感受让每个身处其中的人都痛不欲生。

　　接下来两年的时间里，借助 4 万亿计划，中国经济从 2008 年全球金融危机中反弹。上证 50 指数迎来 49.12% 的上涨，中小板指数收益率达到 273.26%，再次出现大分化。

　　不过好景不长，后面两年中小板指数再次回调了 44.67%，同期上证 50 指数更抗跌一些，下降了 21.83%。

　　从 2012 年 12 月到 2015 年 5 月，上证 50 指数、中小板指数分别上涨 101.02% 和 285.18%，中小板指数跑出了上证 50 指数的 3 倍收益。

　　此后千股齐跌的“壮举”和 2018 年的再次调整也同样延续了分化，上证 50 指数保持了抗跌的特点，下跌了 20.18%，中小板指数下调更加剧烈，达到 54.35%。

　　在 2019 年 2 月之后的一波行情也一样，上证 50 指数和中小板指数分别上涨了 31.84% 和 97.47%，收益差距仍然保持在 3 倍左右，相当显著。

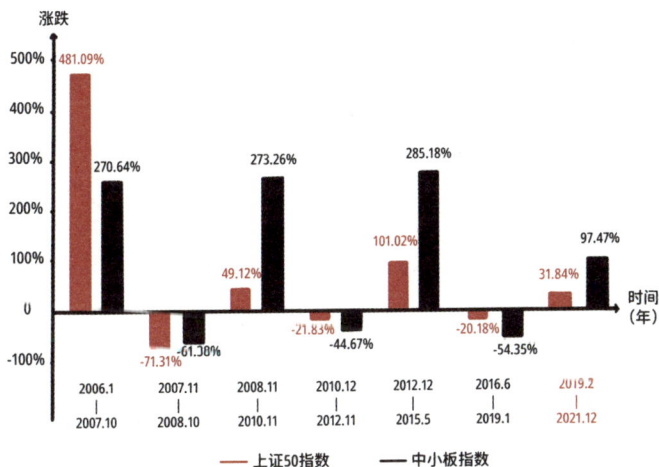

图 6-3　上证 50 指数和中小板指数的涨跌波段对比[1]

你看，哪怕不看行业差别，仅仅是代表大盘股的上证 50 指数和代表中小盘股的中小板指数，收益差别都如此之大，在股市中抓住机会赚钱，可不是看起来那么简单。凭运气赚的钱，再凭本事还回去倒是比较容易。

所以，炒股就是在波动中赚钱。历史一直在重演，A 股市场大起大落是常态。一次波动，往往长达 2~3 年，甚至 5 年左右。这就是为什么，我把股票投资、基金投资都放进"长钱"里面。如果你的投资周期太短，股市里的一次波动都还没经历完，怎么可能赚钱呢？

很多人说自己懂投资，却依旧在市场下跌、获利遥遥无期的时候情绪崩溃，一冲动就埋怨自己，埋怨别人，睡不好觉，也扛不过去。我更建议你在投资前，先把最坏的情况想清楚——确定能够坚持挺过股市的波动周期，再进入市场投资。从某种程度上来说，你投资赚的钱，其实就是忍住下跌时心里的难受，所换来的财富对价。

1　数据来源：东方财富 Choice。

"淘到一只便宜的股票"

小二有一天神秘兮兮地炫耀，推荐我关注一只股票，说他"淘到了一只便宜的股票"。

这只股票有多便宜呢？只有 1 元多一点。

在动不动就是几十元、上百元的股票市场里，1 元左右的股价，看起来实在很便宜。小二觉得他发现了"价值洼地"，股票"被低估了"，想要大笔买进。

当然，也只是看起来很便宜。事实上，大多数股价接近 1 元左右的股票都是存在一些问题的，比如财务造假、违规担保、资金占用、连续亏损等。

在中国，股票的发行面值是 1 元。跌破 1 元的股票叫作"仙股"。可不是得道升仙的仙，而是即将仙去的仙，有可能被退市处理。

小二看上的这只股票，叫中弘股份，因为股价连续 20 个交易日低于面值，也就是低于 1 元，在 2018 年 12 月被迫退市了。在中弘股份退市的最后一个交易日，股价只有 0.22 元。如果当时小二全仓买了看起来便宜的这只股票，不仅亏到崩溃，而且再也没有翻身的机会了。

炒股，从来不是看股价便宜与否就判断是否买卖的。买卖股票也不是一个能"贪便宜"的投资。我更要提醒你：远离"看起来便宜"的这些问题股。毕竟，厨房里不可能只有一只蟑螂。等你能看到一只的时候，暗处往往悄悄藏了更多只。

反过来，股价很高的股票，还可能进一步上涨，你现在看到的高股价也可能很便宜。

比如，股神巴菲特的伯克希尔哈撒韦。2020 年 3 月，美股接连 4 次熔断的时候，伯克希尔哈撒韦的股价高达 24 万美元左右，折合人民币 150 万元左右。

如果放在 A 股市场，用最小购买单位一手来计算的话，100 股伯克希尔哈撒韦，差不多要 1.5 亿元。这一手，不仅超越了普通投资者的心理天花板，很多基金都只能望而却步。这么高的价格，还能涨吗？

截至 2022 年 3 月，伯克希尔哈撒韦股价突破了 50 万美元，用两年的时间再翻 1 倍。

2. 炒股不如买基，是真的吗?

在财富增长的道路上，向来是选择比努力更重要，认知比选择更重要。同样是钱生钱，不同的人，投资结果可能相差很大。

你呢，可能因为看过我的书，看中了公募基金进行投资。你的同事，听人说股票一天就赚很多，直接选择了股票。

一开始，市场行情大好，你的同事很快就赚了 3000 元。同事笑你的基金涨太慢，说着他又追加了炒股的资金。可是"花无百日红"，股市下跌起来比上涨更狠。你同事之前赚的 3000 元没了，还损失了一万多元本金，吓得他全部清仓。过段时间你们闲聊起来他才发现，你稳稳拿住了 6000 元的收益。

和上蹿下跳、赚钱效应极高的股票相比，公募基金的收益看起来有些慢吞吞的。可你借助公募基金的投资居然跑赢了股票？这到底是偶然现象，还是说基金真的更容易赚钱？

炒股买基，怎样更赚?

话不多说，直接看表 6-1。

表 6-1　2012 年至 2021 年基金、股票收益率对比 [1]

年度	股票基金指数	上证综指	股票基金指数战胜上证综指
2012	5.45%	3.17%	2.28%
2013	10.13%	−6.75%	16.88%
2014	29.39%	52.87%	−23.48%
2015	35.68%	9.41%	26.27%
2016	−11.40%	−12.31%	0.91%
2017	10.63%	6.56%	4.07%

---

1 数据来源：东方财富 Choice。股票基金指数选择中证股票基金指数 H11021.CSI。

续表

年度	股票基金指数	上证综指	股票基金指数战胜上证综指
2018	−23.17%	−24.59%	1.42%
2019	41.09%	22.30%	18.79%
2020	44.54%	13.87%	30.67%
2021	5.87%	4.80%	1.07%

这张表统计了 2012 年至 2021 年这 10 年的市场数据。我用股票基金指数来代表股票基金的平均收益率，用上证综指来代表股票的平均收益率。

可以看到，在 10 年的数据中，除了 2014 年，剩余 9 年每年都是股票基金指数跑赢上证综指。特别是 2013 年、2015 年、2019 年和 2020 年这 4 年，股票基金指数都大幅跑赢上证综指。在这几年里，投资股票基金 1 年的收益，就能超过上证综指 15%，甚至 30% 以上。

举个例子：2020 年上证综指上涨 13.87%，股票基金指数上涨 44.54%。如果你在 2020 年年初拿了 10 万元去炒股，那么年末就能赚 1 万多元钱。当然，如果选错了股票，还可能亏掉本金。但是，如果你拿这 10 万元去买股票基金，按 2020 年的平均收益率，能赚 4 万多元钱。

这说明，如果你从 0 开始投资，选择基金比选择股票更容易赚钱。

当然，这个结论是对绝大多数普通投资者来说的。如果你在股海沉浮多年，也许已经练就了高超的炒股技能，那就另当别论了。如果你在股海沉浮多年，还是赔得多赚得少，或者根本就是 0 基础，也不想用自己的血汗钱来"交学费"，用基金来投资真的会简单很多，也更容易赚钱。

公募基金：收益共享，风险共担

为什么炒股不如买基？

你可以这样理解：炒股，是自己直接投资的方式。炒股就像坐"过山车"，还是一辆你自己开的"过山车"。公募基金是一种委托投资的方式。

钱不再由你自己投资决策，而是交给专业型选手——基金公司的基金经理。

在股票市场上，你听说过"散户"和"机构"这样的说法吗？散户，就是自己直接炒股。机构，就是像基金公司这样的存在。当你把钱交给基金公司，在市场上这些钱就由机构控制了。虽然不是绝对的，但在大多数情况下，机构更能克服一些人性的弱点，遵守投资纪律。

公募基金，到底是什么？

公募基金，就是把大家的钱集中起来，交给专业的基金经理来管理，赚普通人赚不到的高收益。基金经理帮你赚到的收益，扣除基金的各种费用后，所有投资者按照投资比例分配赚来的钱。当然，如果出现亏钱，也要所有投资者一起承担。这叫作"收益共享，风险共担"。

2006 年我从北大本科毕业，进入银行工作，从第 1 个月开始投资基金。我在云端见过 6124 点的辉煌，也在谷底经历过千股齐跌的绝望，几轮牛熊更迭，我用 16 年的时间见证了中国基金业从 0 起步、慢慢腾飞、不断转型的全过程。身处其中，我非常深刻地感受到：2020 年是中国基金行业的拐点。

现在已经稳坐货币基金规模头号交椅的余额宝，是在 2013 年横空出世的。此后 7 年的时间里，货币基金几乎一直占据公募基金总规模的半壁江山。但是，2020 年开始，以股权投资为核心的偏股基金开始大行其道。

根据中国证券投资基金业协会数据，2020 年公募基金管理规模达到 19.89 万亿元，比 2019 年年底增长 34.70%。其中，偏股基金占比 32.28%。特别值得注意的是，2020 年新基金募资规模达到 3.05 万亿元，其中新发行的偏股基金规模达到 2.03 万亿元。这是中国基金业版图的一次结构性跃迁：从货币基金占据半壁江山的时代逐渐隐退，中国的公募基金业迎来偏股基金大行其道。

究其原因，一方面，新冠肺炎疫情以来，全球放水持续推动了利率下行。以利率为基础的货币基金，只能跟着收益下滑。客观来讲，这就降低了货币基金的规模增速。另一方面，从 2020 年以来，公募基金产品注册机制的优化，推动了偏股基金规模快速增长。特别是在中国经济产业升级的过程中，偏股基金能够发挥大型资金的资源集中优势。中国证券投资基金业协会也表示，公募基金已成为支持实体经济增长的长期重要资金来源。而这，也是你我这样的普通人分享国家和企业增长红利的机会。

不仅如此，和股票相比，基金更受有钱人的追捧。2017 年招商银行的私人财富报告指出，可投资资产超过 1000 万元的高净值人群，基金在权益类资产中占比高达 63.3%，股票占比 30.6%。而普通人更喜欢炒股，股票的配置占比高达 83%。

美国金融业监管局也有类似结论的调研，他们发现投资账户在 5 万美元以下的账户绝大多数选择股票，投资账户在 25 万美元以上的账户更多会选择基金。

基金投资，5 大优势

基金之所以这么受追捧，和它的 5 大优势有强关系。

投资公募基金优势一：基金经理帮你打理资产。

炒股、炒外汇必须在自己账户里操作买卖，交给其他人的话有资金安全风险。所以，能不能赚钱，能不能持续赚钱，全凭个人。

买基金就简单多了。购买公募基金，不需要你投入过多的精力去研究，有专业的基金经理帮你打理。借用直播电商主播们最爱说的那句话，"投资不迷路，基金带你上高速"。你只需要选好基金，剩下的赚钱工作交给基金经理就可以了，是更省时省力的投资方法。

投资公募基金优势二：投资门槛低至 1 元。

在中国，炒股的基本投资单位是一手，也就是你最起码用 100 股参与买卖。估算下来炒股的起点金额至少要有几千元。像信托、私募、专户理财等，动辄就要百万元起投。

公募基金只需要 100 元就可以买，甚至很多平台只需要 1 元、0.01 元就能买，几乎没有投资门槛限制。当你准备滚动自己的小雪球时，第一桶金再小也不怕。

投资公募基金优势三：1 天只有 1 个交易价格。

对很多人来说，炒股就意味着盯盘——因为在一天的不同时段，股票的价格一直在波动，稍不留神就错过一波买卖机会，后悔都来不及。

公募基金一天只有一个交易价格。不管你是早晨上班摸鱼买、中午吃饭打嗝买、下午瞌睡梦游买，只要在交易日的下午 3 点之前完成购买，价格都是一样的。

投资公募基金优势四：一揽子金融资产，分散投资。

像存款、股票这些金融产品，你买的就是具体这个期限的存款，或者确定的一只股票。

公募基金并不一样，它是一揽子金融资产，是不同的货币、不同的债券和不同的股票混在一起的投资组合。如果组合里的某一只股票出现了暴跌，其他的资产都没受影响，这个投资组合只会出现很小幅的下跌。这就是基金的魅力，能更好地分散风险。哪怕你只买了 10 元的公募基金，这 10 元也是分散在各种各样不同的资产上的，是不是很厉害？

投资公募基金优势五：托管人制度守护资金安全。

资金安全优势是公募基金从立法开始就有的"血统优势"。你放进公募基金公司里的钱，不仅有专业的基金经理和他背后的一大批投研团队来管理，还有具备托管资质的银行替你看管资金安全。别说卷钱跑路了，就是基金公司想要搞些可能损害你利益的小动作，都会被立刻上报监管。这就是托管银行替你"站台"的分量。

总结来说，公募基金的 5 大优势如图 6-4 所示。

图 6-4　公募基金的 5 大优势

公募基金投资铁律

楚楚问我，公募基金这么好，我该买 5000 元，还是 5 万元呢？

5000 元还是 5 万元，可不是拍脑袋来决定的，你要看看这些钱在未来有什么安排。长期来看，公募基金的收益很可观，但是短期价格波动性可不小。

我拿沪深 300 指数来举个例子。2018 年，沪深 300 指数下跌了 25.3%，但在 2019 年上半年，又上涨了 28.6%，真的像坐过山车一样。如果楚楚在 2018 年年初，用孩子半年后的学费买了沪深 300 指数基金，亏钱不说，还会耽误事儿。

所以，投资偏股基金有个铁律：两年之内要用的钱不能投！

公募基金也好，炒股也好，都属于风险资产，从来不是买了就能赚钱。中国股市的特点是牛短熊长。结合股市从下跌到上涨一个完整的波动周期来看，公募基金的投资期限要放长一些，至少 3~5 年比较稳妥。在投资的一段时间里，一直出现亏损是正常的。后面我会给你讲，在这样的市场里为什么不适合一次性把自己的钱全部砸进去，你应该采用什么样的投资策略。现在，你要知道，投资基金，特别是混合基金、股票基金这样的偏股基金，要用最起码 2~3 年不用的闲钱来投资。

3. 从基金名称，看赚钱基金的筛选

名字，是一个人的称号。古人不仅有"名"，而且有"字"。婴儿出生3个月后，父亲命"名"。男子20岁时举行成人礼，同时取"字"。女子15岁许嫁，举行笄礼，也在这时取"字"。现在，很多人的名字不仅饱含了父母的期待，也能读出很多时代信息。比如，有个人叫"张建国"，他很可能出生在20世纪50年代。

新冠肺炎疫情爆发后，大家也给不同城市冠以当地的特色风味小吃取名。比如，管"武汉"叫"热干面"，管"北京"叫"炸酱面"，管"上海"叫"小笼包"，平添了一份亲切和宠爱。

其实不光是人名、城市名，基金的名称也有规律。面对市面上近万只公募基金，如果傻傻分不清楚，你该如何和它们亲密接触呢？当然是从基金名称开始了。

公募基金起名公式

公募基金数量远超国内股票数量，而且这几年新基金还在不断发行上市。为了帮你练就火眼金睛，一眼看穿找到适合自己的赚钱基金，我送你一组公募基金的起名公式。

常见公募基金的名称都是这样的：

常见公募基金名称 = 基金公司名称 + 基金特点 + 基金类型

举个例子，易方达增强回报债券A。"易方达"是这只基金所在的公司名称，"增强回报"是它的基金特点，名称最后的部分"债券"说明这是一只债券基金。请注意，在本书中出现的所有金融产品名称，不代表我的推荐，仅用于举例说明。在动态市场中，借助书籍判断什么值得投资是缺乏严谨性的。如果你想了解更多我的实时看法，可以关注微信视频号"王朝薇"。

我再给你出个课外题：你也许注意到了，易方达增强回报债券A这只基金名字的最后，还有个字母A。有些基金名字后面出现的A、B、C

是什么意思？欢迎你自己思考，之后可以在微信公众号"朝财课堂"后台发送"基金起名"，了解答案。

关于基金起名公式这 3 个部分，接下来我一个一个具体说。

基金类型

先说公募基金的类型。按照公募基金的具体投资标的，也就是基金投资的金融工具范围，可以分为 4 大类，它们分别是货币基金、债券基金、混合基金、股票基金。

货币基金，就是只能投资在货币市场的基金。换句话说，货币基金主要投资于期限在 1 年以内的短期货币工具，比如短期国债、央行票据、银行间回购、信用等级极高的企业债券等。货币基金安全性高、流动性强、收益稳定，一般不会亏损，是"活钱"投资的不错选择。

一般来说，货币基金的收益率比银行定期存款高。2013 年闹"钱荒"，后来余额宝刚推出来的时候，年化收益率高达 6%~7%；2018 年，货币基金的平均年化收益率降到了 3%~4%；到了 2020 年之后，货币基金的收益率进一步下降，维持在 2%~3% 左右，一度下降至 1.5%，和当时的一年期定期存款利率接近。

债券基金，就是主要投资债券的基金。按照规定，债券基金要把80% 以上的资金投向债券。这里的债券范围广泛，包括国债、地方政府债、公司债、金融债、可转债等，只要符合要求的债券都能投。

整体来说，债券基金在过去几年的收益率在 4%~6% 左右，收益率比货币基金高 2 个百分点。但是，债券基金是有可能亏损的。当然，这种亏损不可怕，一般几个月、最多一两年就能回本。债券基金的流动性不如货币基金，赎回到账要 2~4 天。你可以把高出来的 2 个点收益理解成对流动性和风险性的补偿。投资期超过两年的话，债券基金的本金也都是安全的。所以，我很推荐用债券基金进行"稳钱"理财。

股票基金，就是主要投资股票的基金。按照规定，股票基金 80% 的钱都用来投资股票。炒股就像坐过山车，价格忽高忽低，收益也不稳定。

同样地，股票基金也具备与股票类似的特点：高风险、高收益。

我要特别提醒你，股票基金的风险很高，可能赔很多钱，亏损达到一半甚至更多的情况也是有的。而且，股票基金的差异极大，有的赚很多钱，也有的亏很多钱。前面我讲过中国股市波动很高，这个特点也从股市延续到了股票基金上。2018年股票基金平均亏损23%，全都亏钱。但是到了2019年，平均收益率超过40%。不仅业绩大起大落，而且不同的股票基金之间差异也很大，有的收益率超过100%，也有的不到10%，这就给筛选赚钱基金增加了难度。

最后说说混合基金。监管部门对于混合基金的投资标的没有硬性规定，投资范围包括货币、债券和股票。基金经理可以灵活调整，它既不符合股票基金的要求，也不符合债券基金的分类标准，而是介于两者之间，这一类就索性统称为混合基金。对，就是这么任性。

一般来说，混合基金也沾染了股票基金高风险的特点。由于有更高的投资自由度，混合基金抓住了市场机会，收益就特别好。市场差的时候，混合基金也方便借机降仓位躲风险。但是自由度是把双刃剑，所以混合基金的收益情况也参差不齐，差别很大。

2018年，中国证券基金业协会发布了《公募基金成立20年专题报告》。从1998年到2017年的20年时间里，不同类型的公募基金呈现出不同的业绩：

债券基金平均年化收益率为7.64%，超出当时3年期银行定期存款基准利率4.89个百分点。统计数据显示，投资者持有半年债券基金，获得正收益的概率为82.35%，持有一年，获得正收益的概率为88.44%，如果持有时间超过两年，获得正收益的概率超过了100%。

与此同时，偏股基金平均年化收益率为16.18%，超出同期上证综指的8.5%，超出近1倍。投资者在任意时点买入一只偏股型基金，持有半年获得正收益的概率为60.53%，持有一年能有68.87%的概率获得正收益，当持有时间达到2~3年时，正收益概率显著提升到75.51%~77.79%。报告称，投资者持有偏股基金时间越长，获取正收益的概率越高，持有时间在 1 年以内的胜率较低。

基金公司名称

接下来看看基金公司。基金公司名称，位于基金名称的最前端，就像是基金的"姓氏"。一只公募基金从诞生日起，它所在的基金公司就表明了它的血统。

买基金，为什么要看基金公司？

因为公募基金，特别是偏股基金属于"长钱"。从长期来看，基金公司内部治理完善，业绩稳定增长，公募基金公司的规模就会慢慢长大。在规模效应之下，公募基金这种专业化投资工具的优势就会被放大。比如，个人投资者不能参与银行间市场，很多债券不能买。但是作为"机构"的公募基金就有先天优势。

更重要的是，公募基金公司对基金业绩有直接的影响。如果基金公司的管理不完善，倒霉的还是投资者。

2013 年，厉建超执掌的公募基金以 62% 的收益率傲视群雄，成为冠军基金。冠军效应引发市场跟风，更多的资金流进基金公司。可奇怪的是，同样两只基金都是厉建超担任基金经理，两只基金持股也高度重合，可是业绩差异极大：在他任职期间，两只基金的收益率分别是 −5.21% 和 69.5%，而同类基金平均收益率是 14.42% 和 12.37%。这是怎么回事呢？

原来，厉建超先在一只股票上用其中一只基金低位建仓，过一段时间另一只基金疯狂加仓这只股票，帮着前一只基金把股价拉高。这样，先建仓的基金业绩就会出现猛增。重复几次这样的操作，就出现了一只基金业绩相当亮眼，另一只接盘的基金白白给人家"抬轿子"的情况。如果你也是慕名而来的，却莫名其妙地给别人抬了轿子，收益怎么会好呢？

所以，基金公司的内部治理完善，业绩增长稳定，就是你筛选持续赚钱基金的大前提。

关于公募基金公司，赚钱能力是非常重要的评价指标之一，我会根据不断更新的年报、季报等信息筛选更赚钱的公司，将结果放在"朝财课堂"微信公众号上，在微信公众号后台发送"公司"，你也能看到。

基金特点

看完公募基金名称的首尾两部分，最后来研究一下位于名字中间的基金特点部分。

这个位置，往往是关于这只基金的投资方向和基金特点，展现一只基金的性格特征。根据每只基金"性格"的不同，我们基本可以把基金分成以下几种类型：有的反映基金的具体投资方向，比如大盘、蓝筹、中小盘等；有的表明基金的投资策略，比如逆向投资、多策略投资、灵活配置、事件驱动等；还有的展现基金的管理风格，根据管理风格的不同，可以把股票基金分为主动管理型基金和被动管理型基金。

主动管理型基金的目标是战胜大盘，通过基金经理的选股能力、择时能力，获得比大盘指数更高的收益。

有着"公募一哥"之称的王亚伟，曾经管理过华夏大盘精选这只基金。特别是在 2008 年暴跌之前，他调低了股票仓位，以其抗跌性一战成名。在 2004 年到 2012 年这 9 年里，华夏大盘精选的年化收益率更是达到了惊人的 49%。可惜王亚伟早就离开公募基金行业，转去私募基金行业了，所以华夏大盘精选也不再由他执掌了。

被动管理型基金，也叫作指数基金。一般复刻大盘指数，不太需要基金经理的主动管理。指数基金的头号粉丝，就是"股神"巴菲特。

搞懂了基金名称、分类，接下来就进入基金投资的实操问题：买什么，何时买，在哪买。接下来，我会具体讲解。

4. 指数基金，巴菲特推荐的投资神器

2008 年，在巴菲特的伯克希尔·哈撒韦公司股东大会上，主持人问巴菲特："假设你只有 30 来岁，没有其他经济来源，只能靠一份全职工作谋生，也没有多少时间专门研究投资。但是你已经有了一笔存款，能维持一年半的生活开支。请问，你攒的第一个 100 万美元将会如何投资，请告诉我们具体投资的资产种类和配置比例。"

巴菲特回答："我会把所有的钱都投资到指数基金上，用来跟踪标普500，因为它的成本低。然后，我继续努力工作。"

巴菲特推荐的指数基金到底是什么？主持人问巴菲特的问题，也是你想知道的吗？哪怕手上还没有攒够 100 万元人民币，我也推荐你投资指数基金，然后继续努力工作增加收入。

股票指数

先来了解一下股票指数。股票指数，其实是一种选股规则。按照规则挑选出一揽子股票，通过市值加权平均的方式计算出这些股票的价格水平。这个平均价格，叫作指数点位。挑选出来的这些股票，叫作成分股。请你注意，股票指数的成分股是可以变化的，一旦某只股票不再满足选股规则，它就会被替换掉。

常见的股票指数可以分成综合指数、规模指数和行业指数。

第一类指数是综合指数，反映的是全市场或者某个板块的股价情况。比如，上证综合指数就是中国股市最常用的股票指数，包含了上海证券交易所的所有股票。2008 年飙到 6124 点高位，就是上证指数有史以来的最高点。本书前面讲到股市时，列举的上证指数、中小板指数都是综合指数。

第二类指数是规模指数，反映了特定规模的股票涨跌情况。比如，我马上要讲到的沪深 300 指数和中证 500 指数，常见的还有上证 50 指数、上证 180 指数、中证 1000 指数等。

其中，沪深 300 指数、中证 500 指数和中证 1000 指数的成分股是不重合的。金融行业常用沪深 300 指数代指大盘股，中证 500 指数指代的是除去沪深 300 以外的中盘股，中证 1000 指数指代的是除去沪深 300 和中证 500 以外的小盘股。任何一只股票，只可能属于这 3 个指数的其中之一。这 3 个指数加起来，一共涵盖了 1800 只股票。

第三类指数是行业指数，反映了不同行业的股票涨跌情况。比如 2020 年爆火的医药行业，2021 年大涨的新能源行业，都有对应的行业指数。有的时候还有一些延伸题材的概念指数，比如 5G 概念指数等。

股票指数到底有什么作用？

它能帮你迅速了解在一段时间里，市场的总体行情和涨跌情况。如果你看好这一类股票，也可以通过投资指数基金的方式复刻这一类股票进行投资。

指数基金

巴菲特对 30 岁年轻人的投资建议，正是复刻一大类股票，进行指数基金投资。在股票基金中，有一种专门投资各种股票指数的基金，叫作指数基金，也就是被动管理型的股票基金。

股票指数，反映的是一揽子股票的平均成绩。投资股市平均成绩的基金——指数基金，就像股市里的课代表，具有投资成本低、业绩长期优秀，以及生命力顽强 3 大优势。

指数基金优势一：投资成本低。

指数基金，属于被动跟踪股票指数的投资工具。 基金经理的主动作用就被弱化了。相应地，指数基金在全球的投资费用普遍都比较低。

比如，同属于一家基金公司旗下的某沪深 300ETF 基金的管理费是 0.15%，另一只主动管理型股票基金的管理费是 1.5%。拿出 10 万元来投资的话，一年下来，指数基金能节省 1350 元的管理费。如果两只基金的业绩差不多，少花的钱就成了你多赚的钱。

指数基金优势二：业绩长期优秀。

股票指数所覆盖的上市公司不是一成不变的，更像考试成绩的"光荣榜"：表现突出的，榜上有名；业绩下滑的，也绝不客气，直接踢出榜单，由表现亮眼的公司替换进来。这样优胜劣汰的筛选机制犹如生物进化一样，让指数基金能够保持长期优秀。

比如，沪深 300 指数设定了筛选机制，对入选公司的表现进行每年 2 次的严格考核。贾跃亭的乐视网，就曾经登上沪深 300 指数的"光荣榜"，但一系列的经营不善使其于 2017 年又被踢了出来。

指数基金优势三：生命力顽强。

投资指数基金，其实就是投资指数。大部分公司的平均寿命不足 4 年，上市公司再优秀也免不了"生老病死"，但是股票指数具有永续性，只要股票市场存在，股票指数就不会消亡。我叫它"铁打的指数，流水的股票"。这就保证了指数基金这种产品，具有持续投资价值。

沪深 300 指数基金

我一直说，投资领域，就是典型的"选择比努力更重要"。

对于新手来说，投资指数基金，你可以先选择沪深 300 指数 + 中证 500 指数这个组合。因为和其他指数相比，这两个指数是妥妥的"高富帅"。

沪深 300 指数，是由从上海和深圳两个交易所挑出来的 300 只市值大、流动性好的股票组成的，代表了 300 家大型龙头企业的平均业绩。因为集合了 A 股全市场市值最靠前的股票，所以沪深 300 指数代表的是大盘股指。你投资沪深 300 指数基金，就相当于投资了沪深两市最优质的股票，像中国平安、贵州茅台、招商银行等。

2004 年 12 月 31 日，沪深 300 指数发布时的基点是 1000 点。截止到 2021 年 12 月 31 日，沪深 300 指数接近 5000 点。17 年的时间里，上涨了 4 倍。这 17 年里每年的平均收益率超过 20%。

这么高的年化收益率，你看懂什么了吗？

过去，我遇见过很多人说，"错过了房地产时代""后悔当初没买房子"！

我却要问："你买指数基金了吗？"

哪怕当初因为没钱，你错过了暴涨的房产投资也没事。因为沪深300 指数基金只要几百元钱，你肯定买得起。

投指数就是投国运。和大部分发达国家相比，中国的经济增长速度优势明显，优中选优的沪深 300 指数就有更大的上涨空间。

中证 500 指数基金

再来看看中证 500 指数基金。中证 500 指数，是集合了上海证券交易所和深圳证券交易所中，除了沪深 300 指数包含的 300 只股票，由总市值排名靠前的第 301 到第 800 只股票组成的。这 500 只股票组成的中证 500 指数反映了 A 股市场里中小市值股票的整体表现。

2004 年 12 月 31 日，中证 500 指数发布时的基点是 1000 点。截止到 2021 年 12 月 31 日，中证 500 指数超过 7000 点，17 年的时间里上涨了 6 倍多。中证 500 指数的成长性比沪深 300 指数更好，17 年里的平均收益率超过惊人的 30%。但是，你也别光眼红收益，因为与此同时，中证 500 指数的波动也更剧烈。

如果说沪深 300 指数是大盘股指的代表，中证 500 指数就是中小盘股指的代表。这两个指数包含的成分股并不重合，建议你同时配置。这样，在大盘和中小盘股轮动涨跌的时候，你的收益会更稳。

很多公募基金公司旗下都有沪深 300 指数基金和中证 500 指数基金，你可以研究之后进行筛选。我每个月也在关注这些值得投的基金的变化，在微信公众号"朝财课堂"后台发送"榜单"两个字，可以查看我的想法。

5. 微笑曲线，基金定投赚钱的秘密

你有过这样的经历吗？收拾衣服的时候，从兜里掏出来 50 元钱，也不知道是怎么来的，感觉跟白捡的一样！

最近，豆豆妈就在我的 21 天基金赚钱营学员群里说，自己也"白捡钱了"。豆豆妈以前是个月光族，后来跟着我学了基金定投。一年多下来，豆豆妈靠基金定投攒了 2 万多元。她兴奋地说："这真的是我赚到的一笔巨资了，比年终奖还多！赚钱真的没那么难，我做到了！"

投指数就是投国运

豆豆妈说的基金定投，就是每月 11 日，她会用账户里的 1000 元购买指数基金。只不过，不是每个月都要豆豆妈自己买，而是设定好购买时间和金额后，账户自动完成购买。这就是基金定投，全称叫作"基金定期定额投资"。

说到这儿，你有没有觉得似曾相识？在"活钱"部分，我教你设置的财富自转系统也用到过基金定投的功能。还是那句话，能躺赢的事儿，我绝不让你费力气。

通过定投策略来投资指数基金，不仅仅是我给你的认真推荐。"股神"巴菲特也很认可指数基金，而且实名推荐你也采用定投策略。他是这么说的："通过定期投资指数基金，一个什么都不懂的投资者，就能够战胜大部分专业投资者。"

巴菲特这话并不夸张，基金定投是一种能够获取高收益、但风险相对比较小的投资方式。投指数就是投国运，中国经济正在一步步冲向全球 GDP 总量第一大国的地位，如果你不想错过国运上升带来的增长收益，指数基金就是你在"长钱"部分的首选。

定投策略

当然我还是要提醒你，指数基金属于股票基金的一种，高风险、高

波动是它的常态。"前途是光明的，道路是曲折的。"借助中国革命的宝贵经验，你该怎么让自己的投资少走弯路呢？

答案就是，采用定投策略。

对于投资新手来说，采用定投策略除了降低风险，还不需要你判断买卖时机。你需要做的唯一一件事就是坚持下去！如果你掌握了基金定投，和同事一起投资的时候，那简直是高下立判。

如图 6-5 所示，比如从 2018 年 5 月开始，你和你的同事一起投资基金。你的同事拿 10 万元全买了沪深 300 指数基金，而你和他唯一的区别是，你采用定投策略每个月分批买。

图 6-5　你和同事的基金投资

你选择在每个月发了工资之后，固定投入 1 万元在同一只基金上。第 1 个月买的时候，基金净值 1.19 元；第 2 个月 1.11 元，你有点紧张了；接下来的几个月，基金都下跌得很厉害，后来跌到 8 毛钱。你紧张死了，焦虑得也快睡不着觉了，但是好在没放弃，仍然坚持每个月定投。

慢慢地，基金开始回调了。等到基金净值涨到 1.17 元，也就是跟你初始投资价格差不多的时候，神奇的一幕出现了：你的同事亏了 5000 元，感叹真是白忙活了一场。可你呢，居然赚了足足 2 万元！

你笑了。你是怎么在下跌市场里赚钱的？

微笑曲线

其实，在你购买基金的时候，并不知道市场接下来会上涨，还是下跌。行情不好的时候，你付出同样的成本 1 万元，每个月可以买到更多基金份额。这样，你手里的基金成本就跟着下降了。在这个过程中，就形成了一条向下的价格曲线。

等到市场行情变好的时候，随着价格的上涨，又会形成一条上升的曲线。在这个过程中，你的成本因为之前下跌时保持定投反而更低了，所以，一旦价格上涨，你就能赚得比之前多。

现在我想请你回想一下：你买的基金，在经历了下跌之后，又开始上涨，是不是就像人的笑脸一样？当基金价格明显上扬的时候，你也就笑了。

这就是你赚钱的秘密武器——微笑曲线，如图 6-6 所示。

图 6-6 微笑曲线

在投资的道路上，市场上涨或者下跌都非常常见。

如果不考虑未来的风险，一次性完成购买，市场下跌后你就只能承担损失。

而如果采用定投策略，遇到下跌反而不那么可怕了。因为你恰好可以借助下跌，进一步摊低成本——为你的投资收集更多的赚钱筹码。一旦市场出现上涨，收益就会变得更丰厚。

定投基金的神奇之处就在这里：微笑曲线可能会迟到，但是绝不会缺席。这就是你能靠基金定投躺赚的奥秘。

总结一下，基金定投特别适合以下"三没人群"，欢迎对号入座：没时间、没基础、没有很多钱，比如理财小白、全职宝妈、职场萌新、屡败屡战者等。就像豆豆妈，这些钱如果不是做了定投，早就花得没影儿了，哪有现在"白捡钱"的开心呢？

当然，如果你收入颇丰，或者有不错的投资战绩，但是工作很忙，或者希望把时间放在更多美好的事情上，基金定投也非常适合你。因为定投策略实在是太省心了，跟按下开关就能自动洗衣服一样简单。

基金定投实操 4 步法

开启基金定投，只需要一次设置好，以后就能自动扣款买基金，图的就是方便。等到收益率达到目标的时候，直接卖掉基金就好了。

基金定投实操 4 步法如图 6-7 所示，走起来！

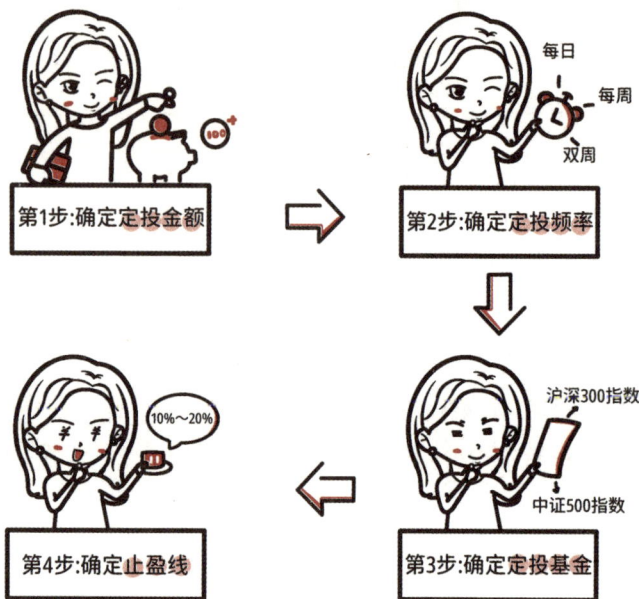

图 6-7　基金定投实操 4 步法

第 1 步：确定定投金额。

开启定投的第 1 步，是确定你的基金定投额。结合"活钱"部分，你其实已经准备好了专门用于投资理财的貔貅账户。现在，是时候让你攒的钱发挥作用了。把你存在貔貅账户里10%的工资投资在指数基金上，希望你也能体会到巴菲特赚钱的快乐。

我还要特别提醒你，"命钱"部分是排在"稳钱""长钱"之前的。也就是说，定投指数基金之前，一定要先买好保障型保险，留存一部分备用金以备不时之需。家人生病了需要钱治疗这种事情耽搁不得，如果没有保险"命钱"和备用金"活钱"，基金定投就不一定能等到微笑曲线出现的时候再卖了。这个用来定投的钱至少是未来 3~5 年不用的闲钱。

第 2 步：确定定投频率。

接下来，你要确定定投的日期和频率。除了每月定投，你还可以选择每周、双周，甚至每天定投。过于频繁地购买基金，基金的价格没什么变化，定投的优势显现不出来。定投分批买入是为了分摊成本，分散风险。

如果你工作特别忙，或者懒得打理，最简单的方法就是采用月定投，在下发工资之后直接定投。长期来看，不同频率的定投效果差别不大，每月投或者双周投的效果更好一些。

第 3 步：确定定投基金。

刚开始定投的话，我推荐你选择沪深 300 指数和中证 500 指数组合。这两个指数包含了上海和深圳证券交易所前 800 只市值最大的优质股票。上市公司本就是全中国优中选优的佼佼者，超过 4000 家上市公司中排名前 800 的公司，妥妥的"万里挑一"了。

不知道如何选择定投基金的话，你可以在微信公众号"朝财课堂"后台发送"榜单"，我会每个月根据市场变化进行更新。

第 4 步：确定止盈线。

很多人开启定投后，遇到涨跌时突然疑惑起来：我要一直定投下去吗？基金定投什么时候应该卖出呢？

基金定投，强调的是止盈，而不是止损。当基金投资的亏损达到一定程度的时候，直接卖出，叫作"止损"；当基金投资的盈利达到一定程度的时候，直接卖出，叫作"止盈"。当市场下跌时，你要坚持定投，等待微笑曲线的出现；当市场上涨时，你应该及时卖出。

现实情况是，在基金赚钱的时候，你会很开心、很得意，觉得基金能一直涨下去。往往是等到盈利全跌回去，甚至出现亏损了，才想起来：

为什么我当初没有卖！超过一半的定投投资人都会忽略止盈的价值，掉进赚了又赔的循环里。

所以，确定止盈线的时间不能是投资后，而是在开启基金定投前！对于投资新手来说，你可以把止盈线设在收益率 10%~20% 之间。一旦达到止盈线，立刻见好就收，落袋为安。

6. 在哪里买基金最划算?

小菲听银行理财经理的意见，买过几只公募基金。后来小菲气鼓鼓地跟我诉苦："投资到处都是坑。我花了 10 万元买的基金，刚一买就亏了。"

刚一买就亏钱，心里肯定不好受。

从基金实操的角度来看，手续费是很多人都没搞懂的卡点。

在 21 天基金赚钱营，我专门设立了 3 场视频直播课程，讲解实操中 90% 的人都没有意识到的大问题：买基金和买理财、买国债不一样，因为买卖基金都有手续费。不买不卖就那么放着，也有手续费。刚一买就亏钱，除基金净值波动这个影响因素以外，也可能只是被扣掉了买基金的申购手续费。

3 大手续费，了解一下

购买基金主要有 3 大费用，分别是申购费、赎回费和管理费。

申购费，是购买基金的费用。赎回费，是卖出基金的费用。管理费，是基金公司收取的、帮你投资管理的费用，就是我说的不买不卖、放着也有的手续费。

偏股型基金，也就是混合基金、股票基金等，一般申购费费率在 1%~1.5% 之间。债券基金的申购费费率在 0.6%~0.8% 之间。

赎回费，与你的持有基金时长有关，费率大致在 0.5%~1.5% 之间。

像小菲遇到的情况，第一次买基金，感觉怎么一买就亏了，很有可能就是因为手续费的缘故。卖的时候也一样，比自己预想的实际收益要低一些，一部分原因也在于手续费。

管理费比较特别，收取管理费的方式比申购费、赎回费要隐蔽得多，因为你看到的基金净值是扣除管理费之后的数字，也就是其实悄悄扣过了管理费，但是你不容易感知到。管理费和申购费相近，对于偏股基金，管理费费率一般在 1%~1.5% 之间。债券基金的管理费费率在 0.6%~0.8% 之间。

这么多的费用，也是一笔不小的投资成本。有没有方法降低呢？

买基金，怎么节省手续费

这 3 种主要的手续费都有办法降低！

先说申购费。申购费打折的要点是，挑选基金购买平台。

公募基金刚开始起步的时候，申购费是没有打折的。随着公募基金的体量不断扩大，公募基金公司率先开启了申购费打折的优惠活动。现在，很多基金销售平台都可以给申购费打折，最低可以打一折。偏股基金的申购费费率一般在 1%~1.5% 之间，一折之后只有 0.1%~0.15%。

像小菲拿 10 万元买基金，费率为 1.5% 和 0.15% 的申购费前后能差 1350 元。选择在申购费打一折的平台买基金，相当于白送 1000 多元。这是不是说明：你在投资理财的过程中投入的每一分钟，都能变成自己兜里的真金白银。

还不止这些，再说说赎回费。赎回费降低的要点是，增加持有基金的时长。

一般来说，偏股基金持有时长小于 7 天，收取 1.5%。这个费用很高了，基金公司类似于在向你收取惩罚性赎回费：你才买了几天就卖，都来不及帮你赚钱呢！偏股基金持有时长超过 30 天的话，一般收取 0.5%。如果持有时长超过 2 年，很多基金公司就不收取赎回费了。

从赎回费的设置上，也能看出基金公司在提醒你：基金投资具有风险。拉长基金的持有期，不仅实际上更容易赚钱，而且还有不断降低的赎回费。我再强调一遍，买公募基金要有经受 3~5 年波动的准备，至少也是用 2~3 年不用的闲钱投资才比较稳妥。

最后说说管理费。管理费本身并不能降低，但你可以通过选择被动管理型基金，也就是指数基金，降低管理费。

股票基金根据基金经理在整个投资中的作用分为主动管理型基金和被动管理型基金。被动管理型基金主要指的就是指数基金。一般来说，主动管理型股票基金的管理费费率是每年1.5%。被动管理型的指数基金，因为只需要被动跟踪指数，收取的管理费也更便宜，每年的管理费费率只要0.6%~1%，少了差不多一半。手续费便宜，也是我推荐你买指数基金的重要原因。

提个醒，这是我观察公募基金市场总结的节省手续费的方法，但是在投资过程中，每只基金的实际情况可能不一样，也会出现阶段性的调整。你在头卖基金的时候，记得要具体查询。

4 大购买基金的渠道盘点

市面上都有哪些常见的基金购买渠道呢？这就给你盘点一下。

第1类：基金公司

市场上有一百多家基金公司，基本都有自己的官方网站和App。你可以在基金公司的官网和App上注册账号后买基金。

通过基金公司直接买基金，申购费往往有打折，但比较麻烦的是，你只能买这一家基金公司的基金。每买一家基金公司的基金，就要多注册一个账号，实际操作有点麻烦。

第2类：商业银行

商业银行和基金公司合作，也可以代销公募基金产品。

很多银行都有理财经理为你提供投资建议。学了这么多实操的理财知识，我的目的不是让你变成理财专家，而是有能力去判断你身边的人谁更专业，谁的建议你更应该听。银行渠道的申购费一般不打折或者折扣少。

第3类：证券公司

买卖股票，你可以通过开通股票账户来进行。其实，买卖基金也可以通过股票账户来进行，而且在证券公司购买的基金申购费也经常打折。

公募基金属于"未知价"申购、"未知价"赎回。也就是说，你买卖基金的时候，并不确切地知道买入价格和卖出价格是多少，而是在股市收盘之后，基金公司完成了当天的核算，才能知道。在证券公司买基金，比较方便你同时观察当天市场的涨跌，来判断是否要在这一天进行买卖。

当然，能有多少只基金在这家证券公司可以买到，也是你要关注的部分。全市场近万只公募基金，你能在一家平台上买到的基金数量肯定越多越方便。

第 4 类：互联网平台

除传统金融机构的线上购买渠道以外，很多互联网平台也都开通了基金代销，常见的平台有支付宝蚂蚁财富、微信理财通、天天基金等。互联网公司的产品技术能力过硬，购买体验往往会更流畅，基金申购费也常常有打折。

总结一下，不管你在哪里购买基金，实际上都是直接申购对应基金公司的基金份额，所以，只要是符合监管要求的备案平台都是安全可靠的。在第三方监管制度下，你的钱其实是直接进入了这只基金所在的托管银行。不管是销售渠道，还是基金公司，都不能随意挪用你的基金投资款。

7. 本章小结

A 股市场大起大落是常态。从某种程度上来说，你投资赚的钱，就是忍住下跌时心里的难受所换来的财富对价。所以，长钱理财是为了降低短期波动，让你在波动中赚钱。

如果你从 0 开始投资，选择基金比选择股票更容易赚钱。因为公募基金有专业"老司机"操盘，投资门槛低，1 天只有 1 个交易价格，这样基金投资就更简单、更好操作。除此以外，基金是一揽子金融产品，能有效分散投资风险，还有托管人制度保证你投入的钱安全不跑路。

常见公募基金名称 = 基金公司名称 + 基金特点 + 基金类型。借助这个公式你能快速了解一只基金。根据基金业协会数据，债券基金持有超过两年都能获得正收益，偏股基金持有超过两年获得正收益的概率超过 75%，再次印证"长钱"理财是用至少 2~3 年不用的闲钱来投资。

巴菲特对 30 岁年轻人的投资建议是复刻一大类股票，进行指数基金投资。他是这么说的："通过定期投资指数基金，一个什么都不懂的投资者，就能够战胜大部分专业投资者。"如果你刚开始进行基金定投，建议选择沪深 300 指数 + 中证 500 指数这个组合，通过每月坚持定投建立基础的投资纪律，在波动中收集更多的赚钱筹码。

买基金和花钱的逻辑一样，借用王永庆的话说："省一块钱等于赚一块钱。"申购费、赎回费、管理费这 3 大费率在实操中都有办法降低。你在投资理财上花的每一分钟，都会变成自己兜里的真金白银，你的财富认知和赚钱习惯也在不知不觉中完成了升级迭代。

第 3 部分

踏上 1000 万元
财富增长阶梯

第 7 章

财富增长

1. 财富自由，你必须手握两项核心资产

"中国有两种白酒，一种叫贵州茅台，一种叫其他白酒。"不管你喝没喝过贵州茅台，在投资的时候，你不能不知道贵州茅台。

2020 年 7 月 6 日，贵州茅台首次突破 2 万亿元市值，跃升为中国 A 股市场第一大股。与此同时，也以 1300 亿元持仓成为基金第一重仓股。

同年 9 月 21 日，万得资讯（Wind）编制发布了"茅指数"，由 35 只"行业茅"组成。所谓"行业茅"，就是各行各业的龙头股。特别赋予的"茅"后缀用来彰显它们各自在本行业的尊贵地位。

同年 12 月 31 日，贵州茅台的收盘价达到 1998 元。按照 A 股最小投资单位一手来计算，要拿出将近 20 万元才能买得起一手。那个时候，贵州茅台总市值 2.5 万亿元，沪深两市加起来总市值 80 万亿元。什么概念？A 股所有股票市值加起来，一共就值 32 个贵州茅台。

价格高得确实有点不像话，但这也是无数投资者真金白银买出来的。

"财富自由的硬通货"

不管怎么样，当你已经积累了第一桶金，实现了 100 万元的小目标之后，是时候给自己配置些硬通货了。

说到"硬通货"，百度百科里的定义是这样的：泛指金属货币，如黄金、白银及其铸币。这也好理解，毕竟黄金是人类社会普遍认可的货币，即使在战争时期。

百度百科里"硬通货"还有一种含义：指国际信用较好，币值稳定、汇价呈坚挺状态的货币。比如，美元、欧元、英镑。你也可以这样理解，硬通货就是全球最具有货币定价权的高流通货币。一般来说，通货指的就是流通中的货币。

但是，我说的硬通货不是这个概念，而是"财富自由的硬通货"。

先来看"通货"。"财富自由的硬通货"里面的"通货"在这里

指的是具备投资属性的资产，比如 10 年期国债、三线城市的房产等。当然，如果你有地方储存的话，作为工业经济的"血液"石油，也可以算进来。

再来看"硬"。实现财富自由不是一日之功，是长期复利增长的结果。所以，这里的"硬"要能长期跑赢通货膨胀。最好在高通货膨胀阶段，硬通货自身还能实现保值增值。

你听懂了吗？如果你拥有我说的硬通货，那就相当于闭着眼睛捡钱了。在真实世界里，通货膨胀一直存在。高通胀本身会让穷人变得更穷，但也能让富豪变得更富。我说的硬通货，就是富豪们在货币超发的真实世界里，还能持续实现财富增长的核心资产。

显然，传统意义上的硬通货，比如美元、欧元，就不符合我对硬通货的要求，因为美元和欧元会因为货币超发而贬值，而且贬值速度还很快。

那么，富豪们到底因为持有了什么核心资产才能迅速崛起？

富豪们的两种核心资产

自从 2008 年成为国内早期私人银行业务的探索者，我每天的生活就是研究财富的增长、守护和传承，帮助从千万资产到数亿资产的富豪们解决跟钱有关系的难题。非常感谢我的职业红利，让我得以扎实地践行"注意力在哪儿，财富就在哪儿"。正是在这样日复一日的复利作用下，我对财富增长的观察和研究也有了"近水楼台"的天然便利。

接下来，就是解密富豪们最爱持有的两种核心资产。

第 1 个是优质股权资产，第 2 个是优质房产。

我先用数据简单说明这背后的逻辑。

从 2011 年到 2020 年的 10 年时间里，上证指数从 2808 点上涨至 3473 点。如果忽略过程中的起起伏伏，10 年累计收益率为 23.68%，平均年化收益率只有 2%，相当惨淡。但是，在这 10 年里，不乏有 10 年上涨 10 倍的股票和基金。中国股市不仅呈现出高波动的特点，高差异化也是它的显著特点。优质股权，不仅要踩中赛道，还要跑赢所有竞争对手。

从 2000 年到 2019 年，中国整体房屋销售价格年均复合增长率为8.1%，一二线城市中的佼佼者的平均销售价格更是保持了两位数的增长。但是，山东乳山的海景房虽然拥有被誉为"天下第一滩"的中国北方最好的沙滩，却在这些年里仍然稳稳地保持 3500~4000 元/平方米的价格，几乎没涨过。可以说，乳山是用 10 年的时间跑出了其他城市 1 年的涨幅。可见，财富增长不是单纯地买房，而是买哪里的房子。

接下来，我仔细说说这两种核心资产。

优质股权资产

优质股权资产，我指的是高增长赛道里的龙头企业，优质行业和优质企业两者缺一不可。

道理不难理解：从高收益的角度来看，优质行业才能孕育优质企业。在高增长赛道里的龙头企业，更容易借助时间的力量把规模效应和品牌效应发挥到极致。

比如食品饮料行业，特别是这个赛道里的白酒行业，不仅具有强消费属性，还能享有消费升级带来的增长红利。过去几年，白酒行业的净资产收益率（ROE）[1] 均值高达 22%[2]，在众多细分行业中排名第一。2011 年到 2020 年这 10 年时间里，白酒行业的龙头企业贵州茅台的累计收益率达到 4254%，而同期上证指数的累计收益率仅仅是23.68%。

贵州茅台是白酒行业的龙头企业。从 2017 年到 2021 年，贵州茅台的净利润增速分别是 62%、30%、17%、13% 和 12%，平均净利润增速约

---

1 净资产收益率（ROE），是你投钱买下公司后，每年获得的收益。ROE 是股神巴菲特投资公司时最看重的一个指标。10 年期 ROE 在一定程度上代表这家公司的长期投资价值。
2 数据选择 2010 年至 2019 年期间。

为 27%。当然，这还是在贵州茅台限价的情况下。如果贵州茅台可以按照市场需求涨价，利润增速肯定更高。即使不涨价，贵州茅台的市场需求潜力巨大，护城河深厚持久，也会使利润增速保持稳定。

注意，我说的是增速稳定，而不是增长稳定。绝大多数人都没搞清楚这两者有什么区别，这里可以通过图 7-1 来看一下。

增长稳定，是增长速度保持一致，但没有加速度，也就是保持匀速增长。比如，在没有摩擦力的路面上匀速滑行。如果用示意图来表示，应该是图 7-1 中黑线所表示的样子，一条直线稳定增长。

增速稳定是什么意思？是增长速度稳步提升，加速度保持一致，也就是一直在提速，保持加速增长。所以，增速稳定应该是图 7-1 中红线所表示的样子，是一条上扬的曲线。

它像你心目中的那条线吗？

是的，我说的是复利增长曲线，你的财富自由之路！

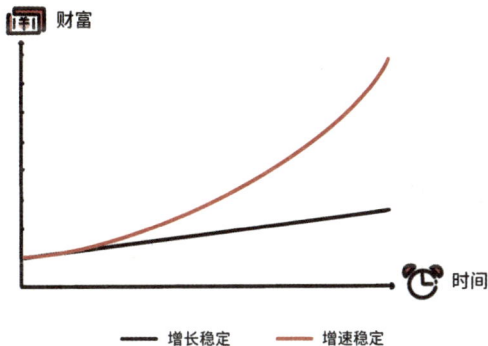

图 7-1　增长稳定和增速稳定

贵州茅台在过去几年的利润增速，就是跑出了一条上扬的复利增长曲线，如图 7-2 所示。如果你仔细观察它的股价，也近似于跑出了一条上扬的复利增长曲线。当然，你还可以期待它更长期的表现。我还是要再次重申，贵州茅台是我在本书中的分析案例，不是我的推荐，更不代表任何时间买入你都能实现财富增长。2021 年之后的贵州茅台股价调整，就是对前一阶段热钱追捧的估值修复。欢迎关注微信公众号"朝财课堂"或者微信视频号"王朝薇"查看我的更多实时观点。

股价（元）

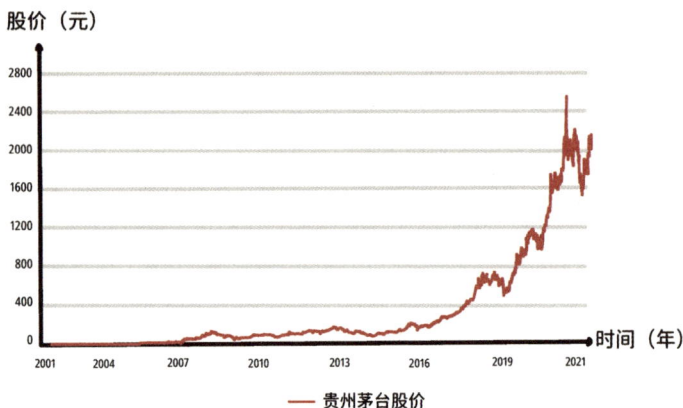

图 7-2　贵州茅台股价走势

作为股权资产，贵州茅台能够保持利润增速稳定，就可以确保贵州茅台能在一定时间里对抗通胀。在长期投资的过程中，通货膨胀乃至货币超发的 M2[1] 都可能出现短期高涨。通胀越高，品牌溢价极高的贵州茅台资产涨价越快，因此就有了对抗通胀的基础。

有趣的是，贵州茅台酒本身还具有一定的金融属性。很多企业家喜欢租一片厂房储存贵州茅台酒。储存时间长了，贵州茅台酒还能增值。如果储存量很大，或者近期有流动资金需求，还可以通过各种渠道销售出去。这样一来，能储存也能交易的贵州茅台酒就有了金融属性。

产量有限，需求无限，利润增速稳定，品牌资产价值高。作为消费品，贵州茅台酒很抢手。对抗通胀，保值增值，可储存，可交易。作为金融工具，贵州茅台酒很硬核。这就是我说的硬通货。

1　M2 是广义货币供应量，说的是流通在银行体系外的现金加上企业存款、居民储蓄存款以及其他存款，包括了一切可能成为现实购买力的货币形式。因此，金融行业常用 M2 来反映真实的通货膨胀情况。

当然，贵州茅台是我举的例子。所谓好的投资标的，也从来不是任何时候都值得买入的。高增长赛道里的龙头企业是优质股权资产的幼儿园，你可以从中慢慢发掘、培育能辅佐你"打江山"的财富自由硬通货。

优质房产

说到这里，你还能想到什么资产和贵州茅台很像？

还真有，那就是优质房产。在人口净流入为正的大城市里，核心地段的房产一般就是优质房产。在这里，大城市和核心地段两者缺一不可。

土地有限，买房需求却持续不减。作为居住场所，房产是刚需。房产可以对抗通胀、保值增值，甚至向来就是吸纳货币超发的重要资产池。作为投资工具，房产很热门。这也是我说的硬通货，富豪们持有的另一种核心资产。

网上曾经流传过一篇文章——《变味的茅台，谁在买单？》，文章里有这么一句话："酒是用来喝的，不是用来炒的。"这句话很快就被传播成了"酒喝不炒"。你有没有读出一点似曾相识的味道？就是那句"房住不炒"。你看，贵州茅台和房产这两种资产仿佛手拉着手，变得更亲密了。如果一定要揪出两者之间的区别，那就是一线城市的房子几乎都限购了，而贵州茅台的股票至少没限购。

回到房产投资上。持有优质房产和其他资产，最后的回报能差多少？

记得 2006 年从北大本科毕业的时候，我去导师家拜访。她指着旁边上河村的新楼盘说，"现在售价 1.5 万元 / 平方米"。到了 2019 年，这个楼盘的二手房价格已经涨到了 15 万元 / 平方米。这个坐标为北京西北四环的楼盘在 13 年的时间里实现了 10 倍的房价增速。

如果同样的钱放在银行存定期，用同样的时间跨度（从 2006 年到 2019 年），你的存款资金只会增值 38%，同期物价却上涨 40%，不但没赚钱，实际上还亏了。

2000 年之后的 20 年时间，几乎是中国房产投资的黄金年代。特别是前 10 年，差不多中国所有城市的房价都在上涨。随便买一套房子，都很容易战胜几乎所有的理财产品。这正是中国过去 20 年超高的经济增速带来的国民财富增长的红利。

在这 20 年时间里，中国年均 GDP 增速超过 8%。在全球范围内，这么庞大的巨型经济体持续保持高速增长是很难遇见的，而你我有幸共享其中的发展红利，真的是可遇不可求。

这就是我说的"财富自由硬通货"。在本章后面，我会陆续拆解这两种核心资产，告诉你该如何投资。

2. 从公募到私募，明星基金更赚钱吗？

根据中国基金业协会的统计数据，截至 2017 年年末，偏股基金成立以来，平均年化收益率达到 16.5%。这个回报率可以说是相当优秀了，远远超过美国公募基金近 20 年 2.8% 的平均收益率。

然而，基金业协会的另外一份数据就让人有点哭笑不得了。近 20 年来，投资者通过持有基金获得的实际收益率趋近于 0，甚至亏损。

这就是中国金融业的投资怪圈："基金赚钱，基民亏钱"。这是基金的问题吗？有了一定资金积累之后，你的投资工具也更丰富了，除了自己直接投资，还可以选择基金这种专业化投资方式。

基金的本质

二战之后，全球人口以 25 亿为基数，增长了两倍多。人均年收入增长更快，从不足 1000 美元增长到超过 10000 美元。超过 20 亿人跃升为中产阶层，这是人类历史上第一次普通百姓拥有大量私人财富。随着财富的保值增值成为全球范围的刚需，资产管理进入专业化发展的快车道，以专业投资为核心的基金成为中产崛起的全球财富新王者。

2016 年年底，全球各种基金管理的资产约有 50 万亿美元，相当于当年美国 GDP 的 3 倍，中国 GDP 的 4 倍。[1] 基金业的庞大规模足以蔑视地球上的任何一个国家。

基金的本质，是专业化委托投资。专业化，是基金最显著的特征，用来和个人直接投资相对。根据募资方式的差异，基金可以分为公募基金和私募基金。

公募基金，是向社会公众公开募集的基金。普通投资者可以通过基金公司网站、银行网点、证券账户或者互联网等各种公开渠道进行购买，也就是我在"长钱"部分讲的金融产品。公募基金的门槛很低，以前还有 1000 元起投，现在很多渠道都接受 1 元购买了。

1　数据来源于香帅的《香帅金融学讲义》。

私募基金是用非公开方式募集资金的，只向特定机构或个人发行。私募基金会定向通知满足一定资产要求的机构或者个人投资者，比如商业银行的私人银行中心、信托公司的财富中心等。私募基金对投资人有明确的认购门槛，必须是"合格投资人"[1]，单只私募基金的投资金额不低于 100 万元。

买私募基金的收费方式和公募基金不一样，私募基金更强调和投资者收益进行绑定。一般来说，公募基金只有买卖费用和管理费，并不要求业绩分成。但是私募基金除了支付给基金管理人的基础管理费以外，基本上都要收取利润分成。你赚得越多，基金公司就跟着赚得越多，从你的收益里分享至少 20% 的比例。如果你没有收益，甚至亏损了，基金公司就没有这部分收益了。私募基金行业就是用这样的方式吸引了大批优秀的公募基金经理"奔私"，也就是跳槽到私募基金行业。

私募基金

私募基金由于少监管、高激励，在发展过程中变着法儿地迭代出各种不同的投资标的。根据证券基金业协会数据，2021 年年底中国私募基金存量规模突破 35 万亿元，已经超过了 25 万亿元存量规模的公募基金。常见的私募基金也有两类，分别投向二级市场和一级市场。

一类私募基金主要投向二级市场，也就是上市公司。在欧美国家，从量化交易发展出了对冲基金。在中国，主要围绕 A 股市场进行投资，叫作私募证券基金，也被称为"阳光私募"。私募证券基金和公募基金的投资标的比较相似。

你一定想问，私募基金的收费和起投门槛都更高了，投资者的收益确实也会更高吗？

在中国，2009 年到 2017 年的 9 年里，中国公募基金和私募证券基金的收益率分别是 13.2% 和 14.8%。私募基金略胜一筹。但是，私募基金良

1　根据《私募投资基金募集行为管理办法》、《证券期货投资者适当性管理办法》的相关规定，私募基金投资人要具有相应风险识别能力和风险承担能力，要求投资在单只私募基金的金额不低于 100 万元，且个人金融资产不低于 300 万元或者最近 3 年个人年均收入不少于 50 万元。

莠不齐的情况更严重，其中 30% 的私募基金是亏损的。

在欧美国家，量子基金的索罗斯、文艺复兴基金的西蒙斯、桥水基金的达里奥都是著名的对冲基金经理。1987 年 10 月的"黑色星期一"股灾中，桥水基金的达里奥逆势取得 22% 的收益率，被媒体称为"十月英雄"。在接下来的几次全球大危机中，比如 2008 年次贷危机、2010年欧洲主权债务危机，达里奥也都创下了业绩奇迹。尽管这样，在巴菲特的 100 万美元赌约中，对冲基金在近 10 年的时间里还是跑输了指数基金。全球各地的私募基金的实际投资差异很大。

另一类私募基金主要投向一级市场，也就是未上市公司。如果是投资初创企业或者是创业的早期阶段，投资风险更高，这类基金叫作风险投资基金，也常叫作 VC（Venture Capital）基金。如果是投资创业成熟期的企业，则更多偏向并购或者 Pre-IPO 阶段，叫作私募股权基金，也常叫作 PE（Private Equity）基金。

私募股权基金在股权资产上的投资周期更长，至少要 3~5 年起投。投资在一级市场的私募股权基金没有了上市后的溢价，估值肯定会便宜得多，但是这些便宜的公司更不稳定，因为面对的风险也更多、更大。相对应地，一旦踩中行业和龙头企业，基金收益也非常惊人。

2000 年，软银用 2000 万美元投资阿里巴巴，并且一路坚定地支持马云走到最后。后来阿里巴巴上市，软银的投资从账面上已经升值了近70 倍，高达几十亿美元的投资收益。

这就是优质股权资产的价值，也是富豪们更愿意参与股权投资的原因所在。收益这么高，为什么还会出现"基金赚钱，基民亏钱"的情况？

这和你的投资选择有关。

买"冠军基金"吗？

小君在 2015 年买了股票基金榜排名第一的基金，原本期待大赚一笔，可是 2016 年这只基金却只排到了同类基金的倒数第 4 名。到了 2018 年，还是差不多垫底。别说多赚钱了，亏钱亏到他怀疑人生。

小君这样的情况在投资过程中并不少见。很多人喜欢投资"冠军基金"，也就是业绩排名第一的基金。我的建议恰恰相反，不建议你投资冠军基金。

你已经知道了，中国股市的特点是高波动，而且各行业板块也在频繁轮动。一只基金能够登上年度冠军宝座，很多时候是因为基金经理高比例地投资了某只股票或者某个行业。换句话说，他押对了宝。但是，谁也不能保证幸运女神在下一年还眷顾这只基金。特别是重仓押宝某只股票或者某个行业，在风格轮动这么频繁的 A 股市场里，同时也意味着高风险和高波动。一旦风向发生变化，基金经理误判了趋势，业绩下滑就会特别明显。所以，实话实说，最近 10 年来能持续霸榜的主动管理型基金并不多见。

抢"爆款基金"吗？

不管公募基金还是私募基金，除了不要盲目追冠军，也不要随便追爆款。买包、买乐高、买 AIR JORDAN 运动鞋，你可以哪个风靡买哪个，但是如果买基金也追爆款，结果大概率就是非常一般了。

新基金发售的时候，由于明星基金经理效应或者某个阶段股市暴涨，买基金的气氛就被炒起来了。这个时候，经常会出现"爆款基金"。也就是，新基金的发售期缩短到只有 1 天，可是资金募集还是非常火爆，直接超出了原定的基金募集规模。这种情况叫作"基金超募"。

2020 年，小宝听朋友说有一只新基金特别好，买了一定能赚钱，就跟着买了 5000 元。这只基金的募集上限是 60 亿元。可是投资者的热情太高了，1 天就募集了 1224 亿元。等他收到退款的时候，小宝懵了：原本想投资 5000 元的基金，最终配售比例只有 5%，也就是 250 元。250元够干嘛的？小宝很无奈，也感觉这个投资很鸡肋。更鸡肋的是，这只基金接下来还是业绩平平，没有任何明显的优势。

在讲到货币基金、债券基金怎样更容易赚钱时，我都提到过基金规模的问题——规模不大不小，基金业绩往往更好。这个观点也适用于主动管理型的偏股基金。巴菲特也说过："导致投资趋向平庸的罪魁祸首是资产规模"。超大规模的基金，你要记得躲啊！

"高收益错觉"

市场热炒的冠军基金、爆款基金的本质，其实是"高收益错觉"。只要你开始投资，"高收益错觉"就会经常出现。它也是导致很多人投资错误的重要原因。

我请你玩一个穿越的游戏。

你手里有 10 万元。现在有两只基金，如表 7-1 所示。你确切地知道过去 6 年的时间里，明星基金经理和普通基金经理的投资业绩。如果你能穿越回 6 年前，你会选择投资哪只基金？为什么？

表 7-1 两种不同的投资风格

	第一年	第二年	第三年	第四年	第五年	第六年
明星经理	100%	−50%	100%	−50%	100%	−50%
普通经理	8%	8%	8%	8%	8%	8%

看起来，明星基金经理的业绩明显更好，是不是？动不动就翻一番。这要是你用 10 万元来投资，要赚翻了吧？普通基金经理的业绩真的是一言难尽，普通得不能再普通。

再看平均收益率，明星基金经理 6 年的平均收益率为 25%，普通基金经理只有 8%，完全被秒杀。对吗？我再问一遍，你确定要把钱投给明星基金经理吗？

咱们来看一下 10 万元投资这 6 年的实际结果。在唐僧的 3 个徒弟投资时，我讲过"投资的不对称性"。明星基金经理第 1 年业绩翻番，第 2 年又赔回 10 万元本金，第 3 年再翻番，第 4 年又赔回去了，第 5 年再翻番，第 6 年又赔回去了。看起来亮眼的投资业绩，其实全白瞎了。6 年下来无功无过，还是回到 10 万元本金。可是我要提醒你，在这个过程中你其实赚过钱，所以基金是会收你的管理费和分成的。你不仅赚了个寂寞，还亏掉了一些钱。

再来看普通基金经理。业绩很不起眼，每年都是 8%。6 年之后账户里到底有多少钱？1 年之后是 10.8 万元，2 年之后是 11.66 万元，3 年之后是 12.6 万元，4 年之后是 13.6 万元，5 年之后是 14.7 万元，6 年之后是 15.87 万元。投资 6 年有 58.7% 的累计收益率，接近 60%。是不是感觉还可以？

你看，看起来不起眼的普通基金经理，6 年的收益率接近 60%。如果选择看起来风光无限的明星基金经理，6 年下来你不仅赚不到钱，还会亏点儿手续费。

这就是典型的"高收益错觉"。感觉自己选择得都很好，但却过分注意了短期收益。

看起来，别人都在热热闹闹地赚钱。可如果没看透"高收益错觉"，你就可能掉进"别人都赚，只有我亏"的错觉里。这种错觉会导致你心态失衡，一错再错，甚至有可能白白断送掉原本不错的开局。实际上，真正优秀的基金，从来不是那些短期取得超高收益的基金。

平均收益会骗人

回到刚才的穿越游戏，明星基金经理的平均年化收益率为 25%，普通基金经理的平均年化收益率为 8%，明星基金经理的平均年化收益率高很多。可是，刚才用 10 万元计算了一下，普通基金经理 6 年下来是 15.88 万元，选择明星基金经理并没有赚钱。问题到底出在哪里了？

原因就在于，你的投资是连续的，前一年的业绩无论好坏，都是下一年的本金，而简单的平均收益会骗人！

比如，第 1 年赚了 100%，第 2 年亏了 50%。看起来平均收益是 25%，是赚钱了，但这个 25% 是算术平均值[1]。

1　算术平均值 =（第 1 年收益率 + 第 2 年收益率 +……+ 第 N 年收益率）/N

$$算术平均值 = \frac{100\% + (-50\%)}{2} = 25\%$$

但其实，你第 1 年赚的钱已经被第 2 年亏回去了。这样，第 1 年赚了 1 倍是 200%，第 2 年是第 1 年的 50%，两年的收益率相乘，结果还是回到原点 1，不赔不赚。这用的是几何平均值。

$$几何平均值 = (1+100\%) \times 50\% = 1$$

这样，你就得出了 3 条重要结论：

第 1，平均年化收益率会骗人。算术平均值并不是真实收益，但很多基金在宣传的时候展示的都是算术平均值。请注意，除非每年收益率相等，否则基金的实际投资收益率总是比算术平均值低。

第 2，基金的实际收益率是几何平均值。你可以使用下面这个公式计算实际收益率。

$$实际投资收益率 = \sqrt[n]{(1+第\,1\,年收益率) \times 第\,2\,年收益率 \times 第\,N\,年收益率} - 1$$

第 3，基金业绩稳定比看起来的高收益重要得多。哪怕短期收益率高达 100%，起起伏伏的，也远不如个位数的长期稳健收益率。而且，收益率波动越大，算术平均值和几何平均值差距越大。所以，你要选的不是冠军基金，也不是爆款基金，而是业绩稳定的基金。业绩稳定的基金实际上更容易赚钱。

3."早知道这样"，你能赚更多钱吗?

1593 年，一位来自维也纳的植物学家把起源于土耳其的郁金香带到了荷兰。就这样，郁金香成了荷兰花园里名贵的植物。由于"花叶病"带给郁金香奇异的色彩，颜色越奇异，郁金香球茎就越珍贵。人们开始预测未来最流行的郁金香新色，一边囤货，一边期待价格上涨。

在所有人的期待下，郁金香球茎价格急剧上窜。全世界的买家齐聚荷兰，人们疯狂到以土地、珠宝、家具等来交换郁金香球茎。金融业创造出了"看涨期权"，杠杆投资把郁金香的价格推高成天文数字。终于有一天所有人的心态都崩了，郁金香贬值的速度如同雪球滚下山一样让人胆战。大家都说，是一个小小的郁金香球把欧洲当时的金融中心荷兰拖垮了。

奇怪的是，所有人都知道郁金香价格已经很高了，风险很大，可还是抵御不住暴利的诱惑。

"早知道这样"，为什么还往火坑里跳?

为什么"牛市里亏钱"?

一个冰冷的事实就是，"很多人在牛市里亏钱"。

2020 年年初，新冠疫情以一种未知病毒的身份闯入人类社会。面对未知的恐惧和企业停摆的压力，负面情绪弥漫股票市场。在经历了几十年没有过的季度 GDP 下跌之后，到了二季度，经济和人们的情绪都恢复了正常。从 6 月份开始到 7 月份，A 股经历了年中的小高潮，上证指数从 2900 多点上涨到接近 3500 点。市场一片欢声笑语，然后再次进行调整。

可是，在股市全年最低点的一季度，却很少有人买入。一季度人民币存款增加 8.07 万亿元，平均每天超过 700 亿元存款涌进银行。而在股市暴涨的 6 月份，货币基金缩水 8543 亿元，相当于全市场货币基金的 10% 的规模。这些钱都去哪儿了? 肯定是股市。

为什么"很多人在牛市里亏钱"，甚至在牛市里亏钱的人比熊市亏钱的还多？

追涨杀跌是投资中的人性。投机，是刻在基因里难以被改变的。越是看起来能赚钱的市场，追涨的冲动就更难以抑制。眼见着别人每天都在赚钱，就感觉自己亏钱了一样。实在忍不住就冲进了股市里，毫不在意，实际买在了高点上，甚至还能沉浸在上涨的喜悦里。这样的故事在一轮又一轮的股市涨跌中上演。

仅仅追涨有可能造成的只是浮亏，但我更怕你杀跌。和上涨时的全民狂欢不同，下跌，特别是持续下跌或者急速下跌，极容易造成"恐慌性抛售"。这时，你心里一遍遍默念"以后再也不买了"。低位建仓、定投策略，真正在下跌市场中该遵守的纪律在直面恐惧时容易全都忘掉。

北大董志勇教授在《生活中的行为经济学》中提出，"不同市场态势下，投资者都表现出显著的羊群效应 [1]，也就是无论投资者是风险偏好还是风险厌恶，都表现出显著的羊群效应。股票收益率是影响投资者羊群行为的重要因素。"越上涨越容易冲动，越下跌越容易焦虑，扎堆儿吐槽会继续加重这些情绪，因为牛市而亏钱的人就越来越多了。

最安全的投资策略

没有着急追涨杀跌，又会是怎样呢？

2020 年 2 月 3 日，春节假期之后的第 1 个交易日，A 股再次上演"千股跌停"。准确地说，是"三千股跌停"。当时，A 股市场一共有 3765 只股票，有 3596 只下跌，包括 3212 只跌停。就连上证指数当天都下跌 7.72%，竟然出现了跌停趋势。

戏剧性的反转出现了，从第 2 天开始市场反弹。在接下来的两周里，连续反弹。反弹的主力军不是大盘股，而是中小板和创业板，并创了新高。大概是市场情绪恢复了理性，知道疫情终将过去，而政府陆续出台了一系列积极的经济政策，也的确有利于市场恢复。

1　经济学利用羊群效应描述个体的从众跟风心理。

有的时候就是这么幸运。1 月初，我们研究发现中证 1000 指数被低估，存在投资机会。但非常不幸、也不可预计地赶上了疫情，股市剧烈调整。截止到 2 月底卖出的时候，短短 40 多天，绝对收益率高达 9.23%。幸运的是，很多"朝财 21 天基金赚钱营"的老学员也抓住了这波机会。更不可预计的是，接下来 3 月份全球疫情爆发，全球股市暴跌，美股甚至在 1 个月内熔断了 4 次，而我们一起拿到了收益，还躲过了下跌。

客观地讲，任何时候回头看都知道"应该"买什么资产，什么时候买卖，可是在经历的当下，没有人百分之百确定那是机会。"凑巧"赶上这次机会，幸运可能占到了很大比例。你能"确切"知道的是，要在被低估的时候买入，然后等待上涨的到来，赢面就会比别人大很多。

要等待多久才能上涨，哪怕很多时候市场会给出一些信号也不一定是确定的结果。坦白地说，没有人可以预测短期的市场涨跌。市场波动和经济周期是一样的，总是循环往复：不会持续低迷，也不会长期景气。

我们都喜欢这样的故事：曾经的王者被打趴在地，但他卧薪尝胆，最后强势回归。我希望你也能成为这样的王者，而王者最硬核的不是能力，而是心力，熬过所有人的恐惧和焦虑。

什么是最安全的投资策略？

找到优质股权资产，在低估值时期买入，然后耐心等待时间带来的上涨和复利，这就是最安全的投资策略。

"早知道这样"，就够了吗？

5 月 22 日是币圈著名的比特币比萨节。2010 年，美国佛罗里达州的一个小伙子用 1 万枚比特币买了两张比萨。在当时，1 万枚比特币价值不到 40 美元。而到了 2021 年，这两张比萨却已高达近 4 亿美元，这还是比特币遭遇暴跌后计算出来的价格。那 1 万枚比特币的接受者是美国加州 19 岁的小伙子。尽管他送出了两张比萨，却实实在在地收到了"天上掉下来的最大的馅饼"。

如果是你收到了这 1 万枚比特币，你会怎么办？加州的小伙子收到

1 万枚比特币后，在比特币小幅上涨时选择了全部套现，然后和女朋友来了一场说走就走的旅行。是的，他花光了现在看起来差不多 4 亿美元的旅行费用。

"早知道这样"，你能赚得更多吗？

佛罗里达的小伙子玩比特币很早，他只买到了两张比萨。加州小伙赚得多一些，一趟旅行而已。面对很多"事后诸葛亮"的机会，很多人都会一拍大腿：早知道这样……

可事实上，"早知道"本身没有多厉害，更多只是"碰巧早知道"而已。因为你要追求的是"长期增长"。"早知道"的先发优势并没有想象中的那么大，而绝大多数人"到时候"就知道自己有多不堪一击了。

毕竟，在中国股市的多数时间里，充斥着波动和下跌，而这同时意味着两件事：

第一，如果想赚钱，在多数时间里你会很痛苦。对，等待的过程没那么有意思。某种程度上，你也可以理解成"收益是你承受痛苦的溢价"。

操作简单，不代表你做起来容易。

第二，如果想赚钱，你有很多机会开始。当然开始之后，就会进入前面"简单但是不容易"的过程里。

开始行动，比想的过程更重要。在行动中思考，比开始行动更重要。在行动中思考并不断升级你的行动，比在行动中思考更重要。

祝你好运！

4. 为什么房产是富豪们的投资首选？

根据 Knight Frank 发布的《2019 年世界财富报告》（*The Wealth Report 2019*），全球高净值人群[1]有平均21%的资产放在房产上，位列第2，仅次于股票的27%。

但是，这21%的房产里并不包括自住房产。也就是说，这份报告中剔除掉了高净值人群的前两套房产。这两套自住房产在高净值人群财富中占据32%。如果加上自住房产，房产占财富总规模的46%，远超过股票的18%和债券的13%。

这份报告再次印证了本章开头的结论——"财富自由硬通货"里包含两样资产：优质股权资产和优质房产。

为什么富豪们爱买房？

大城市里，总是不缺少有钱的富豪们。

从全球范围来看，房产在总财富中的占比平均为49%。美国房产占比为26%，英国房产占比为35%，意大利房产占比为50%，西班牙房产占比为60%。发展中国家的房产占比更多一些，比如印度是77%，中国是54%。[2]

买多套房产是全球富豪共同的爱好。

所以客观上来讲，的确是富豪们推高了房价。那么，他们为什么这么执着又专注地喜欢买房呢？

从长期来看，房产的财富保值增值效果真的太好了。

首先，房产的财富增长效果很好。根据任泽平的计算，北京、上海、深圳、广州在 2000 年起的 20 年间，房价涨幅都在 10% 以上，都超过年均货币超发的 6.1%。

1　该报告对高净值人群的定义是净资产超过 3000 万美元，不包括自住房产。
2　数据来源：James B. Davies et al，"The Level and Distribution of Global Household Wealth"，The Economic Journal，2009.11.

如果以过去 20 年平均 8% 以上的经济增速来看，一线城市的优质房产也是能跑赢 GDP 增速的。

财富自由 3 要素里的收益率和时间价值都满足，就看你当初有没有给自己备好第一桶金了。

其次，房产的抗风险能力过硬。在经济周期的低迷阶段，股权资产和债券资产都会受到影响，从而出现下跌，而房价，或者说有城市基建支撑的房价，是比较坚挺的。在很多大危机中，是房产守住了富豪们的财富体量，使其维持在高水准，而不是大幅缩水。

更何况从长期来看，不断增发的货币会吞噬掉很多财富，而优质房产作为硬通货，反而可以跟着通货膨胀一起水涨船高，这实在就是躺赚了。

在中国，为什么买房这么受热捧呢？

买房是分享中国增长的红利

根据西南财经大学和广发银行联合发布的《2018 中国城市家庭财富健康报告》，城市家庭的平均房产价值为 125 万元，其他所有资产的总和为 37 万元。其他资产包括现金、存款、股票、债券、基金、保险、黄金等。平均而言，房产比其他所有资产总和的 3 倍还要多。

另根据央行的统计，2019 年房产占据中国家庭财富的 70% 以上。

可以确信的是，在中国，家庭财富总量中的一大半都在房产上。

中国以飞奔的速度和庞大的体量创造了发展奇迹。横向来看，这是全球瞩目的"中国奇迹"。受惠于其中，中国家庭也以绝无仅有的速度提升了生活水平和财富能力。纵向来看，这是普通国民财富增长极快的时期。

以国家统计局公布的数据来看，2005 年到 2019 年，北京、上海这些一线城市的房价大概增长了 2 倍。南京、扬州这些城市的房价也增长了 1 倍。当然，计算房产收益时，你还应该加上房租，基本等同于你持有房产这只股票时，还得到了一份额外分红。

但是你可能没有注意，如果处在中国不同的地段上，你的财富创造能力是完全不同的。

2017 年，一位咨询的企业家曾经问我，"薇薇老师，我在一个远离城市的湖边买了一套别墅，花了 2000 万元。快 10 年了，它一分钱没涨，还卖不出去，我该怎么办？"

如果同样的时间，同样的金额，买在北京的金融街，你知道会是怎样的结局吗？保守估计，翻 10 倍没问题。

差别这么大，是因为房价增长的底层逻辑是分享了中国增长的红利。

基建，是城市的底价

近年来，国家倡导"新基建"。短期有助于稳增长、稳就业，长期有助于培育中国经济的新技术、新产业。基建，就是过去 20 年里，中国城镇化过程中最惯用的手段。

基建，到底指的是什么？

基建，就是基础设施建设。20 年前，中国的基建主要是机场、铁路、公路、桥梁、水电、煤气、通信这些硬实力。但是在我看来，基建更包括教育、医疗、文化、科技这些软实力。把硬实力和软实力加起来，是一个城市的公共服务能力，或者叫作这个城市的价值底线。

也就是说，你在不同城市买房，这些房产的"底价"就很不同。那些更多享受到基建投入的城市里的房产自然"底价"更高一些。特别是一个城市的软实力，能标定这个城市房价的天花板。

所以，基建是城市的底价。

亚里士多德早在 2000 多年前就总结过：人是城邦的动物。

优质房产，就是"站在巨人的肩膀上"投资。这位巨人，就是你选择的城市。国家把财富凝结在城市的基建里，也凝结在你房子占据的土地上，所以，房产投资也常常叫作房地产投资。

未来 20 年的房产机会

怎么抓住未来 20 年的房产机会？

我们先简单回顾一下过去 20 年的几轮房产周期。这里面有一个房价走势转折点，就在 2013 年。

在 2013 年以前，全国呈现出普天同庆的同涨态势。不管哪个地区、哪个城市，房产都在涨价。后来因为美国次贷危机引发的全球金融危机，全国房价改为普跌。这个时间段是中国城镇化快速推进的时间，也是人口逐渐向大城市聚集的时间。

到了 2013 年，大城市和小城市的房价涨幅开始出现分化。准确地说，是人口流入和流出的城市的房价涨幅开始出现分化。人口流入的大城市，像北京、上海、广州、深圳和一些核心二线城市，房价继续高歌猛进；而人口流出的城市，比如乳山、鹤岗，房价已然涨幅很小。

这不是一个偶然现象。人口的流入流出，是影响一个城市房价增长的核心因素。

同样是在 2013 年，曾经的美国第四大城市底特律，更是遭遇了"滑铁卢"。作为"汽车之城"，底特律曾经风光无限。1950 年，底特律人口已经达到 180 万人，但是到了 2013 年，底特律只剩下 68 万人。在这里，你甚至可以 1 美元买走 1 套别墅。房价跌到惨不忍睹，仍然没有买家。也在这一年，底特律成为美国历史上最大的破产城市。

时间来到最近几年。2017 年开始的"最严限购令"采取了限购、限贷、限售、限价、限商[1]等各种限制政策。特别是在 2020 年疫情之后，不同城市的房价分化已经非常明显。北京、上海、深圳等少数城市的房价仍有上涨，其他城市的出现了下跌。未来，这种分化会持续加剧。

1　限购是限制购买的资格和数量；限贷是限制贷款的金额和资格；限价是限制商品价格最高价和最低价；限售是限制房产转让的权利；限商是为防止商业办公等非住宅类建筑变相建成公寓类建筑。

央行等多家机构的数据表明，房产占据中国家庭财富的一半以上。当这么集中的核心资产出现价格波动的时候，财富增长就面临很大的不确定性。这不仅是你财富管理的痛点，这也是你财富增长的起点。

所以，房产的投资决策是你的财富增长的压舱石。而你，要摸清未来 20 年中国的财富密码，就是 3 个字：新基建。

支撑未来 20 年中国财富密码的"新基建"包括 5G 基站建设、特高压、城际高速铁路和城市轨道交通、新能源汽车充电桩、大数据中心、人工智能、工业互联网等产业布局，并以此辐射教育、医疗、养老、户籍、减税缴费、发展市场经济、保护知识产权等多维度新经济服务。

在新基建的硬实力和软实力均衡布局中，越是实力雄厚、能力集中的城市，越能享受未来 20 年的房产增长红利。

仔细评估一下，你所在的城市，你希望买房的城市，能享受到多少"新基建"红利？

5. 不必玩命砍价，3 步锁定买房高收益

很多人都有房产投资的想法，房价涨得越厉害，想买房的人反而越迫切。

记得我给米粒儿买学区房的时候，正赶上一波房价上涨热潮。那段时间，相隔几天甚至在同一天，业主坐地起价几十万元的情况也是有的，我却在买房的过程中已经多赚了 100 万元，业主甚至拉着我的手说"我就想把房子卖给你"！

房产投资，也遵循财富增长的主逻辑：找到有高成长潜力的优质房产，用尽可能低的价格购买，在时间的加持下等待价值增长。

现在请你思考：在同样的时间里，你的房产如何能更快获得高收益？

答案就是，性价比高，未来才更容易卖个好价钱。注意了，房产投资的价值是在你买房的时候就提前锚定的，而不是等到卖房的时候再琢磨怎么卖个高价钱。

买房的正确姿势绝不是找业主玩命砍价！因为有增长潜力的优质房产，多数情况下都不愁卖，而不愁卖的房子又很难低价买入，所以买房的投资逻辑不是在绝对低价时买入，而是用合理的价格买到未来有更多上涨空间的房子。

随着房产存量市场的不断扩大，除了购买新房，很多人都通过买二手房来解决自住或者投资的问题。二手房买卖更复杂一些，我以购买二手房为例，拆解一下你在买房过程中提前确保自己更赚钱的 3 个步骤。

第 1 步：选区位，而不是选房子

小芳跟我咨询买房子的时候，说自己最近累惨了。跟着几家中介看来看去，转了好几天，觉得这家采光好，那家比较安静，还有一家刚装修不到一年，已经把自己看晕了。一时半会定不下来，小芳又听说郊区的房子便宜一半，房子又大环境又好，据说还通了高速。这下小芳更犹豫不决了。

盲目看房非常辛苦，效率又低，还很容易错过真正值得投资的好房子。千万别被中介或销售牵着鼻子走，你要设定好自己的选择条件，再一步一步缩小包围圈，锁定好位置。所以，第 1 步不要着急去看房，而是检索信息，给自己划定一个重点区位。

年轻人在选区位的时候，我更建议靠近城市核心区位，而不是"房子又大、环境又好"的郊区。

从生活的角度上来看，核心区位的小小蜗居看起来不起眼，可是如果每天节省 1~2 个小时的通勤路程，你就能躺在温暖的被窝里补美容觉，刷短视频，或者跟朋友大吃一顿。房子是用来住的，身心愉悦了，你的收入和身价也会慢慢上涨。所以，通勤的时间其实很贵。

巴菲特在 2010 年给股东的信里写道，购买位于奥马哈的自住房是他人生第三成功的投资。[1] 他仅仅花了 3.15 万美元，却和家人获得 52 年的美好回忆，而且还将继续受益。

从投资的角度来看也一样。房产投资，也叫作房地产投资，实际包括两个部分：房产和地产。因为房产总是附着在土地上，不能是"空中楼阁"，所以房地产当中的地产才是房产增值更关键的部分。这跟前面讲的城市人口流入流出是房价增长的核心因素是一个逻辑。核心区位的房子供给少、需求大，房价涨幅更值得期待；而农村的土地再广袤，也不能搬到北上广深区域居住。农村有房产，却没有房产市场。

从买房的第 1 步开始就兼顾生活和投资两个需求，你的房价和你的身价未来不涨都难！

第 2 步：刷房子，但不要谈房价

选定好区位后，你就可以开始刷房子了。不是真的带着油漆刷房子，而是通过查询周边配套，或者咨询房产中介获取有效信息，大批量集中看房子。

1　排名更靠前的投资是购买了一对婚戒。

根据你的上班地点、交通便利、医疗设置、商业配套、学区条件、资金预算等明确一片区域，最好不要只锁定一个小区。买二手房不像新房，不一定有很多选择，好小区好房型也可能没人卖，这样就降低了你的买房效率。

在自己划定的区域内，你要地毯式地搜索满足要求的房子。房屋朝向、所在楼层、物业费用、有无电梯、停车场、物业服务等细节，最好都在实地看房前先了解清楚。

我整理了关于筛选房产的几十个重要关注点，如果你已经确定要买房，在微信公众号"朝财课堂"后台回复"我要买房"，就可以把这些买房关键点一次性都拿走。

刷房子的重点在于大批量看房，所以实地看房前要先列出你买房关注的重点，比如，靠近大路的房间是否安静，房子有什么硬伤，小区邻居怎么评价安全和便利程度，等等。刷房子的主要目的是把你在选区位时，没有体验过的房产情况进行验证。这一步要多看、多问、多对比。

大批量刷房子的过程中，你会看到自己心动的房子。不要在看房的同时，着急和业主谈价格，即使很心动的房子也要忍住。但我却建议你，在看房的间隙你可以谈谈中介费。没错，中介费又是一个买新房不会涉及的卡点。

小芳听到的时候，一脸不明白："房产中介跟我说，中介费不能谈，是规定好的。"

也许这家公司的中介费真的不能谈，也许只是这位服务人员的借口。事实上，房产中介公司也不少，还有一些线上的中介公司更是主打超低中介费。便宜和贵的中介费可能差出好几倍。当然，我还要提醒你，不同中介公司的服务确实有差异，除非你对房产交易的后续手续很熟悉，否则不要完全图便宜，毕竟房子挺贵的，出点麻烦太头疼。

第 3 步：重价值，而不要死砍价

看了一圈房子之后，相信你心里已经有了更明确的答案。为了增加你的拿房概率，记住这个技巧：在和业主见面之前，你要和中介多沟通。比如，业主为什么想卖房子，有多着急卖，卖了房子准备干什么，等等。谈价格前，一定要把中介的作用发挥出来。要知道，中介只有促成你们俩家的房产交易成功，才能拿到中介费，他会很真诚地和你沟通信息；而你，了解对方越多，才能在谈判中掌握主动权。

现在，你就可以和业主去谈价格了。态度要淡定，控制住自己的喜欢和迫切，你更容易谈到理想的价格。

其实越是价格上涨的市场，砍价越不容易。如果真喜欢，房子又具有投资价值，没必要死命砍价，尤其是同时存在其他买方的时候。

按照这 3 个步骤来筛选房产，大概率能找到你所在城市更具有增长潜力的房子。哪怕一时砍不下价格，只要房产本身的价值过硬，你就已经锁定了未来的高收益。和砍价相比，确保买到高性价比的房产更重要。别忘了，户型不是核心，装修也不重要，房屋位置和配套设施是决定你房子未来升值的核心要素。

6. 两个指标判断，是否提前还贷

2018 年，一位北京的小伙子小方通过电话向我咨询。他每个月要还 10 万元左右的房贷，现在已经还不上了，不知道该怎么办。

原来，小方没有稳定的工作，却要每个月还 10 万元。这么多贷款还没有收入，小方之前是怎么还的呢？基本就是拆东墙补西墙，刚开始跟朋友借，借到没朋友了就向高利贷借。可是，利息越滚越多，朋友也越催越紧。现在，除了数百万还在增长的借款，小方手里只剩下 3 套靠贷款买的房子和 1 套爸妈给的婚房。

你是不是想，小方卖掉 1 套房就能救急了？事情没有这么简单。那几套还在还贷的房子位于北京周边地区，买了之后一直在跌，根本卖不出去。面对这些加了杠杆的下跌资产，小方绝望了。

电话的这头，我真想保持长时间的沉默，不忍告诉小方乱买房的结果。面对朋友的绝交和高利贷的疯涨，如果小方不能把这些贷款房产变现，缓解他的现金流危机，就只能卖掉父母送他的那套婚房，位于北京二环以里。

杠杆看起来是个好东西，其实是一把双刃剑。如果没有能力掌控杠杆还敢乱用，反而会被它侵蚀掉自己的资产。

挂掉电话前小方跟我说："薇薇老师，我怎么没有早两年认识你！"

尽管全球富豪们的共同爱好都是买房，但是你还要判断哪些是优质房产，你的购买能力边界到底在哪里？

要不要贷款买房？

当你阅读完本书的第 1 章时，你就掌握了一个几乎所有人都忽视的财富真相：全世界的银行都在为存款支付单利，却在向你的贷款收取复利。

所以，该不该贷款买房？

如果你选择的是优质房产，那就能在你财富增长的路上帮你加速前进。小方只知道买房能赚钱，却没有想清楚买哪种房产能赚钱。如果在2013 年以前，全国普涨的时候还好说，可是越往后，不同区位上的房产分化就越大。哪怕一座城市里的不同位置，或者附近的周边城市，涨跌不同步也都很正常。

更重要的是，小方忽视了贷款买房是有能力边界的。贷款的本质是使用杠杆。一旦杠杆使用不当，特别是过度使用杠杆，倾家荡产也没难度。最终压垮小方的"稻草"就是过高的贷款利息和过大的贷款总额。毕竟，贷款要是滚起雪球来，超过 20% 的利率太容易引发雪崩了。

在投资中使用杠杆是很多投资老手的常用方式。如果能筛选到优质房产，贷款买房是加速财富增长的升级方式。

我在北大读书的时候，一位大我三届的学长曾经在本科毕业时立下豪言壮志："毕业 5 年内，攒够 100 万元。"一切从零开始，确实不容易。事实上，他在毕业 5 年后，真的给我打了个电话报告战绩："不止 100 万元啦。"而这里的秘诀就是，他买了一套杭州的房子。

我的第 1 套房产，首付只有 60 万元，却撬动了 200 万元的总资产。后来房价猛涨，早就翻了几倍。想想自己实际付出的本金，这种投资收益率实在高到吓人。

你发现了吗？普通人投资股票不加杠杆，可是投资房产却很习惯加杠杆。当然了，不加杠杆，没有贷款，我刚工作的时候也买不起房子，相信很多人都和我一样。

正是因为加了杠杆，房产投资的实际收益率才会比房价增速还快很多。过去的 20 年原本就是中国房产发展的黄金时期，这下财富增长又被杠杆提速了。

所以买房可以用杠杆，只不过还要通过两个指标才行。不管你是打算贷款买房，还是已经买了房，正考虑要不要提前还款，都可以借助这两个指标踏实做决策。

这两个指标是偿债指标和收益指标。在前面的"财富体检"部分，你已经通过 5 个指标学会了扫描自己的财富能力，偿债指标和收益指标都包含在其中。

指标 1：偿债指标

偿债指标，衡量的是你的还款压力大不大。

$$偿债指标 = \frac{每月还款金额}{每月收入}$$

我建议你的偿债指标不要超过 50%，而且如果你家月收入少于 5000 元，那么这个指标控制在 30% 以下更安全。如果偿债指标高于 50%，家里的大部分收入就都要用来还钱了，万一有个急用钱的地方，免不了会逾期。如果已经贷款了，你就要警惕起来，尽可能提前还款。

其实，偿债指标只是一个基础。均衡的资产配置，特别是 4 笔钱管理，才是你稳定生活的前提。这也是为什么我把房产投资放在后面才讲。千万不要因为看起来房产收益率高，就像小方一样盲目借款买房。更不代表着，我前面讲的 4 笔钱管理，你是可以忽略的。

普通人进行房产投资，和富豪们喜欢买房之间，有一个巨大的鸿沟，就是财富体量。对于富豪们来说，活钱、命钱早就已经安顿好了，稳钱和长钱的组合搭配也都在进行中。富豪们的财富体量大，在他已经进行的资产配置基础上，购置房产更多的目的本来就是资产增值。如果你还没配齐 4 笔钱，就盲目进行房产投资，特别是加杠杆的房产投资，财富风险就会被人为放大。

指标 2：收益指标

在"活钱"部分，我鼓励你用信用卡消费。借钱是个工具，能帮你加速过上想要的生活。借钱的核心，其实是利息。所以，第 2 个指标就是贷款利息和你投资收益率之间的比较。

收益指标，衡量的是你的投资收益率。

$$收益指标 = \frac{你每年的投资收益}{投资资产}$$

璐璐一直跟着"朝财课堂"微信公众号学习。她这两年靠着自动存钱和稳健理财躲过了 P2P 爆雷，本金收益加起来攒了 20 万元。璐璐家里每个月要还 8000 元的贷款，该不该用这 20 万元提前还款呢？

璐璐家的收益指标是 7%，贷款利率只有不到 5%。收益指标大于贷款利率，相当于用银行的钱买了房子，用自己的钱赚了更高的收益。只要璐璐的收入没有压力，就可以继续投资，而不需要提前还贷。

当然，如果璐璐遇到了职场瓶颈，担心以后的收入不稳定，也可以提前还款，主动降杠杆，让自己的财富风险变小。

总结一下：如果你的偿债指标大于 50%，或者收益指标小于贷款利率，都要立刻警惕起来，建议你提前还款。我还做了一个微信小程序，帮你解锁"家庭财富体检"，在微信公众号"朝财课堂"的后台发送"财富体检"，就能找到了。

压箱底儿的还贷钱

说到还款，还有一笔钱很多人都不知道。我把它当作一个彩蛋送给你，因为很多人都忘了自己有一笔压箱底儿的还贷钱。

和璐璐家擅长理财不同，夏天家七拼八凑付了首付后，每个月的还款压力特别大。用夏天的话说，现在每月工资发下来，房子排第一，其次是儿子，再往后才是夏天和老公。不仅每个月的贷款压力大，还要还首付借亲戚朋友的钱，也不知道什么时候才能还清。

其实啊，夏天忘了自己还有一笔压箱底儿的钱，这就是夏天和老公的住房公积金。每个月，夏天拿到的 6939 元工资，都是扣除了五险一金以后的税后工资，个人缴存的 1080 元和公司缴存的 1080 元还存在公积金账户里。

这笔钱，不仅是夏天自己家的钱，而且一直放在公积金账户里，收益还很低。根据央行、住建部和财政部的规定，2016 年 2 月 21 日起，住房公积金账户存款利率统一按照一年期定期存款基准利率执行，目前是 1.50%。手里有了这笔钱，不如取出来赶紧还了亲戚朋友的人情债，或者缓解夏天家每个月的还款压力。

夏天说，收到自己公积金的时候，感觉天上掉下来个大馅饼——公积金账户里居然有 5 万多元。夏天还发现，以后每个月还贷，他都有 2000 多元的公积金可以直接用。后来，夏天干脆把公积金联名卡改成了自己的房贷还款卡，还款更方便了。除了自己的公积金，再加上老公每个月也有 2000 多元的公积金，夏天的还贷压力瞬间轻松。

7. 本章小结

余华在《活着》里说，"没有什么比时间更具说服力了，因为时间无须通知我们就可以改变一切。"真实的通货膨胀，也就是货币超发速度，在过去 20 年的时间里超过两位数。没有科学理财的后果，是钱悄悄地就没了。所以财富增长的底层逻辑，是长期跑赢通货膨胀。你要手握两种"财富自由的硬通货"，优质股权资产和优质房产。

高增长赛道里的龙头企业，孕育了优质股权资产。之所以出现"基金赚钱，基民亏钱"的投资怪圈，都是"高收益错觉"惹的祸。你要关注的不是算数平均值，而是几何平均值，这才是基金的实际收益率。远离冠军基金，看淡爆款基金，业绩稳定的基金实际上更容易赚钱。

在投资的过程中，越是看起来能赚钱的市场，追涨的冲动就更难以抑制，以至于很多人都在牛市里亏了钱。其实，安全的投资策略并不复杂：找到优质股权资产，在低估值时期买入，然后耐心等待时间带来的上涨和复利。

人口净流入城市里的核心地段，是优质房产的诞生地。买房也是中国过去 20 年超高的经济增速带来的国民财富增长的红利。基建是城市的底价，房产的价值更多凝结在房子占据的土地里。和过去"先买再说"的投资逻辑不通，未来中国房产将呈现越来越明显的分化态势。

房产投资的性价比，不是绝对低价购买，而是用合理的价格买在未来持续上涨的区位。用好买房 3 步曲，选区位、刷房子、重价值，才能兼顾生活和投资这两个需求。房产投资中不可或缺的杠杆技能，你也要先计算好偿债指标和收益指标。

第 8 章

财富守护

1. 妈妈这个职业，有收入吗?

假如你正在家里带着 6 个月的孩子，突然想去洗手间，可就在这个时候，有人敲了你家的门，手机的电话铃声也响了起来，本来熟睡的孩子开始哇哇大哭，而厨房里也飘出了一股烧焦的味道——哎呀，火没关!

请问，你会先做什么?

A. 天下最大的事是去洗手间。

B. 被敲门声搞得不耐烦，开门。

C. 铃声就是催命符，接电话。

D. 娃是心头肉，立马抱起来。

E. 还想什么? 当然是关火了。

你的答案有可能是 A、B、C、D、E 中的任何一个选项，选择哪一个选项也都有你的道理。这道精心设计出来的题目列出了各种糟糕又紧急的情况。其实，这不正是全职妈妈带娃的日常吗? 要有一心多用的超人能力，还要能事事处理妥当，才算及格。很遗憾在很多家庭，哪怕妈妈事事追求完美，还是会听到来自最亲近的家人的各种各样的抱怨:

"你怎么连个孩子都带不好?"

"你不就带个娃吗? 能有多累?"

"我辛辛苦苦赚钱养家，你什么都不用干，还抱怨这么多!"

……

试问，你真的愿意去做一位全职妈妈吗?

婚姻财富

小柔是一位温柔漂亮的全职妈妈。她说:"薇薇老师，我一年以前就想找您学习投资理财。可是家里遇到了一些困难。最近我发现情况比我想得还严重，我实在没有办法了。"

原来，小柔已经给幼儿园毕业的女儿安排好了私立学校。小柔老公总想更出人头地，就四处打听赚钱的项目，夫妻两个人都没有全职的工作，哪里有钱来投资呢？于是，老公就劝小柔，把房子抵押了，拿出钱来去投资。看着老公信誓旦旦，小柔没有任何犹豫，就照做了。

因为一个偶然的机会，小柔发现，老公原本要投的项目没做成，钱却都花光了。600 万元的借款被拆得七零八落：有些钱拿去投了充电桩项目，有些钱买礼品应酬花掉了，有些钱给老家的公婆买了一栋小房子，还有些钱小柔老公也说不清楚花到哪里了。

原本惬意悠闲的生活被这个不经意的发现打乱了节奏：家里唯一的住房被老公换来了 600 万元的借款，更可怕的是，距离银行还款到期的日子只剩下一年。小柔哭得梨花带雨："我只觉得他投资理财是个正经事儿，我也不懂啊。"

投资理财是个正经事儿，胡乱投资理财真是个缺德事儿。

我帮小柔分析：拿去银行抵押的房产原本是小柔父母送给她的婚前财产，因为小柔签字确认了借款，小柔就有偿还贷款的义务。唯一万幸的是，这笔债务可以明确是小柔和老公的夫妻共同债务，所以在还钱的问题上老公也责无旁贷。

经过分析，不甘心的小柔终于意识到，600 万元的借款可能真要还不上了。如果家里唯一的房子没了，小柔和两个孩子该怎么生活？求助小柔父母的话，有可能把他们也拉进泥潭。老公惹了这么大的乱子，他到底是无心之过，还是有意为之？婚姻万一出了问题，财产分割会发展成更大的坑。我担心着小柔，从前的生活衣食无忧，可这样的日子能过多久？

共同财产

只要结婚，婚姻财富就变成了基础必修课。一旦经营失败，损失远远大于投资失败。

有人说："谈钱伤感情。"说实话，"谈感情更伤钱。"

"为什么婚姻和财富总要纠缠在一起？"

"离婚不能直接分开，非要为财产打得你死我活吗？"

"婚前开始就是各管各的钱，婚姻财富跟我们没关系吧？"

……

事实上，婚姻和财富本就牢牢绑在了一起，哪怕你们各管各的钱。2021 年 1 月 1 日开始实施的《中华人民共和国民法典》（以下简称《民典法》）被称为"社会生活的百科全书"，是新中国第一部以法典命名的法律。根据《民法典》规定，我国采用共同财产制度。整部《民法典》婚姻家庭篇最核心的内容就是"共同财产制度"。

共同财产，就是和你的婚姻有关系的财产。个人财产，就是和你的婚姻状况没关系的财产。共同财产和个人财产最大的区别就是，无论结婚还是离婚，无论婚前还是婚后，你的个人财产都是"你的"，只属于你一个人，和配偶没有关系，你想怎么花就怎么花。当然反过来，你配偶的个人财产跟你也没关系，他怎么花也不用问你的意见。而共同财产却不属于你，也不属于配偶，而是属于"你们的"。

共同财产制度的核心是改变了财产属性。从领证那一天开始，你和配偶就开始拥有夫妻共同财产。老公上班工作，赚的是"你们的"钱。你在家投资理财，赚的还是"你们的"钱。婚后买的房，有没有你的名字也不重要了：只要是你老公掏钱买的，照样是"你们的"。这些都是共同财产。

全职妈妈小圣找到我的时候非常焦虑：自己带了两年多的儿子要上幼儿园了。3 年以来，自己的生活半径只有这个小家。

出去工作吗？可小圣当初的职位早就被新人替代了，面试了两个月，投了无数简历，却没有一家公司给小圣面试的机会。脱离职场太久了，连小圣也对自己的能力产生了怀疑。

不出去工作？这几年下来，老公赚钱养家还房贷，其中的辛苦、委屈和压力也都是小圣无法真心理解的。最重要的是，老公跟小圣越来越没有共同话题。当初是老公使劲劝小圣辞职带娃儿的，现在一吵架，却变成了老公理直气壮的理由："都是我养的你！"

小圣越想越不对劲，这万一离婚，自己岂不是要净身出户了？

很多全职妈妈都在没日没夜地照顾孩子和家庭。光付出，不拿钱。一旦入职，终身在职。妈妈这个职业还真是不好干。

听了我的"北大女神的财富实战课"里关于婚姻财富的部分，小圣反而踏实了。表面上来看，钱都是小圣老公赚的，可正是小圣的全身心投入，照顾儿子和家庭，才换来了老公的后院安稳。你能说老公赚的钱里没有小圣的付出吗？全职妈妈也许没有收入，可妻子的家庭贡献却真实地体现在了丈夫的收入里。

关于共同财产部分，在《民法典》第一千零六十二条有详细的规定。

《民法典》第一千零六十二条规定：

夫妻在婚姻关系存续期间所得的下列财产，为夫妻的共同财产，归夫妻共同所有：

（一）工资、奖金、劳务报酬；

（二）生产、经营、投资的收益；

（三）知识产权的收益；

（四）继承或者受赠的财产，但是本法第一千零六十三条第三项规定的除外；

（五）其他应当归共同所有的财产。

夫妻对共同财产有平等的处理权。

常见的 6 大财产形态

我梳理出了家庭最常见的 6 种财产形态，帮你更好地理解"共同财产"。这 6 大财产形态分别是工资奖金、兼职收入、经营收入、房产和房租、投资理财，以及父母给的财产。

小童是个能干的姑娘，丈夫有个小公司。婚后，夫妻两个人买了套房收租金，房贷实际上是由疼爱女儿的小童父母来还。小童和丈夫婚前都有投资理财的习惯，婚后家庭财务主要由小童来打理。有了孩子后，小童辞职在家，却也没闲着，在朋友圈卖卖儿童用品，也经营得风生水起，每个月有 4000 元的收入。结婚 3 年，小童却活出了 7 年之痒的烦躁。小童打算离婚，却不想带着孩子一起去喝西北风。小童是个有担当的妈妈，她想先计算一下，自己能否养得起孩子。

（1）工资奖金

结婚以后，无论是夫妻两个人谁赚的钱，工资也好，奖金也罢，都是"你们的"共同财产。

还记得刘强东和章泽天领证前，媒体公布的"刘强东 1 元薪酬计划"吗？按照这个计划，刘强东婚后每年在京东领取 1 元收入归入夫妻共同财产。一旦离婚需要分割，章泽天每年可以拿到 5 毛钱。当然，你可以暂时忽略章泽天由此开启的顶级投资人和顶尖资源整合之路。

回到小童这里，她现在没有工作。结婚以后，她工作过一段时间，那时候拿到的工资收入是夫妻两个人的共同财产。

（2）兼职收入

为了早日实现财富自由的梦想，在自己的本职工作以外，你也许还有其他的收入，比如代购、写作、微商等，这些都是"你们的"夫妻共同财产。

全职妈妈小童就是这样，明明可以靠老公，偏偏要靠才华。辛苦是更辛苦一些，却是和社会同步的另一种方式，给自己留了一颗随时随地经济独立的定心丸。小童每个月赚的 4000 元收入也是夫妻共同财产。

（3）经营收益

小童的工资收入、兼职收入都是夫妻共同财产。同样地，老公的公司经营收入也是夫妻共同财产。

由此可见，婚后一个人的收入，无论是工资收入、兼职收入，还是做生意产生的经营收入，都属于夫妻共同财产。

以上是有关收入的部分，再来看看其他主要的家庭财富来源。

（4）房产和房租

房产是很多家庭中最重要的财产类型。因为房产总价高，很难分拆，没办法分给你一间厨房，分给他半个卧室，所以是最容易产生纠纷的财产形态。

结婚后购买登记的房产，无论登记在小童名下，还是老公名下，都是夫妻共同财产。

小童家把房子对外出租，这笔房租也属于夫妻共同财产。哪怕出租的房产是小童的婚前财产，小童也要投入自己的婚后时间去维护。

注意，婚前房产在婚后产生的房租收入也属于夫妻共同财产。

（5）投资理财

股票、基金、银行理财一类的产品呢？相信你也知道答案了，是夫妻共同财产。

如果是婚前的理财产品，那么在婚后进行投资和买卖，增值部分也属于夫妻共同财产。

如果婚前的理财产品和婚后的放在了一张卡上，很容易混在一起，那么连同本金的部分也变成夫妻共同财产了。

（6）父母给的财产

婚后，父母给小两口的钱，也是夫妻共同财产。

小童的父母因为心疼女儿，主动来替小两口还贷。这个钱，也是夫妻两个人的。

2. 巧借民法典，合法守护你的财富

2016 年，王宝强和马蓉离婚。借钱打官司、转移财产、侵犯名誉权，一个个劲爆的话题硬是给所有吃瓜群众科普了一遍离婚大战。

当时，我也是一位全职妈妈。忍不住开了直播，给王宝强支招："婚姻需要经营，财富需要规划，婚姻财富两全需要智慧……如果爱情淡了，请互道珍重；如果人性没了，也不怕刀兵相见。不纵容，是我的底线。与亲情有关，与爱情无关。"——《不纵容 | 宝宝不哭，单挑终极大法》

结果弹幕上一排一排地刷屏："千万不要惹懂法的女人。"把我逗笑了。

我从来不觉得懂得婚姻财富是"不想过"的做法。更不会因为旁人一句不过脑的"斤斤计较"而质疑手中保护自己、保护孩子的权利。很多时候，你不是想赢谁，只是不想输太惨。

《傲慢与偏见》里有这样一句话："只考虑金钱的婚姻是荒谬的，不考虑金钱的婚姻是愚蠢的。"果然，懂财富才能有财权。有了财权，才有家庭的话语权和生活的选择权。

个人财产

婚姻里，最重要的是感情。生活中的柴、米、油、盐、酱、醋、茶，最后却要落到一个"钱"上。夫妻之间，不仅要谈钱，还得会谈钱。

小洁来北京打拼 5 年了。在北京，她当了幸福的妈妈。30 岁的当口，居然被确诊甲状腺癌，小洁感觉天要塌了。更崩溃的是，几乎同时发现老公竟然有了外遇。她哭过怨过，可是一个人在北京，带着 2 岁的女儿，生活简化成了一道判断题：过，还是不过？

小洁想弄清楚：哪些钱是自己的，够不够养活自己和女儿？

结婚了，还有自己的独立财产吗？

有的。咱们国家的婚姻法采用"共同财产制度"，结婚了，大部分夫妻财产都成了共同财产。但是也有一些财产和结不结婚没关系，叫"个

人财产"。个人财产，不因为结婚有任何影响，也不因为离婚有任何改变。所以，个人财产就是根据《民法典》规定，或者你们夫妻商量，即使结婚，这些财产"你的还是你的，我的还是我的"。

具体规定你可以参照《民法典》第一千零六十三条。

> 下列财产为夫妻一方的个人财产：
>
> （一）一方的婚前财产；
>
> （二）一方因受到人身损害获得的赔偿或者补偿；
>
> （二）遗嘱或者赠予合同中确定只归一方的财产；
>
> （四）一方专用的生活用品；
>
> （五）其他应当归一方的财产。

只有理解并且区分了共同财产和个人财产，你才能建立基础的婚姻财富观。梳理清楚婚姻财富关系，你就能在夫妻感情好时举案齐眉，也能在感情不在时一别两宽。

那么，常见的个人财产都有哪些呢？

很多人会想到婚前财产。没错，婚前财产就是个人财产的一种。

婚前财产

刚哥是入赘到老婆家的。结婚的时候，老婆已经有车有房了。可是，房子和车子都是贷款买的，老婆婚前只掏了首付。房产证和行驶本上也都只写了老婆的名字。刚哥在老婆的家族企业上班，所有的工资收入也都是老婆在管。听完我的线下课程后，刚哥一脸的不可思议，问我："薇薇老师，我和老婆结婚 5 年来一起还贷。如果离婚，这个房子都是我老婆一个人的婚前财产，跟我没关系吗？"

婚前财产的概念很简单，就是你结婚前就取得的财产。所谓"结婚前"说的不是同居前，不是婚礼前，从法律的角度来看，你们领结婚证之前叫作"结婚前"。

怎么算你"取得的财产"呢?

其实就是你已经拥有了这个财产,比如你名下的存款、已经拥有产权的房子、已经成立的公司股权、爸妈婚前送的首饰,这些都是你拥有的财产。

刚哥老婆婚前就买了房子。所以,房子是老婆的婚前财产。如果刚哥离婚,因为婚后两个人一起还了贷款,老婆就要对刚哥进行资金上的补偿,如果房子增值了,对于增值的部分也要对刚哥进行补偿。可是,刚哥也只能拿到补偿款,房子肯定还是老婆的婚前财产。

请注意,哪怕是你的婚前财产,如果使用不恰当,也可能会无意间导致婚前财产的规划失效,或者混同成了共同财产。

前面讲的全职妈妈小柔就是这样。结婚前,小柔爸妈给宝贝女儿全款买的大房子妥妥地是小柔婚前财产。可是乖乖女小柔一不懂得投资理财,二不懂得婚姻经营,傻傻地就把婚前财产抵押了,贷出现金让老公去投资。好好的一套房子换来 600 万元的贷款,还不知道花哪儿去了。小柔是彻底丧失了婚前财产的控制权。

人身损害赔偿

除了婚前财产,还有一类常见的个人财产。只是可惜,99% 的人都不会用。

那就是"人身损害赔偿"。根据民法典第一千零六十三条规定,"一方因受到人身损害获得的赔偿或者补偿",属于个人财产。这里的"人身损害赔偿"可以是保险赔付或者报销回来的钱。

"屋漏偏逢连夜雨",确诊甲状腺癌的小洁又遇上了老公外遇。擦干眼泪,小洁硬着头皮去了医院。医生的话让她抓住了唯一一根救命稻草:"甲状腺癌不是什么绝症,你做个手术就好了。手术不算贵,1 万元就差不多了。"

更值得庆幸的是,早在 2019 年小洁就给自己买了 50 万元保额的重疾险。偶然的机会，她在网上听过我的"北大女神的财富实战课"，就立刻配置了基础保障。我提醒她："这笔保险理赔款是你的个人财产，和老公没有关系。"

于是，小洁自己去医院做了手术。她看病的 1 万元花费通过医保基本都报销了。出院后两个礼拜，50 万元的重疾保险金打进了小洁的账户。

在命钱部分我讲过，重疾险是一种健康保险，万一出现了重大疾病，比如癌症，保险公司会赔偿你保险金。哪怕小洁看病只花了 1 万元，保险公司也不在乎，仍然赔偿她 50 万元。

更重要的是，根据最高人民法院《第八次全国法院民事商事审判工作会议（民事部分）纪要》第五条的规定：

> 婚姻关系存续期间，夫妻一方作为被保险人依据意外伤害保险合同、健康保险合同获得的具有人身性质的保险金，宜认定为个人财产。

多亏小洁是个行动派，意识到命钱在关键时刻的杠杆作用，用自己的财富智慧救了自己和 2 岁的女儿。小洁收到的 50 万元是她的个人财产，全凭小洁自由支配。当然，如果离婚的话，这 50 万元跟小洁的老公也没有关系。

一般情况下，重疾险的保险金是赔给被保险人的。所谓"被保险人"，就是一份保险保护的人。在婚内，如果你没有话语权，也不知道如何保护自己的正当权益，至少别忘了给自己买一份重疾险，自己作为被保险人。一旦确诊了重大疾病，重疾险的理赔款就依法成了你的个人财产，可以保护好自己的合法权益。这个方法简单到爆炸，就像给自己开了个外挂。

我要提醒你的是，2021 年之后投保的重疾险，对于甲状腺癌进行了分级理赔，理赔额和小洁之前投保的规则有了一定的变化。如果你的重疾险保额还不足，是时候给自己增加额度了。毕竟，保险买对买够才能发挥作用。

就像手术让小洁的身体恢复健康一样，离婚让小洁的精神也终于不再紧绷。我提醒小洁，现在有钱了，记得给女儿也上一份重疾险，保障之余也能预防孩子未来的婚姻风险。

传统的理财加上法律的框架，能让你收获保护自己和家人的全新财富系统。财商和法商从来不是孤立的，保险是个家庭财富管理的好工具，不会用就可惜了。这些实用的知识，别忘了分享给你身边需要的朋友。你也可以关注我的微信视频号"王朝薇"，在我直播的时候向我提问。

3. 儿童财商，从压岁钱开始培养

20 岁的小蓉，在一次同学聚会时认识了高大英俊的男生。小蓉无意中提到，爸妈给自己在上海买了两套房。聚会后，男生对小蓉展开了热烈的追求，两个人很快陷入爱河。

不久，男朋友告诉小蓉，自己的好兄弟出了交通事故，急需 10 万元赔偿对方，还提出自己认识社会上的大哥，让小蓉去借点钱救救急。被爱情冲昏了头脑的小蓉一口答应。

签合同的时候，小蓉却发现上面写着借款 25 万元。男朋友随便编了借口，就把这事糊弄过去了。等到取现的时候，男朋友先要走了 15 万元，又以中介费、服务费等名义拿走了 9 万多。半个月后，小蓉再次被骗了 25 万元的虚假借款。

就这样，前后 50 万元的借款合同，小蓉实际只拿到 1 万多元。更让她不知所措的是，签完这两份合同后，"生死相许"的男朋友人间蒸发了。

接下来的半年时间里，骗子们故技重施，小蓉的借款额从 50 万元变戏法儿一样地膨胀到 500 万元。爸妈给买的自己名下的上海两套房子也跟着被查封了。小蓉这才明白，她是被男朋友"套路贷"了。原来，男朋友是假的，爱情是假的，只有 500 万元的巨额欠款是真的。

在财富增长的过程中，除了关注婚姻财富，你还要及时把自己的财富智慧传承给孩子。身为父母，如果没有教孩子怎么理解金钱，你想过将来谁会替你来教他吗？

可能是暴跌的市场，可能是执法的警察，可能是没完没了的债主，也可能是故意设局的骗子。对于下一代的财商培养，是像财富自由之路一样漫长而持续的过程。

下一代财商培养

关于孩子的财商教育，其实是两方面能力的总和：一方面是认识金钱的能力，另一方面是使用金钱以及赚钱的能力。财富是一种资源，帮助你实现目的的资源，而不是目的本身。

《小狗钱钱》里写道："我不认为钱是人一生中最重要的东西。可是，假如我们缺钱的话，钱就会变得格外重要。"对于任何年龄段的孩子而言，钱都是个好东西，不会用就可惜了。很多时候，钱能帮他解决难题。用着用着，孩子就会和钱建立起亲密关系。但是，如果孩子缺乏正确金钱观的指导，金钱也会立刻变脸，成为罪恶之首。

无论成人还是孩子，道理都一样：你的注意力在哪儿，财富就在哪儿。

财商培养的黄金期

很多妈妈问："孩子该从几岁开始培养财商？"

答案其实是，越早越好。

心理学界的殿堂级大师、瑞士心理学家皮亚杰发现，2~7 岁的孩子思维简单、原始、混乱，认知快速发展。7~12 岁的孩子，规则意识、运算能力快速发展，逻辑分析能力也有了长足的进步。12 岁以后，就逐渐接近成人的思维了。所以，2~12 岁是孩子的想法发生巨大变化的关键期，可塑性非常强，是财商培养的黄金时间。

股神巴菲特，5 岁开始做生意，11 岁买了自己的第一只股票。金融巨鳄罗杰斯也是在两个女儿五六岁的时候就给她们开设了自己的银行账户，培养财商。这些金融大咖们都是从财商的黄金期就开始加速向"钱"跑了。

在拆解财富自由 3 要素的过程中，你知道必须借助时间的力量，开始时间越早，你才能更长久地享受时间带来的价值增长。时间的价值，无处不在。

你想过什么是"复利"的最好体现吗？

在我看来，从小培养孩子的高财商，让孩子耳濡目染自己财富增长的积累，并在你财富智慧的传承之下成长，就是这个世界上最美好的"复利"。

压岁钱归谁管?

很多孩子跟钱的第一次系统的亲密接触是从压岁钱开始的。每年一过春节,总有很多家长追着问我:"该怎么管理孩子的压岁钱?"

压岁钱的管理和使用也充满了中国式财商教育特色。咱们先说说"压岁钱该归谁管"。

《民法典》里已经给出了参考。8周岁是孩子从无行为能力人向限制行为能力人转换的年龄,限制民事行为能力人可以独立实施纯获利益的民事法律行为。红包属于纯获利行为。8岁以前,你可以代管;8岁以后,建议让孩子来管。但是,孩子有没有这个能力管钱,其实不是年龄说了算,而是他自己的管钱能力说了算。

有本书叫作《稀缺》,说孩子童年如果没有自主掌控过钱,长大了很容易克制不住花钱的欲望,这就是"稀缺心态"。在"要节俭""省着点花""爸妈挣钱不容易"这样洗脑式教育中长大的孩子,经常在懂事的表面下压抑着自己正常的需求,内心还藏着羞愧和自卑。如果你正有这样的困惑,可别让孩子再走老路。

经济学最基础的概念就是"稀缺",而"稀缺"也是生活中的基本事实。原因很简单,你想要的东西,别人也想要,你就不一定能得到。即使得到了,你还会有新的欲望。所以,在稀缺的世界中,最重要的就是教会孩子"选择"。

50% 原则

在压岁钱的管理上,你可以给孩子讲讲 50% 原则。50% 原则非常简单:一半用于花钱,一半用于存钱。也就是,50% 的压岁钱,你把它授权给孩子,成了孩子的花钱基金,他可以用于日常买东西;另外的 50% 当作孩子的存钱基金,让孩子和你一起体验金钱的增长。

在实际操作的过程中,孩子如果年龄太小,或者压岁钱的金额太大,你可以自行调整这个比例。当然,如果你的生活中有一笔意外之财,比如中了彩票、发了一大笔年终奖,你也可以借用这个 50% 原则,一半花掉，一半存起来。

作为花钱基金，一定要让孩子体验花钱的感觉。当然，关于金额、频率或者范围，你都可以设限。在花钱的过程中，至少孩子能学会两件事：第一，钱能买来想要的东西，它是一种交换的工具；第二，如果有钱，自己可以说了算。通过这种方式可以培养孩子和钱之间的亲密关系。

存钱基金干什么用？你可以给孩子做教育金储备，或者给孩子购买重疾保险。

在"朝财 21 天基金赚钱营"里，很多妈妈是带着孩子一起学习投资知识的。在学习结束之后，关关说，"跟我一起学了基金投资之后，今天 8 岁的儿子觉得债券基金比较适合他。他说，股票基金风险太大，他承受不了，但是只要基金投资这样坚持下去，等他大学毕业没多久，就能给自己买房了。"我们的学习群里一片实名羡慕，这儿子有出息！

如果你也想和关关一样带孩子一起提升投资能力，可以在微信公众号"朝财课堂"后台发送"儿童财商"，我把直播课等各种相关福利一起打包送你。任何与孩子财商培养相关的问题，也欢迎来问我。

还是那句话，注意力在哪儿，财富就在哪儿。父母们凭借自己的高财商在孩子心里亲手种下了一颗颗财商种子。投资的能力和掌控的财富一起增长，复利的价值在日复一日中积蓄着上扬的力量。财富自由从来不是终点，而是一个拐点，一个新的起点。未来无论你在也好，不在也好，孩子都会站在你的肩上，沿着你财富增长的路线，一路坚定地走下去——这一路，所幸有你的高财商守护着。

4. 养老规划，提前 7 年领先一辈子

说起自己未来的养老方式，我在线下课程里做过很多次调查，结果有点意思。

A. 我还很年轻，有钱就好好过，没钱就要赖过。

B. 一切靠政府，不是还有养老保险吗？

C. 只要干得动，谁也阻挠不了我继续打工，靠自己养老。

D. 当然靠自己，提前 20~30 年开始规划，稳健投资。

E. 反正我有房，大不了把房子卖了养老。

F. 养儿为防老，靠孩子的接济过日子。

你选择哪种方式？

有意思的是，中国人最传统的养儿防老却几乎没有人选择。有人解释，不想给孩子压力太大。也有人直言，孩子管好自己就不容易，根本靠不住。

养老离你有多远？

你认真想过，养老离你有多远吗？

好消息是你应该会很长寿。因为根据联合国预测数据，到 2050 年中国人的平均寿命预测达到 92 岁。不用怀疑，科技和医疗的进步，会造就更多长寿的老人。

坏消息是孩子们有点少，可能养不了这么多老年人。《中国统计年鉴 2021》显示，相比于 10 年前，中国 20~34 岁的青年人减少了 3463 万，相当于少了两个荷兰的人口。2018 年中国净增 530 万人，2019 年净增 467 万人，2020 年净增 204 万人，2021 年净增只有 48 万人，逐年急剧下降。

联合国曾经预测,中国人口将在 2029 年开始负增长。但是实际上由于疫情的影响,实际生育意愿大幅下降。中国什么时候最大可能性进入人口负增长阶段?我认为不是今年,就是明年。

大幅减少的中青年人口导致抚养比[1]急剧下降。2010 年,7.1 个劳动力养一个老人;2019 年,6.5 个劳动力养一个老人;2020 年,4.7 个劳动力养一个老人;2028 年,预计 2.8 个劳动力养一个老人。从整个社会的角度来看,等到我们这一代人老了的时候,还真靠不住年轻人来养了。

纯靠政府行不行?

根据《中国养老精算报告 2019-2050》的调查研究,养老保险支付压力在不断提升。全国城镇企业职工基本养老保险基金累计结余在 2027 年达到峰值 6.99 万亿元,然后开始迅速下降,到 2035 年耗尽。

当然,已经在你个人养老账户的钱不会受影响。想了解一下自己养老账户里有多少钱的,可以在当地社会保险权益查询服务网站具体查询。你也可以在支付宝上查询,具体路径是"支付宝→市民中心→社保→社保查询→个人对账单"。

看完之后,你有动力好好攒钱了吗?

未雨绸缪,方能安枕无忧。

养老金避坑指南

养老金规划不同于普通投资,有两个显著特点:

第一,养老金规划是确定时间、确定金额的投资。如果没有足额准备好养老金,要么就要延期退休,要么就只能降低生活标准。可是无论从体力还是创富能力来说,人到老年再想办法怎么看都是无奈之举。

第二,养老金规划很容易受意外影响。从 4 笔钱的管理来看,活钱、

1　抚养比,又称抚养系数,是非劳动年龄人口和劳动年龄人口之比。抚养比越大,劳动力人口承担的抚养人数就越多,抚养负担就越重。

命钱很容易占用养老金的准备资金。如果没有专项计划，很容易受意外影响。

很多人都没有建立专项的养老金规划，明明也是这样。她说："我以前觉得养老的钱不是问题，反正有社保。自从看到工作十来年，自己养老账户里只有 10 万元，我立刻就不淡定了。这几年开始炒股，就想给自己攒个养老钱。可是去年婆婆病倒了，住进了 ICU。我老公二话没说就让我把炒股钱亏着卖了。人没救过来，养老钱也都打了水漂。眼看着我都奔着 50 岁去了，从头开始攒养老钱真的有点力不从心。"

养老金规划是到了年龄就要用，属于专项规划。如果能按照 4 笔钱管理的顺序，依次建立活钱、命钱、稳钱和长钱管理，就能有效保证多数情况下生活和财富不受意外打扰。

养老金规划不能只寄托于高风险产品，一旦需要用钱却赶上市场低迷，本金就有亏损风险。但同时也要注意，养老金规划是长周期目标，对通货膨胀极为敏感，只注重安全不考虑跑赢通胀，结果也是亏。所以，科学的养老金规划是个多元、动态的规划。你可以参照下面这个养老金规划公式的思路进行打理。

靠谱的养老金规划 = 养老年金险 + 基金定投

也就是，用养老年金险的确定性现金流打底，确保养老金有稳定扎实的底层资产，守住生活水准底线。用指数基金长期定投来博取高收益，力争长期保持两位数的持续增长。这样，有养老年金险打底，就可以抹平指数基金短期高波动的影响，还能绑定人身属性的专项投资，是一举多得的靠谱养老金规划。希望你能踏实赢取更高的稳定收益。

长寿是幸运，别让它变成你的烦恼。

关于最新养老政策和我的实时建议，可以在微信公众号"朝财课堂"后台发送"养老"，把我对养老的更多建议讲给你听。

提前 7 年，领先一辈子

在具体投资的时候，我再多提醒你一点。

你大学毕业开始工作，23 岁开始投资，每个月存下 3000 元。存到 30 岁以后就不再继续存钱了。假设每年收益率 10%，按照复利进行计算，等你 60 岁退休的时候，账上会有 790 万元。

你的同事小白，等到 30 岁突然开窍，也像你一样每个月存 3000 元，连着存了 30 年。等她 60 岁的时候，账上有 650 万元。

有没有发现，就因为小白比你晚投资了 7 年，她整整追了你 30 年，还是追不上你。

我要提醒你的这一点就是：养老要趁早。投资要趁早，才能享受到时间的复利，才来得及跑出复利增长曲线。因为提前 7 年，你就能领先一辈子。

在投资的问题上，先发优势总是很明显。而且，一旦你开始得早，根本不需要过度看重收益率。这样，你就不容易陷入不顾风险盲目追高的窘境，也不必为了短期波动造成心态失衡。靠谱的基金经理是长期稳健风格的才容易赚钱，你自己投资也要坚持贯彻这个逻辑。

5. 保险金信托，多重风险的财富隔离

李嘉诚蝉联了 15 年的华人首富，据说他有个习惯，给家族里每个新生的小孩买一个亿的保险。很多人不知道的是，其实他有一个非常详细、非常复杂的家族信托，这个信托已经设立了超过 30 年。

这个家族信托里藏着很多核心机密：要不要由孩子继承家业，由哪个孩子继承家业，如何用家族信托的架构辅助他做接班人，还能避免未来纷争。

当你的财富积累越来越多，复利增长曲线越跑越陡的时候，你也就有了首富这样甜蜜的烦恼：财富传承。

从财富创造开始，到财富增长、财富守护，你一路过关斩将。在潜移默化中，你的财富增长曲线和财富智慧，都将传承给下一代。所谓财富闭环，就是财富创造、财富增长、财富守护、财富传承的螺旋式上升过程，如图 8-1 所示。

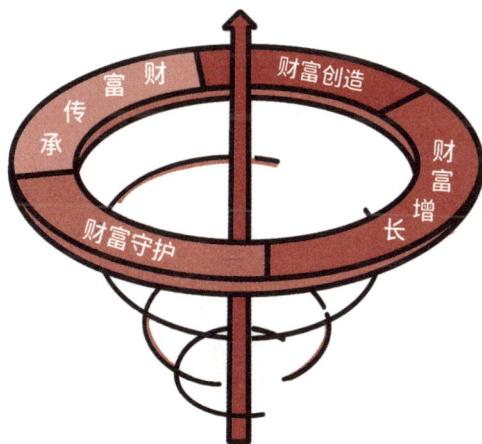

图 8-1 财富闭环

财富传承

财富传承，就是把财富传递给下一代或者几代的系统规划，以实现家族财富的风险隔离和代际继承。愿望很美好，但是多数创富一代的结局难免是"富不过三代"。所以，综合运用各种金融工具和法律手段，把财富和财富智慧一起传承给下一代，建立起家族成员的财富共识，是财富传承规划的目标。

保险和信托，是财富传承的两大工具。

保险的优势非常突出，核心就在于杠杆作用。用于财富传承的保险，一般来说指的是终身寿险，也就是任何时间发生身故都会赔偿的保险。这种保险的保费投入比较低，只有发生身故才会理赔，事故发生概率低，身故赔偿金很高。保险是用比较小的资金撬动一个大杠杆，确保子孙拿到一笔定向传承的现金。

只是，当富二代们拿到了一大笔钱之后，创一代的心血和财富从此就不受控制了。对于财富能力不足的孩子来说，有的时候还是一场灾难。

山西海鑫钢铁集团的董事长、有着"民营钢铁大王"称号的李海仓遭人刺杀，留给儿子李兆会一个家族集团。这个时候，李兆会才 22 岁，还没毕业。和家族集团一起传承给李兆会的，还有超过 40 亿元资产。很快，李兆会通过资本运作，上榜中国富豪榜第 56 名，身价超过 100 亿元。可是没风光几年，公司就陷入破产绝境，欠债金额超过 20 亿元。接管家族财富不过十余年，李兆会 2018 年就被列为失信被执行人，限制出境。

这就是为什么李嘉诚选择用家族信托来解决传承问题。信托的架构能有效执行财富创造者的意志，哪怕在身后也能坚定执行。比如，为孩子结婚时送上已故家人送出的婚嫁金，在不符合自己经营理念时不提供资金支持等。这么强大的功能，堪称"从坟墓里伸出的一只手"，当然要有足够的资金实力做支撑。目前，家族信托在国内成立的起点金额比较高，至少要几千万元才能成立，这就把普通中产家庭拒之门外了。

信托架构

疫情期间有一位电商带货博主玲玲向我咨询投资问题。她平时工作非常忙，和前夫已经离婚，独自一人抚养女儿。同龄好友患甲状腺癌的经历让她深刻意识到人生无常，她担心如果自己遇到意外，女儿还没成年，该怎么保护好女儿的成长，又如何避免前夫实际控制她的财产？

玲玲诉说着自己的担心，我的脑海里翻滚出网上流行的一句话："女人谨记要吃好玩好睡好喝好，一旦累死了，就有别的女人花咱的钱，住咱的房，睡咱的老公，还打咱的娃！"

我问玲玲："如果真的发生这样的意外，你年迈的父母和聊不来的前夫，谁更靠谱？"

玲玲叹了一口气，面露难色回答："要说靠谱，肯定还是我爸妈靠谱，他们总是心疼我和我女儿。可是能不能把我说的都做到，就很难说了。人到了一定的年龄反而更固执，孩子的教育问题我跟他们也吵过几次，没什么效果。至于前夫，我有生之年不再相逢就阿弥陀佛了，但他毕竟是孩子的爸爸，就算不靠谱，也偶尔能替孩子说几句人话。"

其实，监护人是谁不重要，能够真心实意地对孩子好才是玲玲最关心的。我建议玲玲把问题更聚焦，先不考虑监护人是谁，而是更实际地考虑家里的钱怎么用：用钱最关键的是，第一不能挥霍浪费，第二不能随意处置，要严格执行你的教育理念。这就要用到信托的法律架构了。

根据《中华人民共和国信托法》第五十二条规定：

> 信托不因委托人或者受托人的死亡、丧失民事行为能力、依法解散、被依法撤销或者被宣告破产而终止，也不因受托人的辞任而终止。但本法或者信托文件另有规定的除外。

这就是信托的魅力：它超越了你的生命限制，却忠实于你的财富意志。可惜，家族信托成立的起点金额太高，玲玲还没有积累到几千万元的资金实力。

保险金信托

好在，保险公司和信托公司联手创新，推出了保险金信托。

所谓保险金信托，是以保险合同为信托财产，把保险金转入信托架构。这样，就可以把家族信托的起点金额降下来，再把人寿保险的杠杆功能加上去，合二为一，一举两得。

各家金融机构设立保险金信托的步骤略有不同，大致包括以下 3 步：

第 1 步，提出保险金信托设立意向。如果能通过保险公司的核保要求和财务审核，那就可以按照正常流程进行投保，同时提出设立保险金信托的意向和具体需求。

第 2 步，配置大额保单。在保险金信托实务中，往往选择年金险或者终身寿险进行投保，只要保费或者保额达到保险公司和信托公司共同制定的保险金信托标准就可以了。这个标准一般是小几百万元的总保费。

第 3 步，向信托公司提出申请。完成投保后，你再作为信托的委托人向信托公司提出申请，并把保险受益人变更为信托公司。信托公司完成尽职调查后，与你签订信托合同，并报中国信托登记有限责任公司登记，不需要公示。

这样，人寿保险和信托架构的风险隔离作用就进行了叠加，通过隔离财富实现隔离风险的有效规划。比如，企业家和高净值人群常见的债务风险、税务风险、婚姻风险、传承分享、人身风险等（如图 8-2 所示），都可以进行量身定制。

我给玲玲的建议就采用了保险金信托的方式：把保险金装入信托，这样的法律架构确保玲玲哪怕不在了，也能按照玲玲的意愿把钱花在刀刃上。比如，女儿 18 岁前，每个月可以领取当地最低工资标准的 10 倍金额作为生活费，可以由玲玲的父母代领。女儿就读大学本科、硕士，可以各领取 30 万元教育金。未来女儿结婚、生子，可以领取 66 万元祝福金。基于玲玲的婚姻经历，还可以特别规定：女儿未来结婚，信托受益权仍归女儿个人所有，与配偶无关，不是夫妻共同财产。

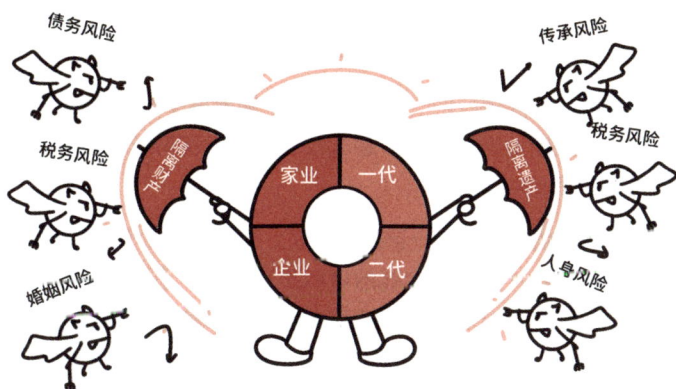

图 8-2　风险隔离模型

　　总结一下，保险金信托架构可以助力你生前隔离财产，身后隔离遗产。有效精妙地进行财富规划，能够提前预警那些"都是钱惹的祸"，只要财权控制在手，能都实现"你的财富你做主"！

　　关于保险金信托还有更多有意思的内容，如果你也想持续学习研究，可以在微信公众号"朝财课堂"后台发送"保险金信托"获取资料。